Walter Simon

GABALs großer Methodenkoffer

Grundlagen der Arbeitsorganisation

Gewidmet meinen Teilnehmern

der Minimax-Corporate University

2004/2005

Walter Simon

GABALs großer Methodenkoffer

Grundlagen der Arbeits-organisation

GABAL

Bibliografische Information der Deutschen Bibliothek

Die Deutsche Bibliothek verzeichnet diese Publikation in der Deutschen Nationalbibliografie; detaillierte bibliografische Informationen sind im Internet über http://dnb.ddb.de abrufbar.

ISBN 978-3-89749-777-1

Lizenzausgabe für Jokers der beim GABAL Verlag erschienenen Originalausgabe 978-3-89749-454-1.

Lektorat: Rommert Medienbüro, Gummersbach. www.rommert.de
Umschlaggestaltung: +Malsy Kommunikation und Gestaltung, Bremen
Umschlagfoto: Photonica, Hamburg
Satz: Rommert Medienbüro, Gummersbach. www.rommert.de
Druck: Salzland Druck, Staßfurt

Inhalt

Einleitung **11**

Arbeitsbelastungstest **17**

A Persönliche Arbeitsmethodik

1. Persönliche Situationsanalyse **22**
1.1 Grundlagen der persönlichen Situationsanalyse **22**
1.2 Erstellung der persönlichen Situationsanalyse **26**
Literatur **28**

2. Willenstraining **29**
2.1 Was bedeutet „Willen"? **29**
2.2 So können Sie Ihren Willen formen **30**
Literatur **33**

3. Persönliche Arbeitsplatzgestaltung **34**
3.1 Arbeitsumfeld **34**
3.2 Schreibtisch bzw. Arbeitsplatz **37**
3.3 Arbeitsmittel **39**
3.4 Arbeitsplatzordnung **40**
3.5 PC-Ergonomie **41**
Literatur **43**

4. Informationsbewältigung **44**
4.1 Informationsgesellschaft oder Datenüberfluss-
gesellschaft? **44**
4.2 Die binäre Codierung als Ursache der Datenflut **46**
4.3 Die persönlichen Folgen der Informationsrevolution . . . **47**
4.4 Auf Ihr Informationsmanagement kommt es an **48**
Literatur **54**

5. Erfolgsprinzipien **55**
5.1 Erfolg hat viele Mütter und Väter **56**

5.2 Erfolgsfaktor gute Planung und richtige Strategie *(bedenke und plane es)* . . . 58
5.3 Erfolgsfaktor Risikobereitschaft *(wage es)* . . . 60
5.4 Erfolgsfaktor Handeln *(mach es)* . . . 61
Literatur . . . 65

6. Zielmanagement . . . 66
6.1 Klärung von Begriffen . . . 66
6.2 Realistische Ziele finden . . . 69
6.3 Ziele in der richtigen Reihenfolge aufbauen . . . 72
6.4 Systematisch auf das Ziel zusteuern . . . 73
Literatur . . . 79

7. Zeitmanagement . . . 80
7.1 Der Unterschied zwischen Zeitspartechniken und Zeitmanagement . . . 80
7.2 Die Gestaltung Ihres strategischen Zeitmanagements . . . 82
7.3 Die Gestaltung Ihres operativen Zeitmanagements . . . 84
Literatur . . . 98

8. Entscheidungstechnik . . . 99
8.1 Nutzwertanalyse . . . 100
8.2 Plus-Minus-Konto . . . 105
8.3 Paarvergleichstechnik . . . 106
Literatur . . . 108

9. Intuition als Arbeitstechnik und Entscheidungshilfe 109
9.1 Vom Nutzen der Intuition . . . 109
9.2 Entscheiden Sie eher intuitiv oder auf logischer Grundlage? . . . 113
Literatur . . . 117

10. Flow-Charting . . . 118
10.1 Der Nutzen von Flow-Charts . . . 118
10.2 Flow-Chart und Textdarstellung im Vergleich . . . 120
10.3 Symbole eines Flussdiagramms . . . 122
10.4 Erstellung eines Flussdiagramms . . . 123
10.5 Checkliste zur Überprüfung von Vorgehensfehlern . . 124
Literatur . . . 125

11. Mind-Mapping **126**
11.1 Grundlagen und Wirkungsweise des Mind-Mapping **127**
11.2 So funktioniert das Mind-Mapping **127**
11.3 Anwendungsbereiche **131**
Literatur **131**

12. Checklistentechnik **133**
12.1 Einsatzmöglichkeiten und Nutzen von Checklisten ..**133**
12.2 So entwerfen Sie eine Checkliste **134**
12.3 Beispiel für eine Checkliste **135**
Literatur **138**

B Lern- und Gedächtnistechniken

1. Allgemeine Lern- und Gedächtnistechniken **140**
1.1 Die drei Gedächtnisstufen **142**
1.2 Zur Arbeitsteilung des Gehirns – Die Hemisphären-theorie **145**
1.3 Allgemeine Mnemotechniken **149**
Literatur **159**

2. Spezielle Gedächtnistechniken **160**
2.1 Namen einprägen **160**
2.2 Zahlen, Abläufe, Erledigungen behalten **162**
2.3 Vokabeln lernen **165**
Literatur **167**

3. Gedächtniswirksames Schnell-Lesen **168**
3.1 Abschied nehmen von schlechten Lesegewohnheiten **169**
3.2 Die SQ3R-Methode **170**
3.3 Zur Frage der Lesegeschwindigkeit **174**
3.4 Auswertung der Aufgabe **176**
Literatur **179**

4. Superlearning **180**
4.1 Grundannahmen der Suggestopädie **180**
4.2 Anwendung der Suggestopädie **181**
Literatur **184**

5. E-Learning/Blended-Learning **185**
5.1 Beispiele für E-Learning-Angebote **186**
5.2 Vor- und Nachteile des E-Learning **187**
5.3 Blended-Learning **188**
Literatur **190**

C Denktechniken

1. Dialektisches Denken **194**
1.1 Geschichtlicher Hintergrund **194**
1.2 Die Dialektik als Kommunikationstechnik **196**
1.3 Die Dialektik als Denktechnik **197**
Literatur **199**

2. Logisches Denken **201**
2.1 Was ist Denken? **201**
2.2 Folgerichtiges Denken **202**
2.3 Deduktion und Induktion – Die Hauptformen der Logik **203**
2.4 Die Gefahr von Denkfehlern **204**
Literatur **207**

3. Kreatives Denken **209**
3.1 Machen Sie sich Ihre Denkmuster bewusst **209**
3.2 Nicht vorschnell Nein sagen **212**
3.3 Erstidee erkennen und „zügeln“ **214**
3.4 Umstrukturieren und umformulieren **215**
3.5 Kombinieren von Einzelelementen **218**
3.6 Analogien suchen **220**
3.7 Das Denken stimulieren **221**
3.8 Die Intuition beteiligen **224**
Literatur **225**

4. Systemisches Denken **227**
4.1 Mit System systemisch denken **227**
4.2 Erkenne das Ganze und seine Teile **228**
4.3 Erkenne die Verbindung zwischen dem Ganzen und seinen Teilen **231**

4.4 Erkenne das Ganze in seinem Verhältnis zur Systemumwelt 232
4.5 Erkenne die Ordnung des Systems 233
4.6 Erkenne und nutze die Lenkungsmöglichkeiten des Systems 234
4.7 Erkenne und nutze die Entwicklungsmöglichkeiten des Systems 236
4.8 Einige Werkzeuge für das systemische Denken 237
Literatur 239

D Kreativitätstechniken

1. Intuitionsanregende Kreativitätsmethoden 242
1.1 Brainstorming 243
1.2 Brainwriting (Methode 635) 246
1.3 Reizworttechnik 248
1.4 Delphi-Methode 250
1.5 Synektik 250
1.6 Bionik 255
Literatur 257

2. Systematisch-analytische Methoden 258
2.1 Morphologische Analyse 258
2.2 Merkmalsliste 261
2.3 Kombinations-Checklisten 262
Literatur 264

E Stressbewältigungsmethoden

1. Stressbewältigung 266
1.1 Stressursachen 267
1.2 Stressbewältigung 267
Literatur 269

2. Autogenes Training 270
2.1 Das autogene Training – Eine Methode der Selbsthypnose 271

2.2 Worauf es beim autogenen Training ankommt 272
2.3 Die Übungen 273
Literatur 279

3. Yoga 280
3.1 Die Ziele und Anwendungsbereiche 281
3.2 Die Anwendungen 283
3.3 Anwendungsregeln 287
Literatur 287

4. Meditation 289
4.1 Zwei Grundformen der Meditation 291
4.2 Formenvielfalt der Meditation 292
4.3 Ein Übungsvorschlag 295
Literatur 296

Stichwortverzeichnis 298

Einleitung

Wenn Sie Ihr Studium erfolgreich abschließen oder beruflich vorwärts kommen wollen, stellen sich Ihnen viele Fragen:

Viele Fragen

- Wie schaffe ich das?
- Wie kann ich Beruf und Studium so gestalten, dass mir die Arbeit mehr Freude macht?
- Wie schaffe ich es, *smarter* zu arbeiten statt *harder?*
- Wie kann ich meine tägliche Arbeit schneller und besser ausführen, ohne in die Stressmühle zu geraten?
- Wie gewinne ich mehr Freizeit und regeneriere wirkungsvoll meine Kräfte?

Antworten im Methodenkoffer

Antworten auf diese und weitere Fragen finden Sie in diesem Buch. Es ist Bestandteil der fünf Bände umfassenden Reihe mit dem Titel *GABALs großer Methodenkoffer.* Die Reihe stellt Techniken, Modelle und Methoden vor, die die berufliche Entwicklung unterstützen – unabhängig von der Tätigkeit des Lesers:

- Band 1: Kommunikation
- Band 2: Arbeitsmethoden
- Band 3: Management
- Band 4: Führung
- Band 5: Persönlichkeit

Aufbau des Buches

Im *ersten* Teil dieses Buches werden Instrumente der persönlichen Arbeitsmethodik beschrieben. Der *zweite* Teil widmet sich den wichtigsten Lern- und Gedächtnistechniken. Denktechniken werden im *dritten* Teil behandelt. Im *vierten* Teil geht es um Kreativitätstechniken. Stressbewältigungsmethoden werden schließlich im *fünften* Teil dieses Buches vorgestellt.

Schlüsselqualifikationen

Die fünf Methodenkoffer behandeln die so genannten Schlüsselqualifikationen. Das sind fachübergreifende Grundqualifikationen. Während Ihr Fachwissen relativ schnell veraltet, womit sich zugleich auch Ihre fachliche Qualifikation entwertet, helfen Ihnen Schlüsselqualifikationen, neue Lern- und Arbeitsinhalte schnell und selbstständig zu erwerben. Der Wesenskern von

Schlüsselqualifikationen verändert sich nicht, selbst wenn sich Technologien oder Berufsinhalte wandeln. Weil sie zudem in mehreren Bereichen oder Tätigkeiten eingesetzt werden können, sind fachübergreifende Qualifikationen ein wichtiger Teil Ihrer beruflichen Handlungskompetenz.

Kompetenzfelder

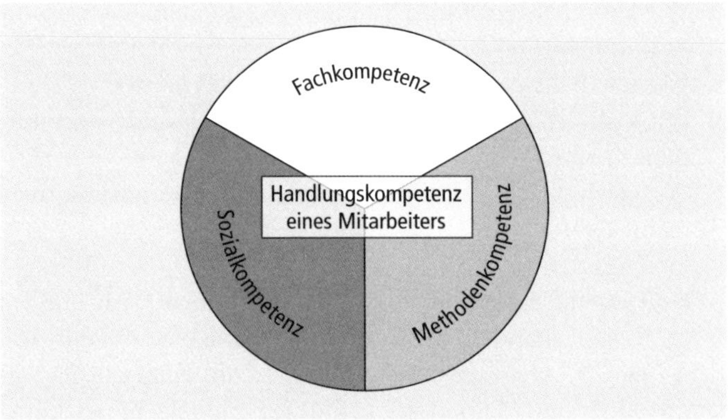

Handlungskompetenz

Handlungskompetenz zeigt sich im Alltag

Als Handlungskompetenz definiert man die Fähigkeit und Bereitschaft, Probleme der Berufs- und Lebenssituation zielorientiert auf der Basis methodisch geeigneter Handlungschemata selbstständig zu lösen, die gefundenen Lösungen zu bewerten und das Repertoire der Handlungsfähigkeiten zu entwickeln. Handlungskompetenz umfasst das Wollen und Können und umschließt die Fach- und Sozial- und Methodenkompetenz. Handlungskompetenz bedeutet, dass Sie Fertigkeiten, Fähigkeiten, Erkenntnisse und Verhaltensweisen sowohl im beruflichen als auch im persönlichen Bereich anwenden und umsetzen können. Erst im täglichen Leben zeigt sich Handlungskompetenz.

Fachkompetenz

Wird in der Ausbildung erworben

Die Fachkompetenz stellt das klassische Feld der beruflichen Aus- und Weiterbildung dar. Sie erwerben sie in der Schule, der Ausbildung, an der Hochschule und bei Weiterbildungsmaßnahmen. Zur Fachkompetenz gehören:

- Allgemeinwissen,
- berufliches Know-how,
- Berufserfahrungen,
- fachspezifisches Spezialwissen,
- Sprachkenntnisse,
- IT-Kenntnisse usw.

Sozialkompetenz

Sozialkompetenz zeigt sich in der Fähigkeit und Bereitschaft, sich mit anderen Menschen verantwortungsbewusst auseinander zu setzen und sich gruppen- bzw. beziehungsorientiert zu verhalten. Im beruflichen Kontext versteht man unter Sozialkompetenz die Fähigkeit, umsichtig, nutzbringend, partnerschaftlich und verantwortungsbewusst mit Menschen und Mitteln umzugehen.

Beziehungsorientiertes Verhalten

Das drückt sich unter anderem in der Fähigkeit zur Kooperation – also der Kontakt- und Teamfähigkeit – aus. Sozialkompetenz setzt Empathiefähigkeit voraus, also das Vermögen, sich in das Denken und Fühlen anderer Menschen hineinzuversetzen. Toleranz und Akzeptanz sind ergänzende Persönlichkeitsmerkmale, die jemanden als sozial kompetenten Menschen auszeichnen.

Empathie ist Voraussetzung

Zur Sozialkompetenz gehören unter anderem
- Kommunikationsfähigkeit,
- Kritikfähigkeit,
- Kooperationsfähigkeit,
- Teamfähigkeit,
- Empathiefähigkeit,
- Konfliktfähigkeit.

Diese Kompetenzbereiche werden Ihnen in den anderen Bänden dieser Buchreihe, insbesondere im Band 1 (Methodenkoffer Kommunikation), Band 3 (Methodenkoffer Management) und Band 4 (Methodenkoffer Führung) vorgestellt.

Methodenkompetenz

Unter Methodenkompetenz wird die Bereitschaft und Fähigkeit verstanden, für anstehende Lern- und Arbeitsaufgaben oder

Problemsituationen selbstständig und systematisch Lösungswege zu finden und anzuwenden. Dazu gehört auch Ihre Fähigkeit, sich gut zu organisieren sowie Methoden und Hilfsmittel problemlösend einzusetzen.

Methodische Fähigkeiten

Zur Methodenkompetenz gehören unter anderem diese Aspekte:

- Fähigkeit zum Umgang mit Informationen,
- Fähigkeit zur kreativen Problemlösung,
- Entscheidungsfähigkeit,
- Fähigkeit zum vernetzten Denken,
- Fähigkeit zur Selbstorganisation und Selbstkontrolle,
- Nutzung von Gedächtnis- und Lerntechniken einschließlich Lernhilfen,
- persönliche Arbeitstechniken einschließlich Zeitmanagement,
- Fähigkeit, Ziele zu formulieren, zu planen, zu realisieren und zu kontrollieren.

Der Themenbereich „Methodenkompetenz" wird in diesem Band schwerpunktmäßig behandelt. Es geht also um Ihr persönliches Selbstmanagement.

Sich selbst führen

Man kann den Begriff „Selbstmanagement" auch mit Selbstführung, Arbeitstechnik und Zeitplanung umschreiben. Es geht also darum, sich selbst zu führen, an die Kandare zu nehmen, die Arbeit sachlich und zeitlich planen zu lernen, um so das Verhältnis zwischen Aufwand und Ertrag zu verbessern. Die Kapitel dieses Buches bieten die hierfür notwendigen Lektionen.

Wirksam planen und organisieren

Ihre Leistungen als Student, Fach- oder Führungskraft sind über Ihre Fachkenntnisse hinaus davon abhängig, wie gut Sie planen und organisieren können. Wirksame Planung und Organisation setzen Know-how voraus bzw. Wissen darüber, wie das Gehirn arbeitet und Geistesarbeit „funktioniert".

Während jedoch bei der Hand- und Maschinenarbeit eine detaillierte Arbeits- und Zeitplanung seit langem üblich ist, wurde die systematische Verbesserung von Kopfarbeit weitgehend ausgeklammert. Hier liegt eines unserer Hauptprobleme. Da viele die Instrumente der Zeit- und Arbeitsplanung, Lern- und

Gedächtnistechniken, Methoden der Ideengenerierung und Entspannung nur unzureichend beherrschen, entstehen Zeitnot und Stress, Planungsfehler, Chaos, Vergesslichkeit, Ineffizienz und Unordnung am Arbeitsplatz. Hinzu kommen psychologische Folgen wie Ärger, Unzufriedenheit und der allmähliche Verlust des Selbstvertrauens. Was folgt hieraus?

Know-how für bessere Kopfarbeit

Unsere wissensbasierte Arbeitswelt braucht für die Kopfarbeit mehr Know-how, Planung und Systematik. Intention, Versuch und Irrtum allein sind zu riskant. Je höher und selbstständiger Ihre Stellung, umso schwerer wiegen diesbezügliche „Unterlassungssünden". Auch Ihr berufliches Fortkommen wird hiervon berührt.

Zahlreiche Beispiele zeigen, dass der Unterschied zwischen den Erfolgreichen und den Erfolglosen neben der Sozialkompetenz vor allem in der Qualität Ihres Selbstmanagements, in der Art Ihres Denkens und der Fähigkeit zum Lernen liegt.

Was den „Erfolglosen" vom „Erfolgreichen" trennt

Die Begriffe „erfolgreich" und „erfolglos" sind relativ. Der Erfolglose unterscheidet sich vom Erfolgreichen nur dadurch, dass die in ihm vorhandenen geistig-schöpferischen Kräfte brachliegen. Nach Meinung von Gustav Großmann (1893 bis 1973), dem „deutschen Dale Carnegie" und Ziehvater der „Gesellschaft für Arbeitsmethodik" (GfA), nutzt der „normale" Mensch nur ein Zehntel seiner Fähigkeiten.

Wenn der so genannte Erfolglose seine Schwächen überwindet und seine positiven Anlagen verstärkt, wenn er sein Wissen zur rechten Zeit am richtigen Platz einzusetzen versteht, wenn er den Zweifel an sich durch den Glauben an sich ersetzt, kann sich das Blatt sehr schnell wenden. Der „Erfolglose" wird dann zum „Erfolgreichen".

Was mit Erfolg gemeint ist

Mit Erfolg ist nicht Gelderwerb, Karriere, Sozialprestige oder rücksichtsloses Ausstechen der Konkurrenten gemeint. Erfolg ist das, was die Gleichgewichtslage des ganzen Menschen bewirkt;

was zur harmonischen Entwicklung Ihrer Geistes- und Seelenkräfte führt. Erfolg ist ein Entwicklungs- und Entfaltungsprozess, der den schöpferischen Menschen zum Ziel hat.

→ Ergänzende und vertiefende Informationen zum Thema Erfolgsprinzipien finden Sie im Kapitel A 5 dieses Buches.

Lesen allein genügt nicht

Die fünfbändige Buchreihe will Sie zum Training, zum Verändern animieren. Sowenig Sie Autofahren durch Vorträge oder Buchlektüre erlernen können, so wenig ändert sich etwas an Ihrer Situation nur durch das Lesen der Lektionen dieses Buches. Wie in einer Fahrschule laufen Theorie und Praxis parallel. Zum perfekten Autofahrer werden Sie aber erst nach entsprechender Übung und Praxis.

Die Lernpyramide zeigt dies klar auf:

- Wenn jemand etwas weiß, bedeutet dies nicht zugleich, dass er sein Wissen auch umsetzen kann.
- Nicht alles Können lässt sich in jeder Situation auch anwenden.
- Nur ein Teil des Wissens und Könnens, das man anwendet, bewirkt auch den erwünschten Effekt.

Die Lernpyramide

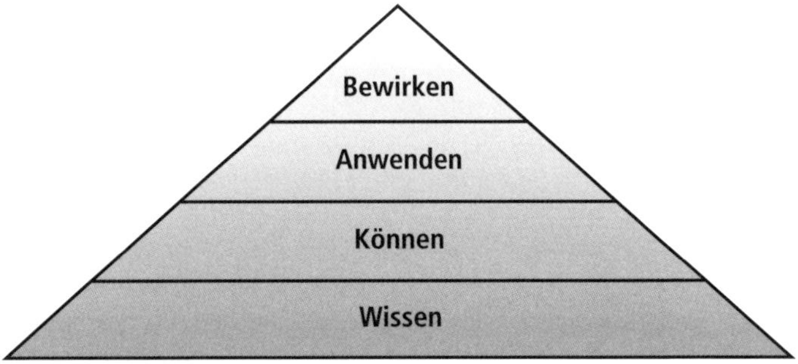

Täglich trainieren

Darum sind Sie aufgefordert, die Inhalte dieses Buches und der ganzen Buchreihe täglich immer wieder neu zu trainieren, sodass sie „in Fleisch und Blut übergehen“ und so zur selbst gesteuerten Routine werden.

Arbeitsbelastungstest

Bevor Sie sich mit den Grundlagen der Arbeitsorganisation befassen, können Sie diesen Arbeitsbelastungstest durchführen. Er gibt Ihnen Aufschlüsse über die gegenwärtige Wirksamkeit Ihrer persönlichen Arbeitstechnik.

1. Bewahren Sie Ruhe!

2. Lesen Sie erst *alle* Punkte ruhig und konzentriert durch, bevor Sie etwas tun. Erst informieren, dann reagieren!

3. Schreiben Sie Ihren Namen rechts oben auf das Blatt!

4. Ermitteln Sie Ihre Pulsfrequenz:

   ___________ Schläge/Minute

5. Konzentrieren Sie sich auf Ruhe, indem Sie etwa zehn bis 20 Sekunden die Augen schließen und tief durchatmen.

6. Notieren Sie nun Ihre Startzeit. Sie haben jetzt noch maximal zehn Minuten Zeit, die Aufgaben zu lösen. Sie können das schaffen, wenn Sie die Übersicht bewahren und ohne Hektik vorgehen. Haben Sie alle Punkte bis hierher aufmerksam durchgelesen? Wenn ja, tragen Sie jetzt Ihre Startzeit ein:

   ___________ Startzeit

	erreichte Punkte:
7. Zeichnen Sie auf den Rand fünf Gegenstände mit einem Kreis als Grundfigur!	**3**
8. Rechnen Sie 4 hoch 4! ___________	**3**

9. Finden Sie mindestens fünf gleichbedeutende Wörter für den Begriff „aktiv“! **1 pro Wort**

10. Setzen Sie diese Reihe mit zehn Wörtern fort: Segel, Eldorado, Donau, Nautiker … **1 pro Wort**

11. Bilden Sie einen Satz aus diesen Worten: Haus, Baum, Hund, Sommerabend. **1 pro Wort**

12. Notieren Sie hier Ihre Zwischenzeit:

__________ Zwischenzeit

13. Sollten Sie bereits nach fünf Minuten an dieser Stelle sein, dann rufen Sie sofort den Autor dieses Buches an unter (01 71) 4 41 96 90.

14. Nun geht es um Ihr räumliches Vorstellungsvermögen. Zeichnen Sie drei Punkte mit dem Stift auf diese Linie, und zwar im Abstand von 2 Zentimetern: **2**

____

15. Definieren Sie den Begriff „selbstgemachter Stress"!

5

____

____

____

____

16. Reißen Sie diese Seite aus dem Buch und basteln Sie aus dem Blatt ein Schiff oder ein Flugzeug. Wenn es Ihnen gelingt, bekommen Sie 5 Punkte.

5

17. Notieren Sie hier Ihre Schlusszeit:

__________ Schlusszeit

18. Zählen Sie jetzt Ihre Punkte zusammen!

__________ Gesamtpunktzahl

19. Nachdem Sie bis hierher aufmerksam gelesen bzw. sich informiert haben, vergegenwärtigen Sie sich nochmals das, was im zweiten Satz steht: Sie sollten *alle* Punkte durchlesen.

Sie brauchen die Punkte 3 bis 18 nicht auszuführen. Sie haben die Aufgabe nun gelöst.

20. Jetzt notieren Sie bitte, was Ihnen dieser Test hinsichtlich Ihrer persönlichen Arbeitstechnik zeigt.

TEIL A

Persönliche Arbeitsmethodik

1. Persönliche Situationsanalyse

Die private und berufliche Situation eines jeden Menschen ist verschieden. Was viele Menschen jedoch vereint, ist die Tatsache, dass sie keine Vorstellung haben, welche Ziele sie für ihr Leben verfolgen, welche Wege sie dafür einschlagen wollen und wie ihr Leben in fünf, zehn oder 20 Jahren aussehen soll.

Basis für Ziele und Pläne

Die persönliche Situationsanalyse hilft, diese Klärungen herbeizuführen und daraus Ziele und Pläne zu formulieren. Sie ergibt ein Persönlichkeitsprofil, das einerseits Begabungen, Neigungen und Wünsche offen legt, andererseits aber auch Schwächen und Mängel aufzeigt. Von besonderem Interesse sind dabei die Stärken. Wer Erfolg will, muss seine Stärken kennen und diese nutzen.

Ergänzung durch Partner

Ihre Schwächen können Sie gegebenenfalls dadurch minimieren, indem Sie sich beruflich oder privat den Partner suchen, der genau an dieser Stelle Stärken aufweist und die eigenen Schwächen somit ideal ausfüllt.

Die Methodik der persönlichen Situationsanalyse und die damit zusammenhängende Planungsmethode wurden schon vor mehr als 50 Jahren von Dr. Gustav Großmann (1893–1973), dem geistigen Gründungsvater der *Gesellschaft für Arbeitsmethodik (GfA)*, entwickelt und vom Unternehmerzentrum *Helfrecht* in Bad Alexandersbad und anderen fortgeschrieben.

1.1 Grundlagen der persönlichen Situationsanalyse

Eigene Ziele finden

Die persönliche Situationsanalyse soll die eigene gegenwärtige Situation widerspiegeln, um daraus geeignete Ziele abzuleiten. Diese sollen ganz auf die eigene Person zugeschnitten sein. Mit diesen Zielen sollen das eigene Glück, der eigene Erfolg und die eigene individuelle Entwicklung vorangetrieben werden.

Begabungen

Die wichtigste Aufgabe der persönlichen Situationsanalyse besteht darin, dass Sie Ihre persönlichen Stärken und Schwächen herausfinden. Den wenigsten Menschen sind sie wirklich bekannt oder sie haben eine falsche Vorstellung und unterschätzen ihre Bedeutung in Bezug auf ihren persönlichen Erfolg und Lebensweg. Auch Sie verfügen über Begabungen, die Ihnen vielleicht noch nicht bewusst sind.

Stärken und Schwächen erkennen

Aber wie erkennen Sie, dass Sie Begabung besitzen? Wie können Sie diese für Ihren Erfolg nutzbar machen?

Spaß bei der Arbeit führt zu guten Arbeitsergebnissen und positiver Stimmung, wenig Freude an der Arbeit eher zu schlechten Resultaten und negativer Stimmung. Ein Hobby oder etwas, was man gerne macht, ist gleichzusetzen mit Spaß oder guter Stimmung. Wenn jemand etwas besonders gut kann, bereitet es ihm in der Regel Spaß. Vielleicht handelt es sich hierbei sogar um eine Begabung.

Arbeitsfreude als Wegweiser

Man ist für das begabt, was man gern macht.

Erfolgreiche Menschen haben ihre Begabungen erkannt. Sie schaffen mit wenig Anstrengung und geringem Kräfteverschleiß Außergewöhnliches, soweit es sich um Dinge handelt, die sie gerne tun.

Um diesen Gedankengang auszuweiten: Dinge, die Ihnen leicht fallen, die Sie gerne machen, zu denen Sie sich berufen fühlen, sollten Sie, wenn Sie Erfolg im Leben haben wollen, zum Beruf wählen.

Erfolg und Berufung

Manche Menschen sind der Meinung, dass, wer begabt ist, intelligent sein muss. Nur: Wie viele hochintelligente Menschen,

Intelligenz allein reicht nicht

ausgestattet mit den besten Zensuren und den besten Präferenzen, scheitern gerade an ihrem eigenen persönlichen Lebensziel! Sie können bisweilen völlig lebens- und leistungsuntauglich sein. Ein hoher Intelligenzquotient allein stellt jedenfalls keine sichere Grundlage für den Lebenserfolg dar. Manch einer, der zu Schulzeiten ein Mitläufer war, wächst plötzlich bei der praktischen Umsetzung seiner Neigungen über sich hinaus.

→ Ergänzende und vertiefende Informationen hierzu finden Sie im Kapitel „Emotionale Intelligenz“ im fünften Band dieser Buchreihe.

Wünsche – eine Energiequelle für den Lebenserfolg

Wünsche helfen weiter

Wenn Sie herausfinden wollen, was Sie gerne machen oder am liebsten mögen, erreichen Sie dieses am ehesten, wenn Sie sich mit Ihren Wünschen und Träumen befassen, so wie beispielsweise der berühmte Komponist Richard Wagner. Er formulierte Ziele mit Hilfe von Wünschen.

Von ihm stammt die Aussage: „*Der Mensch findet dann zu seiner Begabung, wenn er einmal ganz klar festgestellt und festgelegt hat, was alles in seinem Leben nicht eintreten soll, welche Situationen und Misserfolge er sich nicht wünscht, und wenn er demgegenüber seine ersehnten Wunscherfüllungen beschreibt und seine Traumziele darstellt.*“

Wünsche zeigen Fähigkeiten an

Ähnliches ist auch von Johann Wolfgang von Goethe zu lesen. Er beschreibt die Wünsche im Zusammenhang mit Begabung folgendermaßen: „*Unsere Wünsche sind Vorgefühle der Fähigkeiten, die uns liegen, Vorboten desjenigen, was wir zu leisten imstande sein werden.*“

Folglich: Wenn Sie Wünsche haben und diese verfolgen, können Sie Kräfte und Energien freisetzen. Sie sind Voraussetzung, um Dinge in Bewegung zu bringen.

Das ganze Leben besteht aus Bewegung und wird hierdurch bestimmt. Dies gilt überall auf der Erde und darüber hinaus. Was für die Erde gilt, ist auch auf den Menschen übertragbar. Das bedeutet, auch Sie sind in ständiger Bewegung, nicht nur körperlich, sondern auch geistig und seelisch. Auch dafür ist Energie notwendig. Diese erzeugen Sie durch Nahrungsaufnahme.

Emotionen sind eine Energiequelle

Aber die wichtigere Energiequelle für Ihre geistigen und seelischen Bewegungen sind vor allem die Emotionen. Durch sie erhalten Geist und Seele die notwendigen Energien, um Handlungen zum Zwecke Ihrer Ziele anzustoßen.

Freundschaften

Der Wert von Freundschaften

Ein weiteres Element in diesem Zusammenhang sind Freundschaften. Freunde zu haben ist eine gewisse Begabung. Ein Freund oder Partner ist oft die entscheidende Kraft, die auch Sie zu etwas motiviert. Jemand, der Sie gut kennt und Ihnen gut gesonnen ist, ist eher in der Lage, Ihre positiven Eigenschaften selber zu erkennen oder herauszukitzeln.

Daraus folgt aber nicht, dass, wenn Sie die Anzahl an Freunden erhöhen, sich gleichzeitig Ihre Begabung steigert. Und reichen allein einige Bekanntschaften schon aus, um seine persönlichen Ziele erfolgreich zu erreichen?

Sich gegenseitig unterstützen

Freund ist nicht gleich Freund. Ein echter Freund ist mehr als nur ein Bekannter. Also würde eine Vergrößerung des Freundeskreises nur zu einer „Verwässerung" Ihrer Begabungen führen. Sie würden Gefahr laufen, nur ausgenutzt zu werden. Das wäre kontraproduktiv gegenüber Ihren Zielen. Denn eine Freundschaft zu pflegen heißt, sich gegenseitig zu fördern und bei der Zielfindung zu unterstützen.

Nutzen bieten, Nutzen ernten

Wer Nutzen bietet, wird auch Nutzen ernten. Je mehr Sie also bereit sind zu geben, desto mehr wird Ihnen selber gegeben. Doch muss sich beides in einem gesunden Gleichgewicht bewegen.

1.2 Erstellung der persönlichen Situationsanalyse

Nur die eigene Perspektive zählt

Wie wenden Sie jetzt die Analyse an? Mit welcher Technik oder Methodik gehen Sie vor? Wichtig bei der Durchführung Ihrer persönlichen Situationsanalyse ist, dass Sie alles aus der Ich-Perspektive betrachten. Sie berücksichtigen nur Ihre eigene Sichtweise, eigene Erinnerungen, eigene Erfahrungen und eigene Einschätzungen. Sie dürfen nicht auf Ratschläge oder Meinungen anderer zurückgreifen. Ausschlaggebend ist nur Ihre Sicht, Ihr Standpunkt und Ihr Urteil. Die Bedeutung, die manche Dinge für Sie selbst haben, ist von keiner anderen Person vollständig nachvollziehbar oder wird gleich bewertet. Niemand kann sich ganz in Ihre Situation versetzen, weil jeder Mensch sich in einer anderen Situation befindet.

Äußere Voraussetzungen

Wählen Sie einen ruhigen Ort für Ihre Analyse aus, frei von Hektik. Nehmen Sie sich genügend Zeit. Es darf zu keinen Fremdeinflüssen kommen. Außerdem sollten Sie eine gute Stimmung haben, das hebt Ihre Bereitschaft für die Aufgabe.

Führen Sie die Analyse schriftlich durch. Dabei nutzen Sie für jede Frage und jeden Analysepunkt ein neues Blatt Papier oder eine andere PC-Seite. Gestalten Sie sie optisch ansprechend. Das stärkt den Wahrnehmung- und Beeinflussungseffekt. Sorgen Sie dafür, dass nur Sie allein Zugriff auf diese Niederschrift haben. Es handelt sich schließlich um etwas sehr Persönliches.

Wenn Sie diese Dinge beachten, haben Sie die wesentlichen Voraussetzungen für eine erfolgreiche Analyse geschaffen. Diese benötigt man, um den folgenden Fragenkatalog nutzen zu können. Er basiert auf der Vorgehensweise des Unternehmerzentrums *Helfrecht (www.helfrecht.de).*

Trennung von Stärken und Schwächen

Mit diesem Fragenkatalog haben Sie die Möglichkeit, Ihre persönliche Situationsanalyse praktisch anzuwenden. Die Fragen sind in Plus-Situationsfragen und Minus-Situationsfragen gegliedert. So wird schon vorab die strikte Trennung von Stärken und Schwächen dargestellt.

Fragen

Formulieren Sie Ihren Lebenslauf – ähnlich wie bei einer Bewerbung. Nennen Sie die Jahreszahlen und beschreiben ausführlich die dazugehörigen Ergebnisse, Aufgaben und Leistungen. Beantworten Sie anschließend die folgenden Fragen.

Fragen zu Ihrem Lebenslauf

Positiv	Negativ
■ Welche Ereignisse aus meinem Lebenslauf sind positiv für meinen persönlichen Erfolg und für mein Gedeihen? Welche Tendenzen ersehe ich daraus? *(Plus-Situation)*	■ Welche negativen, meinem Gedeihen und Erfolg abträglichen Tendenzen erkenne ich aus meinem Lebenslauf? *(Minus-Situation)*
■ Welche Menschen fördern mein Gedeihen, meinen persönlichen Lebenserfolg? *(Plus-Situation)*	■ Welche Menschen beeinträchtigen mein Gedeihen? *(Minus-Situation)*
■ Welche Gegenstände in meiner Situation fördern mein Gedeihen, meine Leistungsfähigkeit, meine Schaffensstimmung? *(Plus-Situation)*	■ Welche Gegenstände in meiner Situation beeinträchtigen mein Gedeihen, meine Leistungsfähigkeit, meine Schaffensstimmung? *(Minus-Situation)*
■ Welche Situationen und Umstände fördern meinen persönlichen Erfolg, mein Gedeihen? *(Plus-Situation)*	■ Welche Situationen und Umstände beeinträchtigen meinen persönlichen Erfolg, mein Gedeihen? *(Minus-Situation)*
■ Mit welchen meiner Kenntnisse und Fähigkeiten kann ich wem welchen Nutzen bieten? *(Plus-Situation)*	■ Welche Kenntnisse und welche Fähigkeiten fehlen mir zu dem von mir gewünschten Erfolg? *(Minus-Situation)*
■ Welchen Einzelpersönlichkeiten und welchen Gruppen bin ich ein Wert, weil ich deren Gedeihen und Erfolg durch private oder berufliche Leistungen eindeutig und messbar gefördert habe? *(Plus-Situation)*	■ Welche Einzelpersönlichkeiten oder Gruppen lehnen mich ab, weil sie durch mein Handeln im privaten oder beruflichen Bereich in ihrem Gedeihen, in ihrem persönlichen Erfolg beeinträchtigt werden? *(Minus-Situation)*
■ Was kann ich dazu in Zukunft tun? Was werde ich tun? *(Plus-Situation)*	

Auswertung

Als Nächstes werten Sie die Situationsanalyse aus und formulieren Ihre Ziele. Sie können diese gewichten, zum Beispiel mit Priorität 1, 2 und 3.

Prioritäten vergeben

Priorität 1 haben die Ziele, die Ihnen einerseits am dringlichsten, andererseits aber am ehesten umsetzbar erscheinen. Die Ziele der Priorität 2 sind auch sehr dringliche Ziele, die aber nicht ganz so leicht zu verwirklichen sind. In die dritte Kategorie kommen die restlichen Ziele, die sich nicht so notwendig und dringend darstellen, unabhängig von ihrer Realisierbarkeit.

Ziele machen stark

Diese Ziele lassen Sie dann gefestigter und widerstandsfähiger werden. Sie wissen was bzw. wohin Sie wollen. Unlösbare Probleme und unausweichliche Situationen werfen Sie nicht mehr so schnell um, sondern zwingen Sie, sich häufiger und besser mit sich selbst auseinander zu setzen.

→ Ergänzende und vertiefende Informationen zum Thema Zielmanagement finden Sie im Kapitel A 6 dieses Buches.

Literatur

Gustav Großmann: *Sich selbst rationalisieren.* 27. Aufl. Grünwald: ratio Verlag 1988.

Gustav Großmann: *Die Großmann-Methode, was sie leistet und wie man sie sich aneignet.* München: Verlag Das große Gedeihen 1960.

Gustav Großmann: *Meine Doktor-Dissertation, deren Erkenntnisse in der Großmann-Methode die Revolution der Begabten einleiten.* 2., umgearb. Aufl. München: Verlag Das Große Gedeihen 1964.

Gustav Großmann: *Die Welt der Könner.* 6. Aufl. Grünwald: ratio Verlag 1992.

Mathias Scheben: *Karriereplanung. Sicherheit, Selbstentfaltung und Berufserfolg durch die Großmann-Methode.* Bad Alexandersbad: Methodik-Verlag 1979.

2. Willenstraining

Flucht in Füllarbeiten

In jedem von uns findet häufig ein Kampf zwischen dem „ich muss“ und dem „ich will nicht“ statt. Wenn einem eine schwere Aufgabe bevorsteht, flüchten sich viele in Ersatzhandlungen und Scheintätigkeiten. Nichts zu tun, würde uns mit einem schlechten Gewissen belasten. Man wendet sich daher Unwesentlichem zu, so genannten Füllarbeiten. Die Hauptaufgabe schiebt man vor sich her und wartet auf den Moment der höheren Eingebung oder „richtigen“ Verfassung. Man schiebt etwas auf die lange Bank. So entstehen Berge unangenehmer Pflichten. Daraus resultiert Stress. Können Sie sich an eine solche Situation erinnern?

Ohne Willen keine Leistung

Der Kampf zwischen dem „ich muss“ und dem „ich will nicht“ weist auf die Bedeutung eines starken Willens hin. Sie kennen vielleicht das Sprichwort: „*Willenstarke Menschen durchschwimmen den Strom des Lebens, willenschwache baden nur darin.*“ Es besagt, dass bei allen großen menschlichen Leistungen Willensqualitäten eine bedeutende Rolle spielen.

Ihr Berufs- und Lebenserfolg kann nie größer sein, als Ihr Willen und Ihre Bereitschaft dazu.

2.1 Was bedeutet „Willen“?

Hindernisse überwinden

Unter Willen versteht man die Absicht zu bewussten Handlungen, die Ihren Zielen dienen und von Ihnen trotz innerer und äußerer Widerstände realisiert werden. Innere Hindernisse entstehen, wenn einander widersprechende Wünsche und Antriebe zusammenkommen. Dieser Konflikt tritt meist schon dann auf, wenn sich unter den zu lösenden Aufgaben leichtere und schwerere befinden. Viele befassen sich eher mit der leichteren Aufgabe, obwohl die schwierigere vielleicht wichtiger ist.

Ergebnis der Selbsterziehung

Der Willen ist keine angeborene Eigenschaft, sondern das Produkt Ihrer Selbsterziehung. Willenseigenschaften entwickeln sich umso besser, je konsequenter, gleichmäßiger und beherrschter Sie Schwierigkeiten und Hindernisse überwinden. Das gilt insbesondere bei Willenshandlungen, die sich über längere Zeiräume erstrecken und durch Teilziele realisiert werden, wie beispielsweise ein Studium.

2.2 So können Sie Ihren Willen formen

Angemessene Ziele setzen

Zur Selbsterziehung Ihres Willens gehören Ziele, die Ihren Fähigkeiten entsprechen. Weder ein sehr hohes und irreales noch ein sehr niedriges und keine Anforderungen stellendes Ziel ist Ihrer Willenserziehung dienlich.

Zur persönlichen Zielsetzung und Willensentwicklung gehört auch die Selbstkontrolle. Sie setzt eine hoch entwickelte Kritikfähigkeit bezüglich des eigenen Verhaltens voraus.

Leidenschaft und Verstand einsetzen

Beim Ausformen Ihres Willens spielen zudem Vorbilder, Meinungen und Standpunkte sowie Gefühle eine Rolle. Jemand, der mit Leidenschaft *und* Verstand arbeitet, ist zu größeren Willenshandlungen fähig als ein Mensch, der *nur* die Verstandeskraft oder *nur* die Leidenschaft einsetzt. Ausdauer, Leidenschaft, Entschlossenheit und Selbstbeherrschung sind die wirkungsvollsten Antriebskräfte für erfolgreiches Arbeiten und Leben.

Die Rolle des Unterbewusstseins

Zu den Energiegebern Ihres Willens gehört auch das Unterbewusstsein, die Werkstatt Ihrer Seele. Plötzliche Geistesblitze kommen in der Regel aus dem Unterbewusstsein, das sich noch lange nach dem bewussten Denken mit einem Problem beschäftigt. Auch viele Ihrer Handlungen, sogar die negativen, entsprechen weitgehend den in früher Kindheit entwickelten Programmen des Unterbewusstseins.

Autosuggestion

Solche Programmierungen können Sie auch noch im Erwachsenenalter – und zwar bewusst – vornehmen. Zu diesem Zweck sollten Sie es einmal mit einer dem autogenen Training entliehenen formelhaften Vorsatzbildung versuchen. So können Sie beispielsweise sagen: „Ich bin guter Laune und werde das Problem X erfolgreich lösen." Im entspannten Zustand abends vor dem Einschlafen und morgens in der Frühe konzentrieren Sie sich auf diese Vorsatzformel und lassen sie in Ihre tieferen Bewusstseinsschichten einsickern.

Vergleichbar mit Hypnose

Dieser Vorgang ist der Hypnose vergleichbar, in der ebenfalls Ihr Unterbewusstsein programmiert wird. So wie Hypnosebefehle später bei vollem Bewusstsein oft ausgeführt werden, so werden es auch die Vorsätze der Autosuggestion.

→ Ergänzende und vertiefende Informationen zum Thema Autogenes Training finden Sie im Kapitel E 2 dieses Buches.

Selbstkonditionierung

Reflexe herbeiführen

Das Selbstkonditionieren ist der vorstehend beschriebenen autogenen Suggestion vergleichbar. Unter Konditionieren versteht man in Anlehnung an den sowjetischen Forscher Pawlow das Herbeiführen von bedingungsgebundenen Reflexen.

Eine solche Konditionierung können Sie unter räumlichen und zeitlichen Aspekten selbst wahrnehmen. Wie geschieht das?

Räumliche Selbstkonditionierung

Arbeit und Erholung trennen

Nehmen wir an, Sie arbeiten von zu Hause aus. Dient der Schreibtisch auch als Pausenfläche für Frühstück und Mittagessen, für Zeitungslektüre und Briefmarkensammlung oder angenehmen Zeitvertreib, so wird sich Ihr Unterbewusstsein von vorneherein immer auf das einstellen, was am angenehmsten ist. Das erschwert die Konzentration auf die Arbeit. In diesem Fall gilt ab sofort der Grundsatz, Arbeit und Erholung streng zu trennen. Am Schreibtisch sollten Sie nur noch *arbeiten,* sodass Sie sich mit der Zeit sofort auf Arbeit einstellen, wenn Sie dort Platz nehmen.

Ebenso wie die Arbeit wird auch der Erholungseffekt konditioniert. Am Schreibtisch dauert das Umschalten von Arbeit auf

Erholung länger als beispielsweise in der Kantine, bei deren Betreten Ihre konditionierten Reflexe sofort auf Entspannung umschalten.

Zeitliche Selbstkonditionierung

Tagesablauf regulieren

Genauso wirkt die Zeitkonditionierung. Bei einem regulierten Stunden- bzw. Tagesplan stellen sich die geplanten Aktivitäten fast automatisch ein bzw. werden zu einem Bedürfnis. Ihre innere Uhr, die Sie morgens weckt, ähnelt diesem Prinzip der Zeitkonditionierung.

Selbstbefehltechnik

Befehlen und ausführen

Die so genannte Selbstbefehltechnik entspricht dem Konditionierungsprinzip. Durch den Selbstbefehl wird das eigene Ich in zwei Persönlichkeiten aufgespalten: eine befehlende und eine ausführende.

Beim Selbstbefehl geht es darum, die geistigen Steuerungskräfte in eine von Ihnen gewünschte Richtung zu drängen. Der eindeutige Befehl soll zusammen mit einer klaren Zielvorstellung und Durchführungsfrist Ihr gesamtes Willensfeld beherrschen. So wie man Fremdbefehlen mehr oder weniger unbewusst folgt – zum Beispiel dem Arbeitsbeginn, den Arbeitspausen oder dem Licht der Verkehrsampel –, so soll der Selbstbefehl in Ihr Unterbewusstsein eindringen und bewusste Handlungen auslösen.

Selbstmotivation

Kein Handeln ohne Motiv

Die Selbstmotivation ist eine weitere Möglichkeit der Willensformung, denn Motive sind die Beweggründe Ihres Verhaltens. Ohne einen Grund erfolgt kein Handeln. Im Falle des „ich muss" und „ich will nicht" sind sie sogar ein innerer Konfliktfaktor. Das Arbeitsmotiv befindet sich im Widerspruch mit dem Bedürfnis nach Müßiggang oder einem alternativen Tätigkeitsmotiv.

Primäre und sekundäre Motive

Angenommen Sie tun etwas, um Ärger und Nachteile zu vermeiden, so liegt eine *sekundäre* Motivation vor. Sie geht oft mit Stresssituationen einher. Im Gegensatz dazu steht die *primäre* Motivation, bei der die Arbeit erstrebenswert ist, unter anderem deshalb, weil sie Spaß macht.

Arbeiten Sie nur zum Zwecke des Geldverdienens, so sind Sie nur sekundär motiviert. Sie erledigen nur das absolut Notwendigste, suchen gegebenenfalls Ausreden und greifen zu Täuschungsmanövern, um das „ich muss“ aufzuschieben oder zu umgehen.

Primäre Motive finden

Wie steht es mit Ihrer Motivation? Ihnen ist viel geholfen, wenn es Ihnen gelingt, die sekundäre Motivation in eine primäre umzuwandeln. Prüfen Sie zu diesem Zweck, inwieweit die Ihnen vorgegebenen Ziele eventuell mit Ihren persönlichen verschmelzbar sind. Versuchen Sie, interessante Teilaspekte Ihrer Tätigkeit zu entdecken. Stellen Sie sich persönliche Leistungsziele und verbinden Sie diese mit Ihrer täglichen Arbeit.

Erfolge verstärken die Motivation

Freuen Sie sich über Ihre Erfolge. Das verstärkt Ihre Motivation, denn erfahrungsgemäß wird immer das Verhalten wiederholt, das angenehme Erlebnisse hervorbrachte. Erfolge stärken Ihr Selbstvertrauen und fördern Ihre Arbeitsstimmung. Beachten Sie daher in Zukunft mehr Ihre Erfolge statt Misserfolge. Nichts ist erfolgreicher als der Erfolg.

Literatur

Roberto Assagioli: *Die Schulung des Willens.* Paderborn: Junfermann 2003.

Alexander Christiani, Frank M. Scheelen: *Stärken stärken. Talente entdecken, entwickeln und einsetzen.* München: Verlag moderne industrie 2002.

Hugo M. Kehr: *Souveränes Selbstmanagement. Ein wirksames Konzept zur Förderung von Motivation und Willensstärke.* Weinheim: Beltz 2002.

Rudolf Steiner: *Entwicklung des Denkens, Stärkung des Willens.* Stuttgart: Freies Geistesleben 2004.

3. Persönliche Arbeitsplatzgestaltung

Leistung bringen und wohl fühlen

Einen Großteil Ihres Lebens verbringen Sie am Arbeitsplatz, zumeist in einem Büro. Hier sollen Sie nicht nur Leistung bringen, sondern sich möglichst auch wohl fühlen. Zwischen beidem besteht eine Wechselbeziehung, denn Freude schafft Leistung und Leistung schafft Freude. Ob es Ihnen gelingt, diesen Doppelschritt zu schaffen, hängt unter anderem von folgenden Faktoren ab:

- Arbeitsumfeld,
- Schreibtisch bzw. Arbeitsplatz,
- Arbeitsmittel,
- Arbeitsplatzordnung sowie
- PC-Ergonomie.

Krankheitsursachen beseitigen

Auch Ihre Gesundheit wird hiervon berührt. Die moderne Arbeitsmedizin hat einige typische Büroleiden festgestellt, nämlich Sehstörungen, Rückenschäden, Nervenkrankheiten und sogar Erkältungen. Die Ursachen solcher Schreibtischkrankheiten – aber auch die von organisatorischen und ergonomischen Mängeln – sollten Sie schleunigst beseitigen.

Kein Rationalisierungsfachmann kümmert sich um die ergonomischen und organisatorischen Leistungshemmer in Ihrem Büro. Hier sind Sie selbst gefordert. Analysieren Sie einmal anhand der folgenden Hinweise Ihr Arbeitsumfeld, Ihren unmittelbaren Arbeitsplatz, die von Ihnen verwendeten Arbeitsmittel sowie die Ordnung in und um Ihren Schreibtisch herum. Bedenken Sie: Das Umrüsten Ihres Büros ist längst nicht so teuer und zeitaufwendig wie das eines Produktionsarbeitsplatzes.

3.1 Arbeitsumfeld

Störfaktoren finden

Mit der Arbeitsumfeldanalyse untersuchen Sie insbesondere klimatische, akustische und das Licht betreffende Störfaktoren.

Raumklima

Raumtemperatur

Das für Sie wichtigste Klimaelement ist die Raumtemperatur. Wohlbefinden, Gesundheit und Leistungsfähigkeit sind nur dann gewährleistet, wenn die *Temperatur* Ihres Körpers im Bereich von 37 Grad Celsius gehalten wird. Das setzt eine Raumtemperatur von etwa 18 bis 22 Grad Celsius voraus.

Sauerstoffzufuhr

Bei der Wahl des Arbeitsplatzes sollten Sie auch auf eine genügende *Sauerstoffzufuhr* achten.

Luftfeuchtigkeit

Auch die *Luftfeuchtigkeit* leistet im Zusammenhang mit der Raumtemperatur einen wichtigen Beitrag für Ihr Wohlbefinden. Bei hohen Außentemperaturen wird den hautnahen Geweben Wärme entzogen, indem Schweiß an die Oberfläche tritt und hier verdunstet. Diese Verdunstung wirkt kühlend. Ist die Luft nun sehr feucht, kann der Schweiß nicht verdunsten.

Licht

Schlechtes Licht erschwert Konzentration

Die richtige Beleuchtung lässt sich oft schon durch das Auswechseln der Glühlampen oder Verrücken des Schreibtisches erreichen. Schlechtes Licht erschwert die Konzentration und beschleunigt das Ermüden. Bedenken Sie: Ihr Auge ist das wichtigste Wahrnehmungsorgan im System Mensch – Arbeit. Bei Präzisionsarbeiten steht das Arbeitsergebnis im unmittelbaren Zusammenhang mit der Sehleistung.

Die Beleuchtung Ihres Arbeitsplatzes sollten Sie einmal unter diesen Gesichtspunkten prüfen:

Lichtstärke

- *Gibt es genügend Licht?* Anlehnend an die DIN-Norm 50/35 empfiehlt die „Studiengemeinschaft Licht e. V." für Büroräume je nach Sehwichtigkeit 500 bis 1000 Lux und für Sitzungszimmer 300 bis 600 Lux (Lux = Maß für Lichtstärke). Wenn beispielsweise eine 60-Watt-Lampe mit einem weißen Reflektor 30 bis 40 Zentimeter über Ihrem Schreibtisch leuchtet, treffen 1000 bis 1100 Lux auf die Platte.

Lichtverteilung

- *Ist das Licht gut verteilt?* Das Licht sollte auch gut verteilt werden. Beseitigen Sie deshalb zu große Helligkeitsunterschiede. Wenn Sie in Ihrem Blickfeld sehr helle und sehr dunkle Flächen haben, werden Ihre Pupillen abwechselnd automatisch geöffnet und geschlossen. Das kann zu Kopfschmerzen führen. Beachten Sie daher, dass das Helligkeitsverhältnis in Ihrem engeren Gesichtsfeld nicht größer als eins zu drei ist. Ihre Schreibtischplatte sollte gleichmäßig beleuchtet sein.

Lichteinfall

Wenn Sie mit einer Schreibtischlampe arbeiten, achten Sie auf den richtigen Lichteinfall. Das erreichen Sie am besten durch eine verstellbare Lampe. Um Hand- oder Körperschatten zu vermeiden, muss diese (bei Rechtshändern) links neben oder blendfrei vor Ihnen stehen.

Zu berücksichtigen ist außerdem, dass einheitlich helles Licht das Sehen erschwert. Zum Erkennen von Gegenständen brauchen Sie auch Schatten. Darüber hinaus erleichtert eine helle Arbeitsfläche bei leicht abgedunkeltem Umfeld die Konzentration.

Flimmern abstellen

Vielleicht ist auch Ihr Büro mit Neonröhren ausgestattet. Der Wechselstrom von 50 Hz verursacht ein Flimmern, das vom Auge nicht bewusst wahrgenommen, vom Sehnerv aber empfunden wird. Das damit verbundene Ermüden lässt sich durch Filterabschirmung vermeiden.

Schall

Lärm ist wohl der größte Feind geistiger Arbeit. Jedoch ist die Lärmempfindung eine sehr subjektive Sache. Einen Motorradfan stört das Fahrgeräusch weniger als einen Radfahrer. Außerdem gibt es Geräusche, die viele Menschen als angenehm empfinden: Kirchenglocken, Vogelgezwitscher und Meeresrauschen.

Lärm hat Folgen

Lärm im Bereich von 30 bis 65 Phon beeinträchtigt Sie beim Verrichten geistiger Arbeit, im Bereich von 65 bis 90 Phon auch bei körperlicher Arbeit. In diesem Falle verengen sich die Blutgefäße, was mit entsprechenden Folgen für die Magen- und Herzfunktion verbunden ist.

Hören Sie Musik bei der Arbeit? Solange Sie Routinearbeiten verrichten, ist es wegen des Motivationseffektes sogar empfehlenswert. Doch bedenken Sie: Musik soll gefallen und nicht auffallen. Sobald Sie an die Denkarbeit gehen, stört jede Form von Musik. Das gilt besonders für Radiomusik, die durch plötzliches Sprechen unterbrochen wird und so Ihre Konzentration beeinträchtigt.

Musik nur bei Routinearbeiten

Akustische Störfaktoren sind kein Naturereignis. Sie sind zum Beispiel beeinflussbar durch entsprechend verglaste Fenster, Filz- oder Korkunterlagen unter Schreibmaschinen und Arbeitstischen, lärmschluckende Trennwände, die Sie zugleich als Pinnwände nutzen können, sowie durch abgefederte Türen.

Akustische Störfaktoren ausschalten

3.2 Schreibtisch bzw. Arbeitsplatz

Der Schreibtisch und der Schreibtischstuhl sind die wichtigsten Möbel Ihres Arbeitsplatzes. Beide wollen wir hier genauer betrachten.

Schreibtisch

Der Schreibtisch ist Ihr unmittelbarer Arbeitsplatz. Er bildet mit den darin oder darauf untergebrachten Arbeitsmitteln, der Lampe, dem Stuhl und Ihnen selbst eine funktionale Arbeitseinheit. Jedes Teil sollten Sie dem anderen sorgfältig anpassen, um so den höchstmöglichen Grad der Leistungskraft und Bequemlichkeit zu erzielen. Darum sollte er groß genug und übersichtlich sein.

Arbeitseinheit optimieren

Vielleicht haben Sie Ihren Schreibtisch als „Erbstück“ von Ihrem Amtsvorgänger übernommen, oder er wurde en gros von der Organisationsabteilung eingekauft, sodass Sie ihn nicht einfach wie eine Glühbirne auswechseln können. Vielleicht sind Sie auch ein Opfer jenes Unsinns, wonach die Größe der Schreibtischplatte nach Dienstrang vorbestimmt ist. Eine größere Schreibtischplatte schafft mehr Arbeitsfläche, Übersicht und Ordnung. Andererseits werden große und damit unausgenutzte Schreibtischflächen gern als Ablageflächen halb fertiger Arbeiten ge-

Größe der Schreibtischplatte

nutzt. Doch über das Problem der Schreibtischorganisation mehr an anderer Stelle.

→ Ergänzende und vertiefende Informationen zum Thema Organisation finden Sie im Kapitel A 7 dieses Buches.

Zweittisch aufstellen

Manche Menschen haben einen zusätzlichen Arbeitstisch in ihrem Büro aufgestellt. Das bietet die Möglichkeit, sich von einer gerade beendeten Arbeit am Schreibtisch mit einer Drehstuhlwendung zu trennen, um sich auf die völlig andere Natur der neuen Aufgabe zu konzentrieren.

Stehpult nutzen

Andere haben sogar ein Stehpult aufstellen lassen. Dieses ermöglicht eine andere Perspektive und tut Ihrer Wirbelsäule sowie Ihrem Gehirn wegen des Wechsels von Stehen und Sitzen überaus gut. Überhaupt: Vieles, was Sie im Sitzen betreiben, können Sie auch stehend erledigen: Post öffnen, telefonieren oder lesen. Drucker oder Faxgeräte in anderen Räumen sorgen für Bewegung „zwischendurch“. Büromaterialien, die Sie absichtlich nicht in Reichweite platzieren, fördern ebenfalls die Bewegung.

Luftzirkulation nicht beeinträchtigen

Haben Sie einen an allen Seiten geschlossenen Schreibtisch und steht dieser gar noch an der Wand, so wird die Luftzirkulation beeinträchtigt. Der Raum für Ihre Beine kann dann wie ein Kühlschrank wirken, sodass Sie selbst in warmen Räumen kalte Füße bekommen.

Stuhl

Korrekt sitzen

Auch Ihr Schreibtischstuhl ist von arbeitsmedizinischer Bedeutung. So hat man herausgefunden, dass jahrelanges Sitzen zu Haltungsschäden führen kann. Darum sollten Sie sich um korrektes Sitzen bemühen:

- Nutzen Sie Sitzfläche und Rückenlehne voll aus.
- Achten Sie darauf, dass Ihr Körpergewicht auf den Oberschenkeln, nicht aber auf der unteren Wirbelsäule ruht. Eine leichte Neigung nach vorne, also eine Art muskulöses Gleichgewicht, ist am besten.
- Die Vorderkante des Sitzes darf nicht in die Kniekehlen

drücken. Zwischen Kniekehle und Sitzkante sollte eine Hand passen.

- Die Höhe der Sitzfläche sollten Sie so bemessen, dass Ihre Füße fest auf dem Boden stehen. So entlasten Sie die Knie. Die Füße sollten ganz auf dem Boden aufsetzen, ohne dass die Oberschenkel die Unterseite des Tisches berühren.
- Ober- und Unterschenkel sollten im rechten Winkel zueinander stehen.
- Die Sitzfläche soll sich im belasteten Zustand bei durchschnittlicher Körpergröße 28 Zentimeter unter der Schreibplatte befinden. Angenommen Ihr Schreibtisch ist 75 Zentimeter hoch, so befindet sich die Sitzfläche 47 Zentimeter über dem Boden. Die Sitzfläche, also die Entfernung von Lehne zu Vorderkante, sollte bei kleinen Personen ungefähr 36 Zentimeter und bei großen etwa 46 Zentimeter betragen.

Anforderungen an einen Bürostuhl

An Ihren Bürostuhl sollten Sie folgende Anforderungen stellen:

- federnde und drehbare Sitzfläche,
- federnde Rückenfläche,
- hohe Standfestigkeit (fünf Füße),
- leicht laufende Rollen,
- verstellbare Sitzhöhe und Lehne,
- Polsterung mit luftdurchlässigen Stoffen.

3.3 Arbeitsmittel

Arbeitsmittel gut organisieren

Die Arbeitsmittel sind Ihr eigentliches Werkzeug. Erinnern Sie sich in diesem Zusammenhang einmal an Ihren letzten Besuch beim Zahnarzt. Der Behandlungsstuhl und alle Instrumente, die er häufig benötigte, befanden sich in Reichweite. Die Helferin überprüfte und ergänzte regelmäßig alles, sodass der Zahnarzt schnell und ohne überflüssige Bewegungsabläufe arbeiten konnte. Diese Organisation der Arbeitsmittel sollten Sie sich zum Vorbild machen.

Doch bevor Sie Ihren Arbeitsfluss und Ihre Arbeitsplatzordnung analysieren, sollten Sie die Vollständigkeit der Arbeitsmittel prüfen. Man unterscheidet *Gebrauchsmittel* und *Verbrauchsmittel.*

Gebrauchsmittel

- *Gebrauchsmittel* sind unter anderem Ablagekorb, Brieföffner, Diktiergerät, Heftmaschine, Klammerlöser, Lineal, Literatur (Fachbücher, Duden, Nachschlagewerke), Locher, Computer, Fax- und Kopiergerät, Papierkorb, Pinnbrett, Schere, Stempel, Taschenrechner, Telefon und Telefonregister.

Verbrauchsmittel

- *Verbrauchsmittel* sind unter anderem Büroklammern, Filzstifte, Formulare, Hängemappen, Heftklammern, Klarsichthüllen, Klebstoff, Notizzettel, diverses Papier, Schreibgeräte, Tesafilm und beschreibbare CDs. An dieser Aufzählung erkennen Sie, dass selbst im IT-Zeitalter immer noch das Papier der wichtigste Werkstoff ist.

3.4 Arbeitsplatzordnung

Die Arbeitsplatzordnung soll sicherstellen, dass Sie Ihre Arbeitsmittel ohne überflüssige Bewegungen, mühsame Handgriffe und ungesunde Körperhaltung erreichen:

Griffbereich

- Die am meisten benutzten Gegenstände – beispielsweise Stifte, Notizzettel und Telefon – gehören in den *Griffbereich,* der einen Radius von ungefähr 40 Zentimetern hat.

Reichbereich

- Im *Reichbereich* mit einem Radius von 50 bis 80 Zentimetern befinden sich jene Arbeitsmittel, die oft und rasch, aber nicht ganz so häufig benötigt werden. Dazu gehören meist der Papierkorb, der Ablagekorb und die Schere.

Streckbereich

- Der *Streckbereich* geht 80 Zentimeter nach vorne und 120 Zentimeter nach der Seite. Alles, was Sie sitzend vom Arbeitsplatz aus erreichen müssen, sollte innerhalb dieser Zone liegen, beispielsweise Akten, Duden, kleine Zusatzmittel und -geräte.

Sachliche Ordnung schaffen

Wichtig ist aber nicht nur das ergonomische Anordnen Ihrer Arbeitsmittel, sondern auch die sachliche Ordnung am Arbeitsplatz bzw. auf dem Schreibtisch. Wenn Sie in der täglichen Papierflut die Übersicht behalten wollen, müssen Sie sich wenigstens um ein Mindestmaß an Ordnung bemühen. Sie kennen aus eigener Erfahrung das Wohlgefühl, das ein aufgeräumter Arbeitsplatz verschafft, an dem sich alles ohne mühsames und zeitraubendes Suchen findet.

Der überhäufte Schreibtisch

Sind Sie auch vom Syndrom des überhäuften Schreibtisches befallen? Keine Angst, 95 von 100 Menschen leiden darunter. Manche Psychologen und Personalchefs meinen allerdings daraus, wie und in welcher Menge etwas auf Ihrem Schreibtisch liegt, mehr erkennen zu können als aus Handschrift, Bewerberfotos oder Einstellungstests. Einige von ihnen treffen sogar Aussagen dieser Art: Keine Ordnung auf dem Schreibtisch – keine Ordnung der Gedanken.

Ordnung ist nicht Selbstzweck. Sie sollten die Ihrer Persönlichkeit gemäße Ordnung herausfinden und einhalten. Ein Grundprinzip müssen Sie sich jedoch aneignen: Für alles einen Platz und alles an seinem Platz.

Für alles *einen* Platz und alles an *seinem* Platz.

3.5 PC-Ergonomie

Der Computer hat sich zum wichtigsten Arbeitmittel unserer Zeit entwickelt, im Privatleben ebenso wie im Geschäftlichen. Es gibt kaum noch einen Arbeitsplatz oder Haushalt ohne PC.

Den PC-Nutzern kommt es entgegen, dass die Computerindustrie die mit der PC-Arbeit verbundenen Gesundheitsprobleme kennt und darum die Peripheriegeräte ständig verbessert. Trotzdem: Je mehr Zeit Sie am Computer verbringen, desto intensiver sollten Sie die folgenden Empfehlungen berücksichtigen.

Monitor

Belastung minimieren

Bildschirmarbeit stellt für die Augen eine hohe Belastung dar. Viele Menschen klagen über müde, brennende oder tränende Augen am Bildschirm. Sie können dies vermeiden, indem Sie sich an folgenden Hinweisen orientieren.

- Je größer Ihr Monitor, desto besser für Sie. Gehen Sie nicht unter eine *Bildschirmdiagonale* von 17 Zoll.

Wiederholfrequenz

- Achten Sie auf eine *Bildwiederholfrequenz* Ihrer Grafikkarte von mindestens 85 Hz. Ob Ihr Gerät auf diesen Wert kommt, können Sie so prüfen: Wenn Sie etwa 30 Zentimeter neben den Monitor schauen und ein leichtes Flackern auf der hellen Monitorfläche entdecken, ist die Bildwiederholfrequenz mit Sicherheit zu niedrig.

Beleuchtung

- Sorgen Sie für eine *gleichmäßige Beleuchtung* um den Monitor. Stellen Sie den Monitor auf keinen Fall vor ein helles Fenster. Die Helligkeitsunterschiede zwischen dem Monitor und der Monitorumgebung sind zu unterschiedlich! Ebenso wenig darf die Monitoroberfläche Licht reflektieren.

Position

- Optimieren Sie die *Position des Monitors.* Die oberste Zeichenzeile sollte sich knapp unterhalb Ihrer Augenhöhe befinden, wenn Sie aufrecht vor dem Bildschirm sitzen.

Abstand

- Der *Abstand* vom Monitor sollte mindestens 60 Zentimeter betragen.
- *Großbuchstaben* sollten bei einem Sehabstand von 60 Zentimetern mindestens 5,5 Millimeter hoch sein.

Flachbildschirme

Für die Augen haben sich LCD-Flachmonitore bewährt. Neuere Geräte haben aufgrund ihrer Konstruktion eine hohe Auflösung, so dass selbst kleine Details sehr gut zu erkennen sind. Außerdem können Sie LCD-Monitore wegen des geringeren Gewichtes einfacher in die optimale Position bewegen. LCD-Monitore geben im Gegensatz zu herkömmlichen Monitoren keine nennenswerte Strahlung ab.

Maus

Die Maus ist heute als Eingabegerät nicht mehr wegzudenken. Achten Sie auf folgende Aspekte:

- Die Hand sollte bequem auf der Maus liegen, der vordere Mausteil sollte niedriger sein als der hintere.
- Die Maus muss sich leicht auf dem Mauspad bewegen lassen. Reinigen Sie das Gerät bei Bedarf.

Das ideale Gerät finden

- Probieren Sie am Rechner ruhig von Zeit zu Zeit andere Mäuse aus, bis Sie das für Sie ideale Gerät gefunden haben. So genannte „Wheel-Mäuse“ haben ein kleines Rad zwischen den beiden Maustasten. Damit lassen sich schnell und bequem lange Bildschirmseiten betrachten.

Tastatur

Die Tastatur optimal bedienen

Die Tastatur ist das wichtigste Eingabegerät. Folgende Ratschläge sollten Sie beherzigen:

- Achten Sie auf einen stabilen Stand.
- Der Bereich der mittleren Buchstabenreihe sollte sich drei Zentimeter über der Tischhöhe befinden.
- Es empfiehlt sich eine Handballenauflage von fünf bis zehn Zentimeter Tiefe.
- Das Tastaturfeld sollte eine Neigung von maximal 15 Grad haben.
- Ober- und Unterarme sollten während des Schreibens etwa im rechten Winkel zueinander angewinkelt sein.
- Die Hände sollten Sie möglichst nicht im Handgelenk abwinkeln.
- Lassen Sie die Finger locker auf der Tastatur aufliegen.
- Achten Sie beim Kauf einer neuen Tastatur darauf, dass vom Hersteller Wert auf eine ergonomische Handhaltung gelegt wurde.

Weitere Möglichkeiten nutzen

Software zur Spracherkennung und unkonventionelle Hardware wie Pedale sind weitere Möglichkeiten, um Ihre Hände und Schultern zu entlasten. Pedale können beispielsweise programmiert werden, bei jeder Betätigung die *Return*-Taste zu betätigen.

Literatur

Reinhard Bechmann u. a.: *Der Arbeitsplatz am PC. Ergonomie und Organisation der Arbeitsabläufe.* Frankfurt/Main: Bund-Verlag 1999.

Ralf Neuhaus: *Büroarbeit planen und gestalten. Band 1: Bildschirmarbeit und Büroraumplanung.* Köln: Wirtschaftsverlag Bachem 2002.

Ralf Neuhaus: *Büroarbeit planen und gestalten. Band 2: Telearbeit und moderne Bürokonzepte.* Köln: Wirtschaftsverlag Bachem 2002.

4. Informationsbewältigung

Dieses Kapitel besteht aus 14.081 Zeichen, die sich auf 2.172 Wörter verteilen. Das ist eine Informationsmenge, für deren Kommunikation die Menschen im Mittelalter einen ganzen Monat benötigten. Wir wissen unendlich mehr als unsere Vorfahren, aber oft ist dieses Wissen nur sehr oberflächlich. Bezogen auf das weltweit insgesamt verfügbare Wissen werden wir als einzelne Menschen von Jahr zu Jahr dümmer. Neunzig Prozent aller Wissenschaftler leben heute und verdoppeln das vorhandene schriftliche Wissen alle 15 Jahre. Vor 100 Jahren dauerte diese Verdoppelung noch 50 Jahre.

Uninformiert trotz Informationsfülle

Diese Paradoxie kennt jeder: Einerseits sind wir Opfer der Informationsflut, andererseits fehlen uns wichtige Informationen oder wir finden diese nicht. Wir sind quantitativ überinformiert, qualitativ unterinformiert und werden aus vielen Quellen desinformiert. Ob die Fahndung nach dem wirklich Wichtigen Erfolg hat, ist viel zu oft vom Zufall abhängig.

4.1 Informationsgesellschaft oder Datenüberflussgesellschaft?

Kampf um Aufmerksamkeit

In der Informationsgesellschaft kämpfen alle, die Sie beeinflussen oder Ihnen etwas verkaufen wollen, mit Signalen vielfältigster Art um Ihre Aufmerksamkeit. Die daraus resultierende Information soll in Kaufhandlungen münden. Infolgedessen prasseln täglich Tausende Informationen auf Sie herab, aber nur drei bis fünf Prozent beachten Sie. Der Rest landet auf dem Informationsmüllhaufen.

Früher erreichten Sie nur die von Ihnen gewünschten Informationen. Heute müssen Sie auch unerwünschte Informationen aufnehmen, sofern Sie PC-Besitzer mit Internetanschluss sind.

Quantität statt Qualität

Sie werden als Informationsmülleimer missbraucht, ohne jede Möglichkeit, die Informationen zu recyceln. Die Quantität von Daten ersetzt Datenqualität. Im Internet finden Sie wissenschaftliche Forschungsberichte neben Quasselrunden. Informatives steht neben Nicht-Informativem.

Neue Varianten

Bei dieser Informationsflut handelt es sich um eine tägliche Welle an Nicht-Informationen, also um Null-Information. Eine Flut wird normalerweise von der Ebbe abgelöst. Die Informationsflut wird aber dauerhaft sein und immer größer werden. Außerdem vermischen sich zunehmend geistig anspruchsvolle mit unterhaltsamen Elementen, sodass etwas entstand, was man als „Infotainment“ bezeichnet. Die Flut ist also nicht nur größer, sondern auch variantenreicher geworden.

Es gibt Autoren, die darum nicht mehr von der Informationsgesellschaft, sondern von der Informations-Überflussgesellschaft sprechen. Der Computer-Papst Joseph Weizenbaum macht ergänzend darauf aufmerksam, dass auch der Begriff „Informationslawine“ fragwürdig ist. Er spricht daher von einer „Signal- bzw. Datenflut“.

Informationen entstehen erst als das Ergebnis einer Interpretation im Kopf des Empfängers.

Die nachfolgende Information können Sie wahrscheinlich nicht lesen, weil Sie sie nicht interpretieren können:

Verstehen Sie diese Zeichenfolge?

ΙΧΘΥC

Was also Information ist, hängt vom Empfänger und vom kulturellen Zusammenhang ab.

Ein altes Problem

Das Problem der Informationsflut wird zwar durch die elektronische Aufbereitung und Verbreitung von Informationen potenziert, aber es ist nicht grundsätzlich neu. Seit der Erfindung des Buchdrucks finden sich in der Literatur immer wieder Klagen hierzu. Seitdem befinden wir uns in einer Wissens- und Informationsgesellschaft.

4.2 Die binäre Codierung als Ursache der Datenflut

Die heutige Welt ist global total digital. Das alles beruht letztendlich auf der binären Codierung in 0 und 1. Es ist die moderne IT, die es ermöglicht, Informationen immer leichter zu erzeugen, zu vervielfältigen, in immer größeren Mengen zu speichern und weiterzuleiten. Wir sind historisch an einem Punkt, an dem die Kosten der Informationsverteilung sich auf Null zubewegen und entfernungsunabhängig werden. Trotzdem: Je mehr IT eingesetzt wird, desto schwerer fällt es, die Datenflut zu bewältigen.

Permanenter Informationsstrom

Bis an die Schreibtische heranreichende Kommunikationsgeräte sorgen dafür, dass der Informationsstrom ohne jeden Info-Interruptus abläuft. Früher wurde ein- bis zweimal täglich die Büropost verteilt. Das strukturierte den Tagesplan und den Arbeitsfluss. Dann kam das auf dem Flur 20 Meter entfernt stehende Faxgerät, das den Gang zur Postverteilstelle rationalisierte. Heute wird die Botschaft über Modem auf den Bildschirm des Empfängers transportiert und mit ihm kommuniziert.

Ständige Unterbrechungen

Die Informationsflut sorgt dafür, dass jede Aktivität durchschnittlich nur etwa neun Minuten dauert. Die ständige Unterbrechung eines Arbeitsvorganges wird damit zum Normalfall. Wie bei einem Sägeblatt wechseln sich Arbeit, Unterbrechung, Arbeit und wieder Unterbrechung ab. Die Kunst des Managements liegt heute unter anderem darin, die aufgesplitterten Aktivitäten eines Arbeitstages zielorientiert zu einem stimmenden Ganzen zu bündeln. Zeitmanagement und Informationsmanagement bilden somit eine Einheit.

4.3 Die persönlichen Folgen der Informationsrevolution

Sie können sich abkoppeln

Es gibt ein Überangebot an Informationen, aber über die Nutzung entscheiden Sie ganz allein. Die Datenflut ist keine Sintflut, der Sie nicht entrinnen können. Im Urlaub koppeln Sie sich gern von Telefon, Tageszeitung, Verteiler oder Computer ab, stoppen also die Signalflut, ohne einen Mangelzustand zu verspüren.

Ob sich jemand der Datenflut aussetzt, ist die höchst individuelle Entscheidung eines jeden Menschen. Wie gut er damit umgeht, hängt unter anderem von seinem Vorwissen und damit von seiner Fähigkeit ab, die verfügbaren Daten zu interpretieren. Ein Schachmeister kann sich eine Menge von Schachstellungen merken, weil er aufgrund seiner Kenntnisse über ein Strukturierungsschema verfügt, das einem schachunkundigen Gedächtniskünstler fehlt.

Mittelpunkt bleibt der Mensch

Im Mittelpunkt der persönlichen Datenverarbeitung steht also der Mensch, dessen Interpretationsleistung darüber bestimmt, welche Signale er in welche Art von Information umwandelt. Doch auch wenn Sie sich mit Informationen in Form halten wollen, können Sie von der Informationsflut in den Sog gezogen werden. Sie müssen akzeptieren, dass Sie als Mensch der entscheidende Engpass bei der Informationsaufnahme sind.

Ihre Kapazität ist begrenzt

Je mehr Informationen auf verschiedenen Wegen zu Ihnen geschickt werden, umso geringer ist die Wahrscheinlichkeit, dass diese Sie auch erreichen. Es liegt nicht an den technischen Trägern, sondern daran, dass unsere Aufnahmekapazität überfordert wird. Maximal 20 Buchstaben lassen sich pro Sekunde vom menschlichen Arbeitsspeicher aufnehmen. Auch wenn Sie sich noch so sehr anstrengen, sich das an einem einzigen Tag angebotene Wissen anzueignen, würden Sie dieses nicht schaffen, da Ihr Gehirn, um sich vor Überbelastung zu schützen, nur einen geringen Teil verarbeitet.

Das Überangebot an Informationen zwingt Sie zu mehr Auswahlentscheidungungen. Psychiater diagnostizieren und warnen bereits vor Depressionen infolge von Überinformation. Wir stapeln Zeitungen, Zeitschriften und Bücher. Jeder Blick auf sie erzeugt Enttäuschung darüber, dass wir sie noch nicht gelesen haben. Meist bleibt es aber beim Sammeln dieser Artikel, denn je größer die Stapel werden, umso weniger sind wir motiviert, sich ihnen zuzuwenden.

4.4 Auf Ihr Informationsmanagement kommt es an

Passiv oder aktiv?

Ob Sie Informationen eher passiv oder selektiv aktiv aufnehmen, hängt stark von Ihrem Wertesystem und Ihren Zielen ab. Aus der Verarbeitung und Vernetzung von Informationen entsteht Wissen und daraus ebenfalls durch Vernetzung Weisheit. Doch dieses funktioniert nur, wenn Sie die wirklich wichtigen Informationen gekonnt selektieren.

Mit Informationen bewusst umgehen

Die Informationsfülle zwingt Sie zum Informationsmanagement, das heißt zum geplanten, kontrollierten und gesteuerten Umgang mit Informationen. So entwickeln Sie sich vom Nichtschwimmer im Meer der Informationen zum Schwimmer.

Das brennende Thema der Zukunft ist nicht die Informationserzeugung, sondern die Informationsverarbeitung. Welche Möglichkeiten haben Sie, um mit der Daten- und Signalflut sinnvoll umzugehen?

Definition der für Sie wichtigen Informationen

Angst vor Nichtwissen

„Fragmentismus" könnte man die unstrukturierte Informationssammelwut vieler Zeitgenossen nennen, die aus Angst, wichtige Fakten nicht zu wissen, alles auf ihrer Platte „hamstern", was sie irgendwann einmal benötigen könnten, um in-Form(ation) zu kommen. Die Medien schüren diese Angst, denn sie leben von der Quote. Darum streben wir nach der vollständigen Information. Das ist Teil unseres inneren Programms, denn schon in der Schule wurden wir für Nichtwissen mit schlechten Noten bestraft.

Nicht alles lesen

Glauben Sie nicht, dass der Zunahme von Informationen ein Gewinn an Leistung folgt. Informationen sind nur dann wertvoll, wenn sie zu Entscheidungen und Handlungen führen. Sie sind wahrscheinlich besser beraten, Artikel erst gar nicht zu lesen, als sich ständig zu fragen, ob dieses oder jenes vielleicht doch noch eines Tages relevant werden könnte. Müssen Sie drei Tageszeitungen und Zeitschriften oberflächig lesen, statt einer richtig? Das Abbestellen von Abos befreit.

Barrieren errichten

Wenn Sie nicht zum Opfer der Datenflut werden wollen, dann müssen Sie Barrieren errichten. Ich empfehle Ihnen: Definieren Sie Ihren Informationsbedarf. Darum sollten nur die von Ihnen zuvor klassifizierten Informationen die Pforten zu Ihrem Gehirn passieren dürfen. Die Situation ist paradox: In einer Zeit, in der mehr Informationen denn je verfügbar sind, müssen Sie Ihren Blickwinkel verengen. Sie brauchen den Mut zur Lücke. Er bringt Sie weiter als der perfektionistische Anspruch, über alles informiert sein zu wollen.

Bevor Sie weiterlesen, sollten Sie sich einige Minuten Zeit nehmen, um mit Hilfe der folgenden Fragen Selektionskriterien für Ihren Informationsbedarf zu entwickeln.

Informationsbedarfsanalyse

Welche Themen sind für meinen persönlichen und beruflichen Erfolg unabdingbar wichtig?

______________________	______________________
______________________	______________________
______________________	______________________
______________________	______________________
______________________	______________________

Welche Zeitungen, Zeitschriften, Radio- und TV-Sendungen bieten mir nützliche Informationen zu diesen Themen?

1. ______	6. ______
2. ______	7. ______
3. ______	8. ______
4. ______	9. ______
5. ______	10. ______

Wie viel Zeit wende ich täglich bzw. wöchentlich auf, um die für mich wichtigen Informationen aufzunehmen?

- Täglich etwa … Minuten
- Wöchentlich etwa … Stunden

Wie viel Zeit müsste ich täglich bzw. wöchentlich aufwenden, um aktuell informiert zu bleiben?

- Täglich etwa … Minuten
- Wöchentlich etwa … Stunden

Ist die Informationsaufnahme ein fest geplanter Teil meines Tagesprogramms?

□ ja □ manchmal □ nein

Welche Informationen aus welchen Wissensgebieten interessieren mich mit Blick auf die Erweiterung meiner Allgemeinbildung ansonsten auch noch?

______ ______

______ ______

Welche Zeitungen und Zeitschriften will ich abbestellen oder nicht mehr lesen bzw. welche Fernsehsendungen will ich mir bewusst nicht mehr ansehen?

______ ______

______ ______

Statt Informationen zu horten, sollten Sie sich Referenzwissen aneignen. Das ist jene Form des Wissens, die Ihnen sagt, *wo* Sie suchen müssen, das heißt in welcher Suchmaschine mit welchen Such- oder Filterfunktionen, in welcher Bibliothek oder Datenbank oder bei welchen Autoren.

Referenzwissen aneignen

Konsequentes Informationsmanagement

IT-Informationen fehlen Beziehungsbotschaften. Ein handgeschriebener Liebesbrief ist aussagekräftiger als Liebesschwüre per E-Mail. Eintragungen in das Poesiealbum sind gedächtniswirksamer als Gedichte, die als Dateianhang kommen. Klassische Trägermedien sprechen eher die Sinne an als digitale. Das Gehirn speichert aber Informationen mit Eindruckskraft.

Darum müssen Sie Informationen, die Ihnen wichtig erscheinen, gedanklich anreichern, innerlich bebildern, mit schon vorhandenen Informationen verknüpfen, kurz: zu ihnen eine Beziehung herstellen. Hier helfen die an anderer Stelle dieses Buches vorgestellten Kreativitäts- und Gedächtnistechniken, insbesondere die Ausführungen über inneres Visualisieren und Assoziieren.

Beziehungen herstellen

→ Ergänzende und vertiefende Informationen zum Thema allgemeine Lern- und Gedächtnistechniken finden Sie im Kapitel B 1 dieses Buches.

Das Informationsmanagement lässt sich grob untergliedern in *Informationsbeschaffungsprozesse* und *Informationsbearbeitungsprozesse.*

Informationsbeschaffung

Viele Informationen erreichen Sie auf dem Bring-Wege, so beispielsweise Ihre abonnierten Zeitschriften oder die Post. Hier wird Ihnen ein Pflichtpensum aufgebürdet, das Sie zum Informationssklaven macht.

Informationen auf dem Bring-Wege

Statt sich Informationen bringen zu lassen, sollten Sie sich vermehrt jene Informationen holen, die Ihnen nützlich sind. Wenn es Ihnen gelingt, Ihr Referenzwissen einzusetzen und das

Holprinzip konsequent anzuwenden und klar definieren, was Sie wissen wollen und wofür, dann sind Sie auf dem Wege zum Informationssouverän.

Suchmaschinen nutzen

Außerdem sind Sie bei der Informationsbeschaffung besser beraten, sich über Suchmaschinen wie beispielsweise Google eine Information anzeigen zu lassen, als auf der eigenen Festplatte oder auf alten Disketten und CDs zu suchen.

Viele Menschen wenden sehr viel Zeit für die *Informationssichtung* auf, weil sie glauben, in irgendeinem Dokument die entscheidende Information zu finden. Es gibt immer einen Punkt, an dem der Wert weiterer Informationen ständig abnimmt und Informationen überhaupt keinen Wert mehr haben, da ihre Menge so groß ist, dass sie ohnehin nicht mehr bearbeitet oder gedeutet werden könnem.

Informationsaufnahme

Was die *Informationsaufnahme* angeht, so wurden die hier relevanten Techniken wie zum Beispiel das Zuhören im Band 1 dieser Buchreihe *(Methodenkoffer Kommunikation)* ausführlich behandelt. Das gilt ebenso für die Themen Lesen und Lerntechniken in diesem Band. Das Lesen ist insofern unverzichtbar, da Sie, um Informationen beurteilen zu können, diese zunächst durchlesen müssen. Um ein Überquellen Ihres E-Mail-Postfachs zu vermeiden, sollten Sie konsequent digitale Papierschredder nutzen. Werbebriefe sollten Sie ebenfalls gleich wegwerfen.

→ Ergänzende und vertiefende Informationen zum Thema gedächtniswirksames Schnell-Lesen finden Sie im Kapitel B 3 dieses Buches, Ausführungen zum Thema Zuhören liefert Ihnen das Kapitel B 2 des ersten Bandes dieser Buchreihe.

Als Informationserzeuger sollten Sie ebenfalls im Band 1 dieser Buchreihe in den Kapiteln über Schreiben (Kapitel C 11) und modernes Korrespondieren (Kapitel C 12) nachlesen.

Informationen sinnvoll speichern

Verbessern Sie die *Informationsspeicherung*, indem Sie kein Material ablegen, das über andere Quellen – beispielsweise über Google – leicht zugänglich ist. Schätzungen zufolge werden 75

Prozent des in Aktenschränken abgelegten Materials nie wieder genutzt.

Ungenutztes wegwerfen

Werfen Sie einen kritischen Blick in Ihr persönliches Archiv. Vielleicht haben Sie dort viele Materialien eingelagert, als es noch keine Suchmaschinen gab. Wenn es in den vergangenen Jahren nicht gebraucht wurde, können Sie es getrost wegwerfen.

Befassen Sie sich häufiger mit Ihren Akten, sonst verlieren Sie den Überblick. Legen Sie Informationen, die bereits im PC gespeichert sind, nicht auch noch zusätzlich in Aktenordnern ab.

Botschaften auf den Empfänger ausrichten

Ein großes Problem der *Informationsweitergabe* besteht darin, dass Nutzer wie Produzenten nicht wissen, welche Gesetze für die Metainformation elektronischer Nachrichten gelten. Elektronisch verpackten Informationen fehlt die persönliche Note, mit der Beziehungsbotschaften transportiert werden. Darum sollten Ihre Botschaften von Form und Inhalt her auf den Empfänger hin ausgerichtet werden. Der Köder muss bekanntlich dem Fisch schmecken und nicht umgekehrt.

Dazu gehört auch, dass Sie die Betreffzeile bei E-Mails konsequent nutzen, sodass der Empfänger auf seiner Eingangsliste zum Öffnen animiert wird. Handelt es sich um lange Texte, dann kann eine Zusammenfassung dem Empfänger zu einer Einschätzung und Zuordnung verhelfen.

Informationsbearbeitung

Jedes Dokument nur einmal anfassen

Bei der Informationsbearbeitung sollten Sie darauf achten, dass Dokumente nicht auf den Stapel zurückwandern, sondern dass Sie schon bei der ersten Berührung etwas Konstruktives daraus machen, sie bearbeiten, weiterleiten oder ablegen. Vermerken Sie gegebenenfalls auf Ihren Dokumenten, was Sie mit ihnen machen wollen.

Sie brauchen eine *Informationsordnung,* die Ihnen hilft, diejenigen Dokumente zu finden, die Sie benötigen. Mögliche Ordnungsmerkmale sind: Ort, Alphabet, Kategorie (Warengruppen, Modelle, Typen). Es gibt unendlich viele Kombinationsmöglichkeiten bis hin zum Projektordner.

Unterlagen vernetzen

Wichtige Dokumente, die Sie auf Ihrer Festplatte speichern, sollten Sie mit Verweisen zu ähnlichen Dokumenten versehen. Ratsam sind aber auch Hinweise auf Bücher oder Dokumente in Ihren Aktenordnern. Ihre Unterlagen sollten so charakterisiert werden, dass sie im Papierberg Ihres Archivs schnell wieder gefunden werden können.

Die wichtigste Aufgabe zuerst bearbeiten

Wenn der Schreibtisch übervoll ist, lässt sich mancher dazu verleiten, hier und da anzufangen, statt die wichtigste Aufgabe zu bearbeiten und Aufgaben abzuschließen. Bauen Sie Papierberge nicht dadurch ab, dass Sie sie an anderen Stellen des Büros wieder aufbauen oder sie an andere weiterleiten.

Literatur

Neil Barrett: *30 Minuten für den Einstieg ins Internet.* Offenbach: GABAL 2002.

John Caunt: *30 Minuten zur Bewältigung der Informationsflut.* Offenbach: GABAL 2000.

Barbara Kleber: *Professioneller Umgang mit der Informationsflut.* Landsberg: Verlag Moderne Industrie 2002.

Carol Koechlin und Sandi Zwaan: *Informationen: beschaffen, bewerten, benutzen.* Mülheim an der Ruhr: Verlag An der Ruhr 1998.

Regula Doris Schräder-Naef: *Informationsflut. Gezielt suchen, kritisch bewerten, rationell speichern.* 3. überarb. und erg. Aufl. Weinheim: Beltz 1993.

Siegfried Sterner: *Die Informationsflut bewältigen.* München: Econ 1986.

5. Erfolgsprinzipien

Viele Wege zum Erfolg

Viele blicken neidvoll auf solche Menschen, die es zu „etwas gebracht" haben. Voller Bewunderung blickt man auf „die da ganz oben", auf Spitzensportler, Schauspieler, Schriftsteller, Künstler, Wissenschaftler, Politstars usw. Diese Menschen haben auf unterschiedliche Arten Erfolg. Der bekannte Psychologieprofessor in Harvard, Howard Gardner, meint: „Es gibt Hunderte und Aberhunderte Wege zum Erfolg und viele, viele verschiedene Tätigkeiten, mit denen man ihn erreicht."

Vielleicht gab es einige Glückskinder unter ihnen oder solche, die Vitamin B(eziehung) hatten. Andere hatten vielleicht das richtige Parteibuch, ein dickes Konto oder aber eine besonders ausgeprägte Begabung auf einem bestimmten Gebiet. Wer bei der Spermienlotterie in die richtige Gebärmutter gelangt, hat oft schon für sein Leben ausgesorgt. Aber ist das wirklich ein Erfolg?

Was ist Erfolg?

Anspruchsvolle Ziele erreichen

Eigentlich ist der Begriff Erfolg nicht definierbar, da er viele subjektive Wertungen enthält. Es handelt sich um einen übergeordneten Begriff für alle Arten erreichbarer Ziele. Trotzdem soll hier der Versuch einer Definition gemacht werden: Erfolg ist, ein anspruchsvolles Ziel zu erreichen. Erfolg ist auch die Fähigkeit, Probleme zu lösen, Hindernisse zu überwinden und unter Einsatz von Kraft, Mitteln und Zeit seine Vorhaben in die Tat umzusetzen.

Erfolg ist eine Triebkraft

Erfolg zu wollen ist die Triebkraft, aus der Handlungen ihre Energie schöpfen. Erfolg zu haben ist ein innerer Zustand des Spannungsausgleichs zwischen der Unzufriedenheit über eine Situation in der Vergangenheit und der Zufriedenheit über das erreichte Ziel in der Gegenwart. Darum muss Erfolg nichts Spektakuläres sein, sondern kann einer inneren Reise ähneln, deren Ziel erreicht ist.

5.1 Erfolg hat viele Mütter und Väter

Für den Erfolg gibt es verschiedene „Stilrichtungen". Das hat der englische „Denkspezialist" Edward de Bono in seinem Buch „Erfolg – Zufall, Intuition oder Planung?" nachgewiesen.

Erfolgsfaktoren nach de Bono

Er unterscheidet folgende Erfolgsfaktoren:

- *Glück, genetisch bedingt, Talent, Förderer.* Hierbei handelt es sich um Faktoren, die außerhalb des individuellen Einflussvermögens liegen.
- *Talent, Training, Glücksfall, harte Arbeit, Zielstrebigkeit.* Dies ist eine Mischung von Faktoren außerhalb der individuellen Einflussnahme und den Bemühungen, diese durch bewusste Anstrengungen bis zu einem Maximum auszuschöpfen und zu entwickeln.
- *Aufmerksamkeit, Strategie, Gelegenheit schaffen, Taktik.* Diese Faktoren beruhen auf persönlichem Einsatz.

Merkmale des Erfolges

Die Merkmale des Erfolges sind für Edward de Bono:

- Selbstvertrauen,
- Durchhaltevermögen,
- aus Niederlagen lernen,
- persönlicher Erfolgsstil.

Der Anstoß zum Erfolg beruht auf:

- negativen Anreizen (Angst),
- positiven Anreizen (Geld, Macht, Belohnung, Image, Status),
- Glück (nach Gelegenheiten suchend),
- besonderer Begabung,
- von anderen kopierten Methoden.

Erfolg hat viele Ursachen

Auch Wolf Schneider hat in seinem Buch „Die Sieger" publizistisch anschaulich dargestellt, dass der Erfolg viele Mütter und Väter, vielerlei Ursachen und Auslöser hat. Eine amerikanische Studie aus dem Jahre 1998 bestätigt ihn. Über die 50 erfolgreichsten US-Manager ist zu erfahren, dass es fast keine Gemeinsamkeiten der Lebenswege gibt. Sie sind Akademiker oder Autodidakten, Amerikaner oder Nicht-Amerikaner, jung oder alt, stammen aus guten oder schlechten, armen oder reichen Elternhäusern, sind Männer oder Frauen und verteilen sich über alle Sternbilder. Es herrscht ein ziemliches Durcheinander von Lebenswegen, Lebensregeln, Lebensentwürfen und Lebenswerken. Alles scheint möglich, und alles, was möglich ist, gibt es auch.

Die eigenen Stärken ausbauen

Was folgt daraus für Sie, liebe Leserin, lieber Leser? Bauen Sie die Stärken und Vorzüge Ihres individuellen Stils aus, anstatt ihn zu manipulieren. Bitte glauben Sie auch nicht, dass Ihnen die vielen Bücher zum Thema Erfolg den „Sieg“ garantieren. Im Katalog lieferbarer Bücher sind auf zwei eng beschriebenen Seiten Dutzende von diesbezüglichen Titeln aufgelistet. In vielen dieser Bücher wird positiv gequacksalbert, ohne jegliche strategische Fundierung. Der bloße Appell, positiv zu denken, nützt wenig, denn Erfolg ist die Folge konkreter Ziele und Handlungen.

Wege zum Erfolg

Um Erfolg zu haben, gibt es zwei Hauptwege:
1. Den Weg vom Ziel zum Erfolg.
2. Den Weg von der Handlung zum Erfolg.

Zwei Wege zum Erfolg

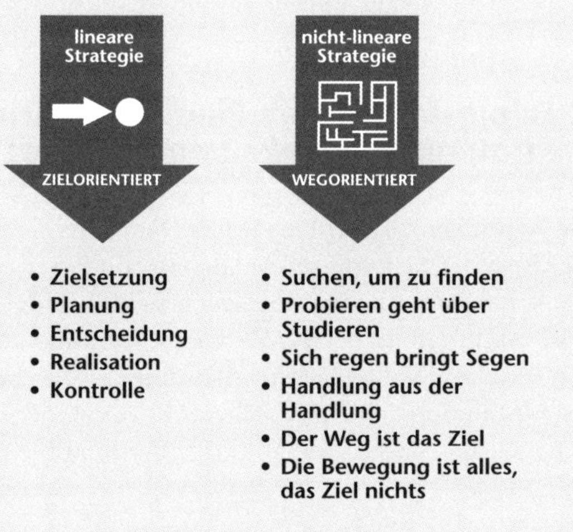

Grundstrategien für den Erfolg

Der Unterschied besteht darin, dass im ersten Fall klare Vorstellungen darüber bestehen, was erreicht werden soll. Im zweiten Fall gilt die Maxime: „Der Weg ist das Ziel“. „Sich regen bringt Segen“ ist hier die strategische Ausgangsposition. Auf dem Weg werden die Ziele klarer, unter anderem, indem man immer wieder stehen bleibt, prüfend zurückblickt und über die weitere Marschrichtung nachdenkt. Es ist das, was Picasso einmal so ausdrückte: „Ich suche nicht, ich finde.“

Weitere Erfolgsfaktoren

Zu den vielen Puzzleteilen, die den Erfolg im Wechselspiel zwischen den persönlichen Eigenschaften eines Menschen und den sozialen Gegebenheiten ausmachen, gehören insbesondere die folgenden drei Faktoren:

1. Erfolgsfaktor gute Planung + richtige Strategie
2. Erfolgsfaktor kalkulierte Risikobereitschaft
3. Erfolgsfaktor aktives Handeln

Für diese drei Erfolgsdeterminanten werden häufig auch andere Begriffe verwendet, gemeint ist aber dasselbe. Es handelt sich nicht um Persönlichkeitsmerkmale, die natürlich in dem einen oder anderen Fall den Erfolg auch begünstigen oder erschweren. Es sind Verhaltensweisen, die weitgehend unabhängig von Persönlichkeitsmerkmalen Erfolg garantieren.

5.2 Erfolgsfaktor gute Planung und richtige Strategie *(bedenke und plane es)*

Nicht jeder kann Erfolg haben

Viele Menschen wollen den Erfolg. Sie, liebe Leserin, lieber Leser, befinden sich in Zielkonkurrenz mit ihnen, denn nicht jeder kann Erfolg haben. Erfolgskonzepte werden gern und schnell nachgeahmt, doch „Wer zuerst kommt, mahlt zuerst“, lautet eine alte Volksweisheit. Allerdings ist das so genannte Trittbrettfahren auch ein bewährtes Konzept, denken Sie nur an die vielen Nachbauer von IBM-kompatiblen Personal-Computern.

Die eigene Strategie finden

Um mit anderen Erfolgssuchern konkurrieren zu können, brauchen Sie ein Konzept, das Ihnen Vorteile verschafft. Sie benötigen eine Strategie, die andere nicht haben. Schon, wenn Sie Schach spielen, gehen Sie mit einer gewissen Strategie an die Partie: Mit den weißen Figuren greifen Sie in der Regel an, mit den schwarzen verteidigen Sie. Innerhalb dieses Grobkonzepts gibt es viele Eröffnungs- und Verteidigungsvarianten.

Thomas J. Neff und James M. Citrin untersuchten die Erfolgsprinzipien der 50 erfolgreichsten US-Manager. Mit Blick auf ihre Lebensläufe, Strategien und Persönlichkeiten machten sie folgende Beobachtungen und schlussfolgerten eine Reihe von Empfehlungen (vgl. „*Lessons from the top*", New York 1999):

Lebensläufe

Große Vielfalt

- Erfolg ist keine Frage des Alters, des Geschlechts oder des Sternzeichens.
- Erfolgreiche Menschen kommen aus allen Sozialschichten und aus verschiedenen Nationalitäten.
- Sie betrachten Zufälle als ihre Verbündeten und nicht als Störungen linearer Lebensläufe.
- Fazit: Alles ist möglich.

Strategien

Wachsam und überzeugend

- Erfolgreiche Menschen haben große Ideen und verfügen über viel Überzeugungskraft.
- Sie sind kreativ und wirken inspirierend auf ihre Mitarbeiter.
- Sie umgeben sich mit guten Leuten und dulden bessere Mitarbeiter neben sich. Das drückt sich auch in ihren Karriere- und Entlohnungssystemen aus.
- Sie erkennen die Zeichen der Zeit und verstehen es, diese für ihr Geschäft zu nutzen.
- Sie sind extrem kundenorientiert und verstehen es, Kunden auch zu überraschen.

Persönlichkeit

Intelligent und bescheiden

- Sie sind Manager aus Leidenschaft.
- Sie verfügen über eine hohe Intelligenz und können klar denken.
- Sie sind bescheiden, wenn es um die Erklärung ihres Erfolges geht, und weisen diese eher ihrem Team zu.

- Sie sind gute Kommunikatoren gegenüber Mitarbeitern, Aktionären, Kunden usw.
- Sie sind integere Führungspersönlichkeiten mit Vorbildwirkung.
- Sie sind jeder auf eine andere Art trotz der Alltagshektik zum inneren Frieden fähig, frei von Ängsten und krisenresistent.
- Sie legen Wert auf die Erfahrungen ihres Lebens und nutzen diese.

Empfehlungen

Keine Patentrezepte

- Wer Erfolg sucht, sollte allen Patentrezepten, Traktaten, Daten usw. misstrauen.
- Erfolg setzt Offenheit für kreative Impulse voraus.
- Die Zukunft ist ein wertvoller Rohstoff, der erst mit Hilfe menschlicher Fantasie Gestalt annimmt.
- Wer Erfolg will, sollte sich mit Menschen umgeben, die anders sind als man selbst.
- Erfahrungen sind der beste Lernstoff, besonders solche aus Krisen und Rückschlägen.
- Beharrlichkeit ist das wichtigste Kriterium für den Erfolg.

Erfolgreiche Menschen handeln zielorientiert und planvoll und sie wissen, was sie wollen. Sie haben also Ziele. Sie denken in Zielen und handeln mit Konzept. Der bekannte US-Unternehmensberater Denis Waitley hat herausgefunden, dass Menschen mit persönlichen Zielen und Strategien erfolgreicher sind als andere.

Verlierer lassen sich lenken; Gewinner steuern selbst.

5.3 Erfolgsfaktor Risikobereitschaft *(wage es)*

Keine Scheu vor Risiken

Jeder, der neue Pfade beschreitet, geht ein gewisses Risiko ein. Der Schriftsteller Carl Amery sagte einmal: „Risiko ist die Bugwelle des Erfolgs.“ Wo stünde die Welt heute ohne die

Risikobereitschaft, die beispielsweise Christoph Kolumbus auszeichnete? Ohne die Risiken, die Sozialrevolutionäre eingingen, ohne die Selbstversuche namhafter Mediziner, ohne die Investitionsbereitschaft von Unternehmern … wäre der Fortschritt der Gesellschaft im Schneckentempo verlaufen.

Gefahren berücksichtigen

Erfolgreiche Menschen fürchten sich nicht davor, das Unbekannte zu versuchen. Sie gehen Risiken ein, aber keine waghalsigen Abenteuer. Der Erfolgreiche bemüht sich um Risikominimierung, rechnet aber damit, auch einmal zu verlieren. Um diese Gefahr jedoch weitgehend auszuschließen, analysieren Erfolgsmenschen sehr gründlich ihre Ausgangssituation. Sie wägen Risiken und Chancen sorgfältig gegeneinander ab und bauen Sicherheitsnetze ein. Das bedeutet nicht, risikoscheu zu sein. Risikoscheu heißt, gar nichts zu tun.

Mit Misserfolgen positiv umgehen

Erfolgsmenschen sind lernfähig. Sie lernen als Erstes, dass Erfolg den Misserfolg einschließt. Boris Becker kann nicht immer gewinnen. Gute Sportler verstehen es, auf eine Niederlage positiv zu reagieren. Gute Verkäufer resignieren nicht gleich, wenn ein Kunde nein sagt. Wer drei Schritte vorwärts geht und dabei einen Schritt zurück machen muss, schafft zwei Schritte nach vorn.

Aus Fehlern lernen

Nun zu Ihnen, liebe Leserin und lieber Leser: Die Haltung, mit der Sie auf eine Niederlage reagieren, entscheidet darüber, ob Sie „im Rennen bleiben oder ausscheiden“. Sie haben ein Recht darauf, Fehler zu machen, aber auch die Pflicht, daraus zu lernen. Wenn Sie aus Ihren Fehlern lernen, bereiten Sie damit die Zukunft vor. Ihre Fehler von heute sind die Erkenntnisse von morgen. Insofern gibt es eigentlich gar keine Fehler, sondern nur Erfahrungen.

5.4 Erfolgsfaktor Handeln *(mach es)*

Es einfach versuchen

„Handeln ist in jedem Fall besser als Nichtstun“, lautet eine alte Soldatenregel. „Das Wichtigste ist, es zu versuchen“, war ein beliebter Ausspruch des amerikanischen Präsidenten Franklin D. Roosevelt. Viele Menschen sprechen immer nur von dem, was sie tun könnten, müssten, sollten oder von dem, was sie hätten tun können, müssen oder sollen. Sie trauern den verpassten Gelegenheiten nach. „Hätte ich doch damals …“, ist eine oft gehörte Klage.

Schritt für Schritt vorwärts gehen

Erfolgreiche Menschen warten nicht darauf, dass ihnen das Förderband des Lebens fertig gepackte Gepäckstücke anliefert. Sie wissen: Einen Gipfel zu erklimmen bedeutet, einen Schritt nach dem anderen zu tun. Auch Ihre Karriere ist nicht ein einzelnes Ereignis, sondern eine Reihe von Schritten, wobei der nächste Schritt möglichst größer sein sollte als der vorausgegangene.

Chancen nutzen

Wenn Sie Erfolg haben wollen, müssen Sie Gelegenheiten erkennen, Chancen ergreifen und Herausforderungen annehmen. Viele Menschen ziehen es vor, täglich wiederkehrende Probleme zu lösen, anstatt diese endgültig zu beseitigen. Warum verhalten sich diese Menschen so? Weil eine Änderung Risiken beinhaltet und zusätzlich Arbeit mit sich bringt.

Tu was!

Das „Primat des Handelns“

In den USA untersuchten die zwei inzwischen weltbekannten Unternehmensberater Peters und Waterman, ehemals Statthalter der weltgrößten Unternehmensberatung McKinsey in San Francisco, die Methoden der erfolgreichsten Unternehmen. Sie stellten fest, dass erfolgreiche Unternehmen oft „erst schießen und dann genau zielen“. Sie nennen das „Primat des Handelns“.

Den Markt testen

Während andere Unternehmen mit großem Aufwand tonnenweise lediglich neue Konzepte und Patente produzieren, bringen erfolgreiche Firmen beständig neue Produkte auf den Markt. *Test* ist das wichtigste Wort von Spitzenunternehmen, „Do it, try it, fix it“ („Probieren geht über studieren“) ihr Arbeitsmotto.

Das kann auch Ihr Erfolgsrezept werden. Denken Sie an das, was die Chinesen schon vor 2000 Jahren sagten: „Mensch, warte nicht auf die günstige Gelegenheit, schaffe sie selbst.“ Dahinter steckt die Erkenntnis, dass es schwieriger ist, eine Idee zu realisieren, als sie zu finden. Kreative, ideenreiche Menschen gibt es viele, innovative, das Umfeld verändernde Menschen aber nur wenige.

Gelegenheiten erkennen

Den richtigen Zeitpunkt abpassen

Das Erkennen von Gelegenheiten ist wichtig für Ihren Erfolg, denn Sie müssen zum richtigen Zeitpunkt am richtigen Ort sein. Nur, wenn Sie Ihre Saat zum richtigen Zeitpunkt in den Boden bringen, kann sie bis zur vollen Blüte aufgehen. Die Musik der Beatles kam gerade zum richtigen Zeitpunkt. Viele Bücher und Filme waren zunächst ein Flop, wurden aber Jahre später Welterfolge. Denken Sie zum Beispiel an die Maler van Gogh und Picasso: Picassos Kunst kam zur richtigen Zeit. Er konnte den Ruhm ernten, der van Gogh zu Lebzeiten versagt blieb.

Chancen nutzen

Wer nach 1945 in den damaligen Westzonen unternehmerisch aktiv wurde, handelte zum richtigen Zeitpunkt. Viele große Unternehmen sind auf diese Weise entstanden. Die Zeichen der Zeit erkannten auch jene, die mit Beginn des Computerzeitalters den Schritt in einen neuen Beruf oder gar in die Selbstständigkeit wagten. Einige Jahre später war „der Zug schon abgefahren“. Mit dem Niedergang der sozialistischen Planwirtschaften zwischen 1989 und 1992 boten sich nochmals einmalige Gelegenheiten, die manche nutzten, viele jedoch nicht.

Karriere und Situationsnutzung

Während die Führungstheorie früher der Meinung war, der „Führer“ verfüge über Eigenschaften, die den „Ge- oder Verführten“ fehle, betont sie heute die Bedeutung der Situation. Nur in einer gegebenen Situation zeigt sich, wer Führungspotenzial besitzt. Erst die Verbindung von Persönlichkeitsmerkmalen mit den Besonderheiten einer Situation schafft die Voraussetzungen zum Aufstieg in eine Führungsposition.

Günstige Situationen aktiv herbeiführen

Erfolgsmenschen erkennen den Glücksfall in Form des idealen Zeitpunkts oder der größten Marktchancen. Das Geheimnis des Erfolgs besteht darin, aus Ihren Chancen das Beste zu machen. Mehr noch, Sie sollten versuchen, den Glücksfall aktiv herbeizuführen: „Je mehr ich mich auf mein Ziel zubewege, umso mehr Glück habe ich", sagte mir einmal einer meiner Seminarteilnehmer.

Glück im Unglück

Es gibt Menschen, die haben Unglück im Glück, zum Beispiel Lottogewinner, die mit dem ungewohnten Reichtum nicht umzugehen wissen. Es gibt andere, die haben Glück im Unglück. Ein langjähriger Bekannter von mir konnte wegen des Numerus clausus nicht Medizin studieren und wurde später Vorstandsvorsitzender einer großen Aktiengesellschaft.

Mut zur Unvollkommenheit

Kein lähmender Perfektionismus

Wenn Sie sich dazu entschlossen haben, etwas zu tun, dann machen Sie es sofort. Haben Sie Mut zur Unvollkommenheit. Das bringt Sie weiter als ein Perfektionismus, der Sie vom Handeln abhält.

Peters und Waterman stellten fest, dass erfolgreiche Unternehmen ihre Neuheiten oft auch ohne den letzten Schliff anbieten, während andere erst noch dieses oder jenes verbessern wollen. Damit verlieren sie den Marktanschluss. Die erfolgreichen Unternehmen dagegen entwickeln gemeinsam mit ihren Kunden das Produkt weiter und geben ihm auf diese Weise den letzten Schliff. Ein kluges Sprichwort lautet: „Nicht das Beginnen wird belohnt, sondern allein das Durchhalten."

Disziplin

Durchhalten!

Zum aktiven Handeln muss sich die Disziplin gesellen. Nur wer sät, wird ernten. Erfolgsmenschen haben in der Regel ein starkes Durchhaltevermögen, da sie ihren Zielen einen hohen Prioritätsgrad geben. Erfolg stellt sich nur dort ein, wo vorher etwas *erfolgte.* Arbeit geht dem Erfolg voraus. Denken Sie an den Regelkreis der Zielerreichung: Indem Sie täglich an Ihrem Ziel arbeiten, verbinden Sie Theorie und Praxis. Ihr Ziel und Ihre Planung dazu sind ein theoretischer Akt, das tägliche Tun dagegen die Praxis.

→ Ergänzende und vertiefende Informationen zum Regelkreis der Zielerreichung finden Sie im Kapitel A 6 dieses Buches.

Champions schaffen den Durchbruch

Peters und Waterman stießen bei erfolgreichen Unternehmen auf die Existenz von so genannten *Champions*. Das sind Leute, die gegen alle Widerstände im Unternehmen neuen Ideen, Produkten oder Dienstleistungen zum Durchbruch verhelfen.

Viele Mitarbeiter in einem Unternehmen sind kreativ und haben gute Ideen, aber nur wenige sind innovativ. Erfolgreiche Unternehmen wissen, dass man 20 Versuche wagen muss, um *ein* erfolgreiches Produkt am Markt zu platzieren. Diese Tatsache setzt aber Mitarbeiter voraus, die beharrlich ihre Ziele verfolgen. Erfolgsmenschen sind geduldig in ihrer Ungeduld. Sie wollen weiter, aber sie wissen: „Gut Ding braucht Weile".

Literatur

Vera F. Birkenbihl: *Erfolgstraining.* München: Moderne Verlagsges. Mvg 2001.

Kerstin Friedrich u. a.: *Das neue 1x1 der Erfolgsstrategie.* Offenbach: GABAL 2003.

Alexander Grossmann: *Erfolg hat Methode.* Offenbach: GABAL 1995.

Raymond Hull: *Alles ist erreichbar.* Reinbek: Rowohlt 2002.

Thomas J. Peters und Robert H. Waterman: *Auf der Suche nach Spitzenleistungen.* München: Moderne Verlagsges. Mvg 2003.

Hermann Scherer (Hg.): *Von den Besten profitieren. Erfolgswissen von bekannten Management-Trainern.* Bd. 1 bis 5. Offenbach: GABAL 2001, 2002, 2003, 2004.

Walter Simon: *30 Minuten für das Realisieren Ihrer Ziele.* Offenbach: GABAL 2003.

Walter Simon: *Ziele managen.* Offenbach: GABAL 2000.

6. Zielmanagement

Ungenauer Gebrauch

Der Begriff „Ziel“ wird häufig sehr allgemein gebraucht, ohne genau zu differenzieren, ob es sich eher um ein langfristiges oder um ein kurzfristiges Ziel handelt, also eher um eine Strategie oder um eine taktische Maßnahme. Als Folge hiervon werden Äpfel mit Birnen verglichen.

Ziele basieren zumeist auf übergeordneten Prinzipien und Werten oder es liegt ihnen eine Vision und eine sich daraus ergebende Strategie zu Grunde. Diese Hierarchie muss man kennen, um Ziele richtig zu formulieren, abzuleiten oder zuzuordnen.

6.1 Klärung von Begriffen

Leitbild

Was wichtig und verbindlich ist

Ein Leitbild drückt kurz, präzise und verständlich aus, welche Werte für einen Menschen oder eine Organisation wichtig und verbindlich sind und in welche Richtung sie sich orientieren. Es handelt sich dabei um eine Art Grundbotschaft mit Aussagen über die Art und Weise des Umgangs mit Mitarbeitern, Kunden, Lieferanten, gegebenenfalls auch Mitbewerbern und der Öffentlichkeit.

Mitarbeiter erhalten durch Leitbilder eine grobe Orientierung im Dickicht der Unübersichtlichkeit. Im Idealfall haben Leitbilder sogar eine emotionalisierende Wirkung, um das Denken und Verhalten von Menschen zu stimulieren, vor allem im Sinne einer strategischen Groborientierung.

Soll-Vorstellungen verdeutlichen

Leitbilder enthalten also Soll-Vorstellungen über die erstrebenswerte Lebensgestaltung oder Unternehmensausrichtung (z. B. „Wir streben die Marktführerschaft an“). Zu diesem Zweck werden realisierbare, aber noch nicht vorhandene Zustände (Fernziele) beschrieben.

Visionen

Botschaft mit Richtungscharakter

Eine Vision ist eine Zielvorstellung. Sie ist aber noch mit Unklarheiten bezüglich des Weges, der Strategie und Taktik behaftet. Dennoch besitzt sie einen langfristigen Ziel- und Richtungscharakter, vorausgesetzt, sie wird nicht nur gedacht, sondern auch aktiv kommuniziert. Menschen und Unternehmen, die erfolgreich bleiben wollen, benötigen anschauliche Visionen.

Immer konkreter werden

Der Unterschied zwischen dem Leitbild, der Vision und dem Ziel liegt in der Konkretheit der jeweiligen Absicht. Von der Vision über die Strategie bis hin zum operativen Ziel wird die Absicht Schritt für Schritt konkreter.

Die der Vision folgenden Stufen wären die Strategie, dann die sich daraus ergebenden Ziele und daraus folgend die praktischen Maßnahmen (siehe Abbildung). Erst wenn die Ziele qualifiziert, quantifiziert und terminiert, also soll/ist-fähig sind, besitzt ein Unternehmen einen Wegweiser für sein Handeln und die Mitarbeiter den notwendigen roten Faden für ihr Tun.

Von den Grundwerten zu den Maßnahmen

GRUNDWERTE
des Unternehmens oder
LEITBILD
(gilt langfristig und allgemein)

▼

VISION
Konturen
(5-Jahres-Horizont)

▼

STRATEGIE
(2- bis 3-Jahres-Horizont)

▼

ZIELE
(1-Jahres-Horizont)

▼

MASSNAHMEN
(sofort)

Strategien

Ursprung im Griechischen

Die Literatur bietet eine Vielzahl von Definitionen für den Begriff „Strategie“, so dass die Gefahr der begrifflichen Beliebigkeit droht. Sprachgeschichtlich gesehen stammt der Begriff „Strategie“ aus dem Griechischen. Er geht auf die beiden Wörter *stratos* (Heer) und *agein* (führen) zurück und meint demnach die „Kunst der Heerführung“ oder die „Feldherrenkunst“.

Strategie und Taktik

Im 19. Jahrhundert wurde der Begriff von dem preußischen General Carl von Clausewitz aufgegriffen und im militärwissenschaftlichen Zusammenhang als „Gebrauch des Gefechts zum Zwecke des Krieges“ definiert. „Taktik ist die Kunst, Truppen in der Schlacht richtig einzusetzen. Strategie ist die Kunst, Schlachten richtig einzusetzen, um Kriege zu gewinnen.“

Der Begriff in der Spieltheorie

1947 übertrugen John von Neumann und Oskar von Morgenstern den Strategiebegriff auf die von ihnen entwickelte Spieltheorie und definierten ihn als „Folge von Einzelschritten, die auf ein bestimmtes Ziel hin ausgerichtet sind“. Insofern ist die Strategie eine besondere Form des Plans. Durch sie werden die jeweiligen Schritte bzw. Maßnahmen für jede spezielle Situation festgelegt. Für Reaktionen aus dem Umfeld gibt es also eine „geplante“ Antwort.

Ziele

Viele Menschen wollen etwas Bestimmtes tun, nur kommen sie nie dazu. Sie wollen, möchten, müssten, könnten …, aber sie setzen nie etwas in die Tat um.

Absichten sind noch keine Ziele

Absichten und gute Vorsätze werden meistens nicht umgesetzt, weil es nicht gelingt, aus ihnen ein konkretes und handlungswirksames Ziel zu formulieren. Vorsätze, Wünsche und Absichten dürfen Sie nicht mit Zielen verwechseln.

Ihre Absichten werden erst dann zu einem Ziel, wenn Sie eindeutig bestimmen, was Sie bis wann in welcher Menge oder Güte erreichen wollen. Sie müssen Ihre Absicht mit Blick auf folgende vier Merkmale beschreiben:

1. qualitativ (was soll erreicht werden),
2. quantitativ (wie viel soll erreicht werden),
3. zeitlich (bis wann soll es erreicht sein),
4. begründbar (warum soll es erreicht werden).

Vier Merkmale eines Ziels

Wenn Sie Ihre Vorstellung vom angestrebten Zustand auf diese Weise konkretisieren, erhalten Sie ein operationales Ziel.

Mit vier Fragen zum operationalen Ziel

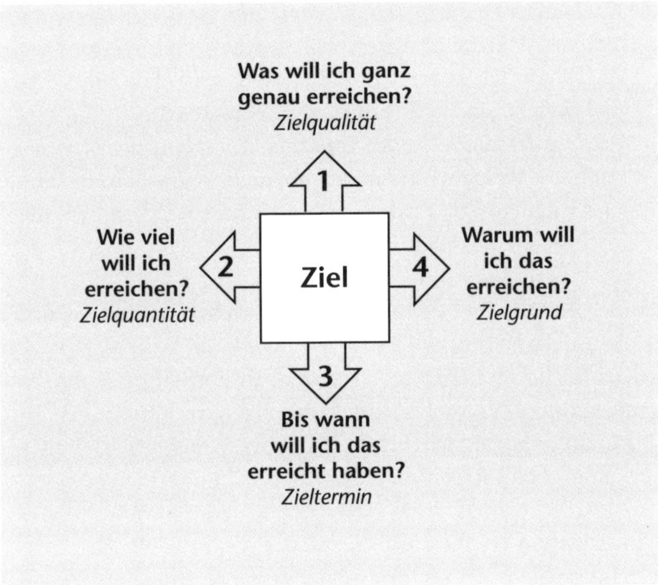

Ein Ziel ist die exakte Beschreibung eines in Zukunft angestrebten Zustands.

6.2 Realistische Ziele finden

Analysieren Sie Ihr Ziel

Die Mittel bedenken

Bevor Sie jetzt eine Ihrer Absichten auswählen, um daraus ein konkretes und präzises Ziel zu machen, müssen Sie Ihr Ziel analysieren, das heißt, Sie müssen prüfen, ob Ihr Ziel realistisch ist und ob Sie über die nötigen materiellen und ideellen Mittel verfügen, um es zu realisieren. Das machen Sie mit der Zielanalyse.

Drei Schritte der Zielanalyse

Eine Zielanalyse besteht aus drei Schritten:

1. *Analyse der Stärken und Schwächen (Subjekt- bzw. Persönlichkeitsanalyse):* Welche meiner positiven/negativen Eigenschaften sind meinem Ziel förderlich/hinderlich? Wie kann ich sie nutzen bzw. vermeiden?
2. *Analyse der Chancen und Risiken (Objekt- bzw. Gegenstandsanalyse):* Welche Chancen, welchen Nutzen bietet mir mein Ziel, wenn ich es erreicht habe? Welche Risiken birgt dieses Ziel; welche Nachteile könnten mir entstehen?
3. *Analyse des Umfeldes/der Situation (Umfeld- bzw. Situationsanalyse):* Welche Personen, Informationen oder Umstände sind meinem Ziel förderlich/hinderlich? Wie kann ich diese nutzen bzw. ausschalten?

Aus Fehlern lernen

Sollten Sie Ihr Ziel dennoch nicht erreichen, könnte es unter anderem daran liegen, dass Sie Ihre Kraft und Willensstärke, Ihr wirtschaftliches Leistungsvermögen, Ihre geistigen Voraussetzungen oder Ihr soziales Umfeld falsch eingeschätzt haben. Ihre Zielanalyse hatte also Fehler. Aus diesen Fehlern sollten Sie lernen und es noch einmal versuchen.

Hinterfragen Sie Ihr Ziel

Nachdem Sie sich über Ihr Ziel klar geworden sind, beantworten Sie bitte folgende Fragen, um festzustellen, ob Sie Ihr Ziel exakt formulierten.

Ist Ihr Ziel konkret?

Beispiel: „Im Beruf weiterkommen" ist eine Absicht, aber kein konkretes Ziel. Konkret wird diese Absicht erst, wenn Sie sich beispielsweise vornehmen, Gruppenleiter zu werden.

Ist Ihr Ziel präzise?

Sollwerte präzisieren ein Ziel

Haben Sie Sollwerte angegeben, die Sie erreichen wollen? Wenn das so genau nicht möglich ist, geben Sie Ober- und Untergrenzen an. Anstatt „so viel wie möglich" heißt es dann zum Beispiel „mindestens ..., höchstens ...". Vermeiden Sie Umschreibungen wie „beträchtlich“, „genügend“ oder „angemessen“, sondern formulieren Sie es so, dass Sie die Zielerreichung möglichst ohne Interpretationsspielraum kontrollieren können.

Ziele geben die Richtung an, Sollwerte präzisieren die Ziele, indem sie angeben, ob und wann ein Ziel erreicht ist. Ohne exakte Zielgrößen ist eigentlich jedes Arbeitsergebnis richtig.

Haben Sie Ihr Ziel terminiert?

Bandbreiten festlegen

Falls Sie kein exaktes Datum benennen können, sollten Sie mit gewissen Bandbreiten arbeiten. Anstelle einer Formulierung wie „sobald wie möglich“ formulieren Sie „frühestens am ..., spätestens am ...“. Je länger es dauert, ein Ziel zu erreichen, desto notwendiger sind terminierte Zwischenziele.

Ist Ihr Ziel realistisch und widerspruchsfrei?

Voraussetzungen überprüfen

Sind – von der heutigen Situation ausgehend – alle Voraussetzungen gegeben, Ihr Ziel durch praktisches Tun zu erreichen? In diesem Zusammenhang muss auch gefragt werden, ob das Ziel widerspruchsfrei ist. Sie können nicht zugleich Tennismeister und Vorstandsvorsitzender eines Unternehmens werden. Niemand kann zur selben Zeit zwei verschiedene Richtungen beschreiten. Hier wäre ein Zielkonflikt vorprogrammiert.

Ist Ihr Ziel für Sie persönlich erstrebenswert?

Motiviert Sie Ihr Ziel? Bringt es Ihnen einen Nutzen? Wichtig ist, dass Sie sich den Nutzen bildlich vorstellen. Außerdem sollten Sie Ihr Ziel affirmieren (lat. firmus = fest, stark, kräftig), das heißt positiv verstärken.

Ist Ihr Ziel positiv bzw. konstruktiv formuliert?

Negative Aussagen vermeiden

Achten Sie darauf, dass Sie sich nicht das Abgewöhnen schlechter Gewohnheiten zum Ziel setzen, also zum Beispiel: „Ich will nicht mehr so gereizt auf meine Mitmenschen reagieren.“ Formulieren Sie stattdessen das positive Gegenteil, etwa so: „Ich werde meine Kollegen jeden Morgen freundlich begrüßen.“ Formulierungen mit negativem Vorzeichen erinnern Sie immer wieder an das Negative. So bestätigen Sie sich ständig, dass Sie dieses oder jenes schlecht machen.

Haben Sie Ihr Ziel schriftlich fixiert?

Erinnerungshilfen schaffen

Sie sollten Ihr Ziel schriftlich formulieren. Das ist wichtig, denn Sie kennen sicherlich das Sprichwort „Aus den Augen, aus dem Sinn". Indem Sie Ihr Ziel aufschreiben, bekommt es programmatischen Charakter. Außerdem haben Sie jetzt eine optische Erinnerungshilfe.

Ist die Zielerfüllung kontrollierbar?

Ergebnis muss messbar sein

Ist die spätere Zielerfüllung durch einen Soll-Ist-Vergleich kontrollierbar? Wenn Ihr Ziel weder gemessen, gezählt noch gewogen werden kann, müsste mindestens eine neutrale Person beurteilen können, ob es erreicht wurde.

Ziele wirken wie Magneten

Nachdem Sie mit sich selbst einen Zukunftsvertrag bzw. eine persönliche Erfolgsversicherung abgeschlossen haben, verfügen Sie über klare Vorstellungen, was Sie erreichen wollen. Ihr Ziel ist präzise formuliert. Richten Sie Ihre Gedanken auf dieses Ziel aus. Ziele wirken wie Magneten. Diese Magneten ziehen Sie vorwärts. Überlegen Sie, was Sie im Leben alles ohne Ziele erreicht haben. Was könnten Sie noch alles erreichen mit klaren, gewollten und bewussten Zielen? Niemand kann Sie von Ihren Zielen abhalten, nur Sie selbst.

6.3 Ziele in der richtigen Reihenfolge aufbauen

Grob-, Richt- und Feinziele

Angenommen, Ihr guter Vorsatz lautet, etwas für Ihre Weiterbildung zu tun, dann sollten Sie genau beschreiben, was Sie darunter verstehen, etwa so:

- *Richtziel:* sich weiterbilden
- *Grobziel:* sich mit EDV beschäftigen
- *Feinziel:* die Programmiersprache Basic bis zum … lernen

Ziele verschiedener Stufen

Die Begriffe Richt-, Grob- und Feinziel zeigen, dass Ziele auf mehreren Stufen existieren. Für Ziele auf *hoher* Stufe werden umgangssprachlich diese und ähnliche Begriffe verwendet: Generalziel, Finalziel, Hauptziel, Oberziel, Fernziel, Maximalziel. Für Ziele auf *niedrigerer* Stufe gibt es folgende Begriffe:

Nahziel, Etappenziel, Zwischenziel, Nebenziel, Teilziel, Minimalziel u. a. m.

Zeitliche und hierarchische Ziele

Der jeweilige Begriff ergibt sich aus dem Charakter des Ziels. Es gibt Zielebenen, die *zeitlich* bedingt sind (Lebens-, Jahres-, Monats-, Wochen- und Tagesziele), und andere, die *hierarchischer* Natur sind (Ober- und Unterziel). Normalerweise reicht die Unterscheidung in Richt-, Grob- und Feinziele aus.

Richtziele

Richtziele sind eigentlich keine Ziele, da sie nicht eindeutig sind. Man könnte sie mit Leitbildern und Werten vergleichen. Sie stellen eher eine Art roter Faden für Ihr allgemeines Handeln dar und eignen sich als Orientierungshilfe für weitere, konkretere Ziele.

Grobziele

Grobziele haben einen mittleren Grad an Eindeutigkeit und Präzision. Mit ihnen wird ein Richtziel konkretisiert.

Feinziele

Feinziele sind eindeutig und präzise. Damit sind sie hinsichtlich ihrer Erfüllung kontrollierbar. Sie sind operational, denn sie geben konkret an, welche Handlungen Sie Ihrem Ziel näher bringen.

Zwischenziele

Dank genauer Zielsetzung können Sie nun konkret planen. Während Sie planen, legen Sie Zwischenziele fest. Sie erreichen kein Ziel, ohne zuvor kleinere Zwischenziele erreicht zu haben.

Die untergeordneten Zwischenziele sind die notwendigen Mittel, um das nächsthöhere Ziel zu erreichen, das selbst wieder Mittel ist, um das darüber befindliche Ziel zu erreichen. Sie sollten jede Zwischenetappe zunächst als Ziel für sich betrachten.

6.4 Systematisch auf das Ziel zusteuern

Bewusst handeln

Die Fähigkeit, Handlungen gedanklich vorwegzunehmen, unterscheidet uns Menschen vom Tier, das instinktiv handelt. Eine Biene beschämt mit ihren Waben manchen Maurer. Was aber den schlechtesten Maurer gegenüber der besten Biene auszeichnet, ist, dass jener seine „Zellen“ vorher im Kopf baut, bevor er sie aus Stein und Zement formt. Der Maurer schafft ein Produkt, das schon vor der Fertigstellung in seinem Bewusstsein vorhanden war. Ziele existieren also nur dort, wo menschliches Bewusstsein zukünftige Zustände gedanklich vorwegnehmen und menschliches Handeln wünschenswerte Zustände herbeiführen kann.

Der Zielerreichungskreis

Grundfunktionen menschlichen Tuns

Wenn Sie einmal Ihre Arbeit in elementare Tätigkeiten zergliedern, werden Sie Grundfunktionen feststellen, die eigentlich jeder Mensch wahrnimmt, egal, was er für eine Tätigkeit ausübt und in welcher Position dies geschieht. Menschen denken, informieren sich, planen, wägen ab, entscheiden, realisieren und kontrollieren. Es gibt Menschen, die dies bewusst und systematisch tun, andere dagegen eher unbewusst.

Diese Grundfunktionen menschlichen Handelns werden in einem Kreismodell dargestellt (siehe Abbildung). Das Kreismodell – wir nennen es fortan den *Zielerreichungskreis* – können Sie sich auch als Steuerrad vorstellen. Sie sind Ihr eigener Steuermann und halten Ihre Zukunft in den Händen.

Der Zielerreichungskreis

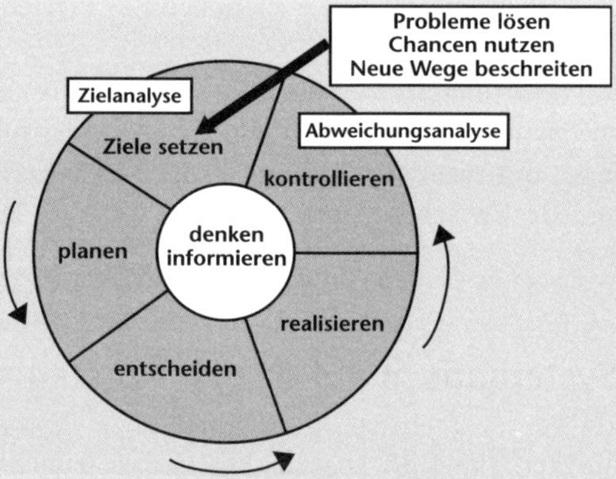

Zielerreichungskreis

Situations- bzw. Zielanalyse

Analyse aus mehreren Perspektiven

Mit der Situationsanalyse klären Sie, ob eine Situation veränderbar ist oder nicht, und falls ja, ob die Änderung wünschenswert ist. Sie hinterfragen auf dieser Stufe kritisch, welche Stärken und Schwächen Ihre Zielerreichung fördern oder hemmen (Subjekt- bzw. Persönlichkeitsanalyse). Sie prüfen weiter, welche Chancen und Risiken mit der Zielerreichung verbunden sind (Objekt- bzw. Gegenstandsanalyse). Gegebenenfalls fragen Sie sich auch, welche Personen, Informationen, Sachverhalte und sonstigen Umstände ihre Zielerreichung positiv oder negativ beeinflussen könnten (Situations- bzw. Umfeldanalyse)

Denken

Wahrnehmungen einordnen

Das Denken befähigt Sie zu sinnvollen und bewussten Handlungen. Es ermöglicht Ihnen, das sozusagen „bunte" Material Ihrer Sinneserfahrungen zu sortieren und es in einen gedanklichen Zusammenhang zu bringen. Dazu bedienen Sie sich der Abstraktion und Verallgemeinerung.

Informieren

Der Kern des Kreises

Denken und Informieren stehen im Zentrum des Zielerreichungskreises, da sie eine Zentralfunktion haben. Ohne zu denken und sich zu informieren, ist es nicht möglich, Ziele zu setzen, sie zu planen, entsprechende Entscheidungen zu treffen, Maßnahmen durchzuführen und diese zu kontrollieren.

Ziel(e) setzen

Den angestrebten Zustand beschreiben

Sie setzen sich ein Ziel, das heißt Sie beschreiben einen in der Zukunft angestrebten Zustand. Ein Ziel ist also der gedanklich vorweggenommene Eckpunkt einer Entwicklung/eines Zustandes.

Planung

Ein guter Plan ist wie eine Leiter

Planen bedeutet, bewusst, geordnet und systematisch über Ihre Ziele nachzudenken. Wenn Sie planen, simulieren Sie gedanklich das, was Sie realisieren wollen. Jeder Augenblick, den Sie auf die Planung verwenden, spart mehrere Augenblicke in der Phase der praktischen Handlung ein. Einen guten Plan können Sie mit einer Leiter vergleichen. Sie müssen, wenn Sie mit einer Leiter auf einen Baum steigen, nicht dauernd nach tragfähigen Ästen suchen, sondern steigen mit relativ geringem Kraftaufwand Stufe für Stufe nach oben.

Arten von Plänen

Pläne lassen sich unterscheiden nach vielen Kriterien, zum Beispiel nach ihrem Gegenstand. So gibt es Urlaubspläne, Finanzpläne, Diätpläne, Therapiepläne, Lehrpläne und viele andere mehr. Pläne werden aber auch hinsichtlich des Zeitraums unterschieden. So spricht man von kurz-, mittel- und langfristigen Plänen. Nach dem Detaillierungsgrad lassen sie sich in eine Grob- und Feinplanung unterteilen. Hinsichtlich der Art der zu treffenden Entscheidungen spricht man auch von der Mittel- oder Wegeplanung.

Entscheidung

Verbindung zwischen Plan und Handeln

Die Entscheidung ist das vermittelnde Glied zwischen Ihrem Plan und Handeln. Sie findet ihren Ausdruck in einem Entschluss, einer Weisung oder einer Vorgabe. Eine Entscheidung ist immer eine Wahl zwischen mehreren Möglichkeiten. Gäbe es diese Wahl nicht, müssten Sie auch nichts entscheiden.

Um das Risiko einer Fehlentscheidung zu minimieren, sollten Sie sich mit vielen Informationen „in Form" bringen. Information ist die Reduktion von Ungewissheit.

Realisation

Konkrekt vor abstrakt

Konkrete Ergebnisse sind abstrakten Modellen vorzuziehen. Darum muss nach der Zielsetzung, dem Planen und Entscheiden nun etwas in Form konkreter Handlungen *erfolgen,* sonst bleibt der Erfolg aus.

„Do it, try it, fix it", lautet eine amerikanische Erfolgsregel. Erfolg ist die Folge Ihrer vielen Maßnahmen hin zu Ihrem Ziel. Von Johann W. von Goethe stammt in diesem Zusammenhang das schöne Sprichwort:

„Es ist nicht genug zu wissen,
man muss es auch anwenden;
es ist nicht genug zu wollen,
man muss es auch tun."

Kontrolle

Den Kurs sichern

Da Sie sich nicht sicher sein können, ob alles nach Plan verläuft, sind regelmäßige Kontrollen notwendig. Sie dienen der Kurssicherung durch gekonntes Steuern. Zu diesem Zweck wird die Übereinstimmung von Soll und Ist geprüft. Gibt es Abweichungen, dann sind diese zu analysieren. Man nennt das die *Abweichungsanalyse.* Da eine Kontrolle bei selbst gesetzten Zielen immer eine Eigenkontrolle ist, erfordert sie natürlich Ehrlichkeit gegen sich selbst. Wichtig ist auch, Soll und Ist rechtzeitig zu kontrollieren und nicht erst am 31. Dezember des Jahres.

Gleitende Planung

Je länger Ihr Plan in die Zukunft hineinreicht, umso wichtiger ist die Kontrolle als eine Art anpassendes Steuern. Die Umfeldbedingungen ändern sich ständig. Außerdem können sich unvorhergesehene Sachverhalte einstellen, zum Beispiel eine schwere Krankheit, die Ihren Plan gefährden. Insofern dient die Kontrolle auch der „Planung Ihres Plans". Sie ermöglicht Ihnen eine gleitende Planung.

Der Zielerreichungskreis als Wendeltreppe

Den Kreis neu öffnen

Der Zielerreichungskreis wird, nachdem das Ziel erreicht wurde, geschlossen oder mit neuen bzw. höheren Zielen wieder eröffnet. Darum könnten wir auch vom *Zielerreichungs-Regelkreis* sprechen. Denkbar ist aber auch, dass der Kreis wieder geöffnet wird, weil ein Ziel nicht erreicht wurde. Die Abweichungsanalyse wird dann zur Grundlage der neuen Zielerreichungsanalyse.

Wie eine Wendeltreppe

Während das Denken und Informieren die anderen Funktionen zunächst horizontal verknüpfen, bilden sie jetzt außerdem das Verbindungsglied zwischen zwei Ebenen. Ihr Bild vom Zielerreichungskreis wird präziser, wenn Sie es sich dreidimensional vorstellen, ähnlich wie eine Wendeltreppe. Nach jeder Umkreisung sind Sie höher gelangt.

Vielleicht werden Sie einwenden, dass Handlungen vielschichtiger und komplexer sind, als im Zielerreichungskreis dargestellt. Sie haben Recht! Ihr Umfeld ist voll von solchen Regelkreisen, und klare Bestimmungen und Zuordnungen sind schwierig. Je mehr Sie versuchen, in diesen Wald von Regelkreisen einzudringen, umso größer ist die Gefahr, dass Sie vor lauter Regelkreisen keine Ziele mehr sehen.

Der dreidimensionale Zielerreichungskreis

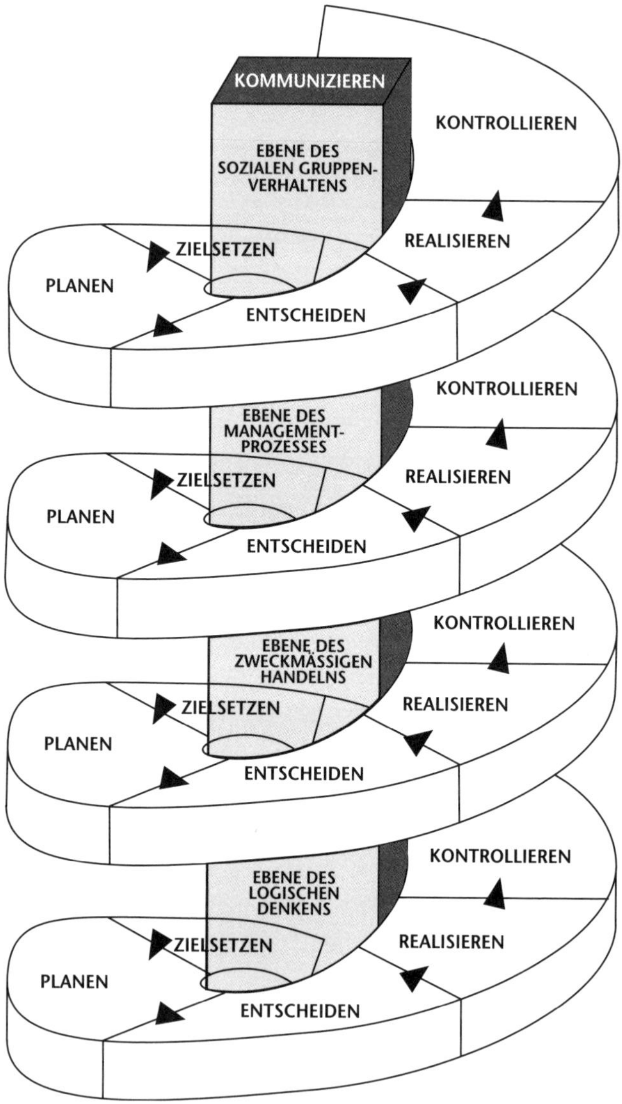

Das Kreismodell ist eine pädagogisch gewollte Vereinfachung, um einen komplexen Vorgang überschaubar zu machen. Die Funktionen spielen sich nicht einfach in dieser Reihenfolge eine nach der anderen ab, sondern sind vielfältig miteinander verwoben, so wie die Spiralfedern einer zusammengepressten Matratze. In jeder Funktion steckt wiederum ein eigener Regelkreis, denn die Wahl eines Ziels setzt Planung, Entscheidung und Kontrolle voraus.

Modell macht Komplexität überschaubar

Ein Plan ist ein System von Festlegungen, die auf Entscheidungen beruhen. Zunächst genügt es, sich das Grundmodell als Steuerrad vorzustellen und es im Moment jeder wichtigen Handlung gedanklich zu aktivieren.

Wussten Sie übrigens schon, warum die Natur Ihren Kopf rund geformt hat? Damit sich Ihre Gedanken im Zielerreichungs-Regelkreis drehen!

Warum der Kopf rund ist

Literatur

Susanne Fox: *Die Fox-Methode. Oder wie man seine Ziele erreicht.* Saarbrücken: Neue Erde/Lentz 2003.

Dirk Konnertz und Hubert Schwarz: *Ziele erreichen – fit in 30 Minuten.* Offenbach: GABAL 2001.

Klaus Lurse und Anton Stockhausen: *Manager und Mitarbeiter brauchen Ziele.* 2. Aufl. Neuwied: Hermann Luchterhand Verlag 2002.

Walter Simon: *30 Minuten für das Realisieren Ihrer Ziele.* Offenbach: GABAL 2003.

Walter Simon: *Ziele managen.* Offenbach: GABAL 2000.

Bodo G. Toelstede: *Aus Wünschen Ziele machen.* Freiburg: Herder 2003.

Brian Tracy: *Ziele – Setzen, verfolgen, erreichen.* Frankfurt/Main: Campus Verlag 2004.

7. Zeitmanagement

Haben Sie Zeit?

Haben Sie Zeit? „Natürlich nicht", antworten Sie. Klagen über zu wenig Zeit hört man genauso oft wie Klagen über das Wetter. Was das Wetter angeht, mögen sie berechtigt sein. Doch für Zeitprobleme ist nicht Petrus, sondern jedermann selbst verantwortlich. Mangelt es Ihnen wirklich an Zeit oder an der richtigen Zeitplanung? Kreuzen Sie eine der beiden Antworten an:

- □ Ich habe keine Zeit.
- □ Mir fehlt die richtige Zeitplanung.

Schlechte Zeitgewohnheiten schaden

Denken Sie daran, falsche Ernährungsgewohnheiten machen krank. Das gilt auch für schlechte Zeitgewohnheiten. Daraus folgen oft Stress, Ärger und Frustration. Ehen und andere Partnerschaften scheitern, weil man keine Zeit mehr füreinander hat. Unter Zeitmangel leidet die Erziehung unserer Kinder, und in Eile passieren Tausende von Verkehrsunfällen. Unsere Zeit leidet an einer chronischen Zeitkrankheit.

7.1 Der Unterschied zwischen Zeitspartechniken und Zeitmanagement

Definition Zeitspartechniken

Zunächst sollten Sie den Unterschied zwischen Zeitspartechniken und Zeitmanagement kennen lernen. Zeitspartechniken sind Regeln, Maßnahmen und Verhaltensweisen, die Ihnen helfen, Zeit bei konkreten Tätigkeiten zu sparen. Die Menschen versuchen seit Jahrtausenden, die Zeit für produktive Tätigkeiten zu verkürzen. Denn was immer auch Zeit beansprucht, beansprucht zu viel Zeit. Alles, was dauert, dauert zu lange. Die Menschen fragen nicht „Wie früh ist es?", sondern „Wie spät ist es?" Das Leben hat es eilig. Wir benutzen Schnellzüge, essen im Schnellimbiss, benutzen Schnellhefter, Tempo-Taschentücher etc.

Nicht die Dampfmaschine, sondern die Uhr wurde zum wichtigsten Instrument für das moderne Industriezeitalter. Wirtschaftliches Wachstum erzeugte eine steigende Knappheit an Zeit. Diese erzeugte wiederum wirtschaftliches Wachstum usw. Man sieht es den Menschen an: In Millionenstädten gehen die Menschen etwa doppelt so schnell wie in einem griechischen Dorf. Der moderne Mensch wurde auf eine chronometrische Feinstruktur des Tages gedrillt. Er kommt immer zu spät, auch wenn er zu früh kommt.

Enges Zeitkorsett

Je höher die berufliche Position, umso stärker sitzt das Zeitkorsett. Besonders Machtmenschen unterwerfen sich der Uhr. Sie können auch dann nicht mit ruhigem Gewissen „nichts" tun, wenn sie ihr Pflichtpensum bereits erfüllt haben. Viele andere Menschen spenden wertvolle Lebenszeit einer Zeitvernichtungsmaschine, die sich Fernsehen nennt.

Vielfältige Zeitspartechniken

Auch Sie, liebe Leser, benutzen solche Zeitsparmittel und wenden persönliche Zeitspartechniken an. Sie können zum Beispiel beim Lesen Zeit sparen, indem Sie Schnelllesetechniken trainieren. Sie können lernen, Texte kürzer, knapper und präziser zu schreiben oder den Zeitaufwand für das Lernen zu verringern. Falls Sie Führungskraft sind, wissen Sie, wie viel Zeit Sie gewinnen, wenn Sie Aufgaben und Verantwortung an Mitarbeiter delegieren. Sie sparen Zeit durch den Einsatz von Checklisten, durch eine gute Gesprächsführung oder indem Sie Ihre Texte am Computer schreiben.

Die rechte Balance finden

Unentschlossenheit ist einer der größten Zeitkiller. Sie gewinnen Zeit durch Entscheidungsfreude. Aber Vorsicht, aus Geschwindigkeit darf keine Hektik werden. Sonst droht Ihnen eine Welt des „rasenden Stillstands": Auch das Faulenzen muss kein sinnloses Nichtstun sein, sondern dient der Reproduktion der Arbeitskraft des High-Speed-Zeitgenossen. Unsere postmoderne Zeitkultur fordert zugleich Geschwindigkeit und Langsamkeit. Das ist auch das erklärte Ziel von neu gegründeten Vereinen, die für ein allgemeines Tempolimit im menschlichen Alltag wirken.

„Inmitten der allgemeinen Raserei verzichten etliche Leute auf Zeitgewinn, um der Zeit mehr Gewinn zu entlocken", schrieb der SPIEGEL (20/1989, S. 213). Diese Avantgardisten der „Eigenzeit", so der Titel eines Buches der Soziologin Helga Nowotny, wollen nicht zeitlebens wandelnde Chronometer sein.

Definition Zeitmanagement

Während Zeitspartechniken für konkrete Tätigkeiten gelten, bezieht sich Zeitmanagement auf die Gestaltung des Tages, der Woche oder eines längeren Zeitraums unabhängig von den einzelnen Tätigkeiten. Es ist ein Bündel allgemeiner Regeln und Maßnahmen. Diese helfen Ihnen bei jeder Art von Tätigkeit, die Zeit in den Griff zu bekommen.

Zielmanagement

Allein schon durch eine gute Zeitplanung werden Sie produktiver. Sie haben einen roten Faden, der Sie durch den Tag führt. Genau genommen ist persönliche Zeitplanung Verhaltensmanagement, denn Zeit ist nicht zu managen. Zeitmanagement ist letztendlich Zielmanagement. Zeit- und Zielmanagement sind zwei Seiten ein und derselben Medaille. Denn der Sinn des Lebens und der Arbeit ist mit der Zeitnutzung eng verbunden. Das erklärt auch, warum es Leute gibt, die trotz großer Arbeitsbelastung entspannt arbeiten, während sich andere erschöpft fühlen. Wenn Sie überzeugt sind, dass das, was Sie tun, für Sie sinnvoll ist, dann haben Sie auch kein Problem mit der Zeit.

Im Heute leben

Bedenken Sie: Heute ist der erste Tag vom Rest Ihres Lebens. Darum sollten Sie auch den Tod als Ihren Verbündeten betrachten. Er lehrt sie, im Heute zu leben.

7.2 Die Gestaltung Ihres strategischen Zeitmanagements

Schluss mit den Klagen

Wenn Sie den Rest Ihres Lebens zeitbewusst und zielorientiert leben wollen und nicht zu den Leuten gehören, die sich mit Klagen über zu wenig Zeit aufhalten und in den Mythos der Überforderung flüchten, kann Ihnen die Lektüre dieses Kapitels helfen, ein besseres Zeitmanagement zu entwickeln.

Wenn Sie bereit sind, Ihre Arbeits- und Lebensprinzipien selbstkritisch zu überprüfen, werden Sie lernen, die Zeit zu beherrschen, statt von ihr beherrscht zu werden. Wie wollen Sie zukünftig die Zeitanteile zwischen Beruf, Freizeit, Familie ausbalancieren? Ein gutes Zeitmanagement ist „Life Leadership".

Die Zeit zu beherrschen heißt, sich selbst zu beherrschen.

Den Überblick behalten

Nur wenn Sie Ihre Ziele kennen, behalten Sie in der Hektik des Tagesgeschäfts den Überblick, können auch unter starker Arbeitsbelastung Prioritäten setzen und sich auf das Wesentliche konzentrieren. Konzentration ist das entscheidende Geheimnis der Effizienz.

Jeden Tag einige Minuten investieren

Der Sinn Ihres Lebens sowie das Erreichen Ihrer Ziele und die richtige Nutzung Ihrer Zeit sind eng miteinander verknüpft. Wenn Sie Ziele erreichen und Erfolge feiern wollen, dann müssen Sie dafür Zeit investieren. Das Mindeste ist, dass Sie sich täglich einige Minuten Zeit nehmen, Ihren Tag zielbezogen zu planen.

Sie sollten wöchentlich Ihr „Aktionsprogramm" entwerfen. Jede Minute Zeit- und Tagesplanung spart viele Momente bei der Durchführung. Studieren auch Sie Ihre Arbeitsweise und ziehen Sie Ihre Schlussfolgerungen aus den Erkenntnissen. Schaffen Sie Ordnung in Ihrem Denken und Handeln, am Schreibtisch und im Tagesablauf!

Kräfte und Mittel klug einsetzen

„*Work smarter, not harder*", muss Ihr Arbeitsmotto lauten. Konzentrieren Sie sich auf Ihre Kräfte, auf das, was Sie am besten können, was Ihnen Freude bereitet, und das, womit Sie im Hinblick auf Ihre Lebenssituation die größte Wirkung erzielen. Das ist strategisches Denken und Handeln. Strategie ist nicht nur Langfristplanung, sondern die Lehre vom richtigen Einsatz der eigenen Kräfte und Mittel. Indem Sie lernen, Ihre Zeit zu organisieren, erhalten Sie Zeit für Ihre Ziele.

Zeitplanung heißt aber nicht Zeitverplanung. Machen Sie sich nicht zum Opfer Ihrer eigenen Planwirtschaft. Lassen Sie sich nicht von rigiden Zeit- und Temponormen vergewaltigen. Menschen, die es geschafft haben, sich von den Zeitfesseln zu befreien, sind im Allgemeinen leistungsfähiger und motivierter als andere. Diese Kunst können auch Sie erlernen, wenn Sie die Regeln guter Zeitplanung befolgen. Nur mit einem operativen Tages-Zeitmanagement bekommen Sie Ihr Leben nicht in den Griff.

Die Ursachen angehen

Mein Kollege, der bekannte Zeitmanagementexperte Lothar J. Seiwert, bringt dies auf den Punkt: „Das wahre Kernproblem des Zeitmanagements liegt darin, dass wir in der Dringlichkeit des Arbeitsalltags vornehmlich in operative Hektik zu verfallen drohen und so unsere Lebensprioritäten leicht aus dem Auge verlieren … operatives Zeitmanagement kuriert an den Symptomen herum, löst aber keineswegs die wahren Ursachen des Zeitproblems."

7.3 Die Gestaltung Ihres operativen Zeitmanagements

An den Lebenszielen orientieren

Ihr operatives, kurzfristiges Zeitmanagement muss zu Ihrem strategisch langfristigen passen. Darum sollten sich Ihre Jahres- oder Monatsziele an Ihren Lebenszielen orientieren, ebenso wie sich Ihre Wochenziele an Ihren Jahres- und Monatszielen anlehnen. Ohne diese Orientierung verlieren Sie in der Hektik des Tagesgeschehens den Überblick und werden von Ereignissen und Zufällen getrieben.

Tagesplanung

Die *Tagesplanung* allein reicht wahrscheinlich nicht, um Ihren Lebenszielen bzw. Visionen zu entsprechen. Die zeitliche Kluft zwischen beiden ist zu groß. Darum muss sie mit der Monats- und Wochenplanung verknüpft werden.

Wochenplanung

Die *Woche* eignet sich am ehesten, um den sich selbst gesetzten Ansprüchen hinsichtlich Beruf, Freizeit, Hobby und Familie gerecht zu werden. Sie ist ein Mikromodell des Lebens-Makromodells und eignet sich gut als Brücke zwischen Kurzfrist- und Langfristzielen.

Sie verknüpfen Ihre Lebenszielplanung mit Ihrer Jahres-, Monats- und Wochenplanung, indem Sie den hier abgebildeten Lebensleitstern mehrfach kopieren. Die erste Kopie bekommt die Überschrift „Jahresziele". Die entsprechenden Teilziele notieren Sie bitte an den jeweiligen Zacken.

Der Lebensleitstern

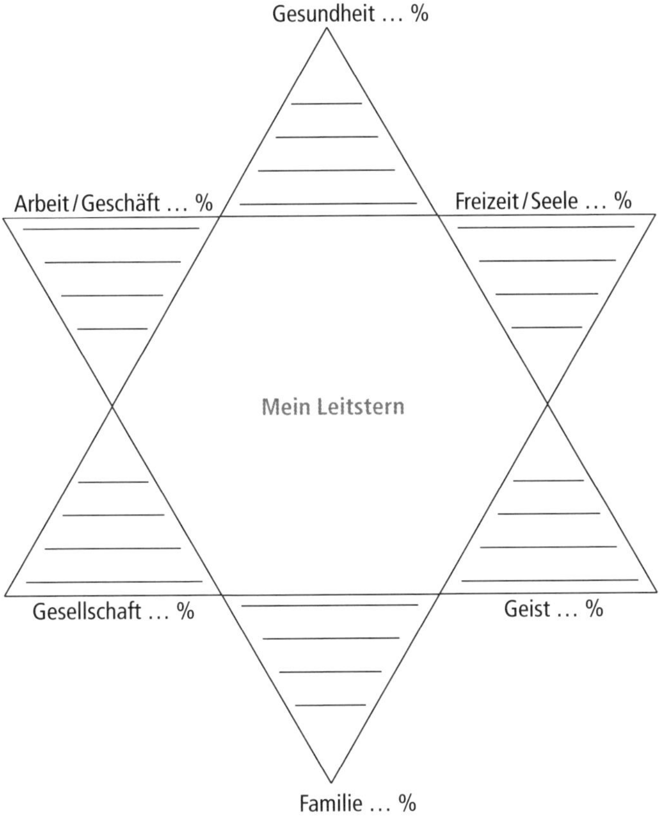

Monats- und Wochenziele

Über die nächste Kopie schreiben Sie „Monatsziele" und verfahren analog. Das gilt entsprechend auch für das Blatt „Wochenziele". Dass die Ziele dieser drei Zielebenen inhaltlich zueinander passen müssen bzw. sich ergänzen, versteht sich von selbst. Nun müssen Sie nur noch Ihre Tagesplanung machen.

Den Rest, also die Tages- und die Terminplanung, können Sie mit einem Zeitplanbuch oder einem Taschencomputer erledigen.

Acht Regeln

Die nachfolgenden acht Regeln beziehen sich sowohl auf die Tages- wie auf die Wochenplanung, also eher auf das operative Zeitmanagement. Die konkrete Ausgestaltung Ihres Zeitmanagements müssen Sie natürlich selbst vornehmen.

Regel Nr. 1: Schriftlich planen

Schriftliche Tagesplanung

„Aus den Augen, aus dem Sinn", sagt ein altes Sprichwort. Das gilt auch für Ihre Tagesplanung, wenn Sie sich allein auf Ihr Gedächtnis verlassen. Indem Sie zukünftig notieren, was Sie in einer Woche oder an einem Tag erreichen wollen, werden Sie immer wieder daran erinnert. Mit dieser Checkliste kontrollieren Sie zugleich, ob Sie nichts vergessen haben.

Mögliche Instrumente

Für Ihre schriftliche Tagesplanung eignen sich

- Kalender,
- Planungsblätter,
- Flipcharts,
- Pinnwände,
- selbstklebende Notizblätter und
- Magnettafeln.

Erledigtes abhaken

Durch die ständige visuelle Konfrontation mit Ihren Aufgaben verriegeln Sie sozusagen Ihr Fluchttürchen. Notieren Sie diejenigen Arbeiten, die als Mosaiksteinchen oder Teilschritt für Ihr Ziel notwendig sind. Genießen Sie das schöne Gefühl, erledigte Aufgaben mit einem dicken Stift durchstreichen oder abhaken zu können.

Zeitplaner einsetzen

Das wichtigste Instrument schriftlicher Zeitplanung ist der Kalender. Damit ist nicht der Taschenplaner im Leporello-Format gemeint, der eigentlich nur eine Terminmerkhilfe ist. Er ist für effektives Time-Management zu klein. Darum sollten Sie mit einem Zeitplanbuch oder einem elektronischen Zeitplaner arbeiten, mindestens im Format DIN A6. Diese dienen als Terminkalender, Notizbuch, Adressenregister, Planungsinstrument,

Erinnerungshilfe, Ideenkartei, kurz, als schriftliches Gedächtnis bzw. persönliche Datenbank.

Zeitplanbücher

Zeitplanbücher enthalten wichtige Hilfsmittel für ihre Zielplanung, zum Beispiel

- Tages-, Wochen-, Monats- und Jahresblätter,
- Notizzettel für Ideen,
- Termin-Vormerkblätter,
- Planungs- und Projektverfolgungsblätter sowie
- Blankoblätter für die individuelle Gestaltung.

Einige Hersteller bieten diverse Spezialblätter an, sodass Sie Ihr Zeitplanbuch für Ihre speziellen Zwecke „maßschneidern" und gestalten können.

Kein Statussymbol

Schaffen Sie sich aber kein kiloschweres „Zeit-Kochbuch" an. Ein Organizer ist kein Statussymbol nach dem Motto: je größer desto besser. Es sollte vielmehr ein zweckmäßiges Instrument Ihrer persönlichen Lebensplanung sein. Vielleicht eignet sich für Sie viel besser ein so genannter Palm-Top, der problemlos in jede Jackentasche passt.

Zudem sollte ein Terminplan Sie nicht in ein noch engeres Zeitkorsett zwingen oder Ihnen, weil mit Terminen und Aufgaben zu voll gepfropft, Schuldgefühle verschaffen. Wenn Sie einmal ohne ihren Chronometer am Arm ins Büro kommen, sollten Sie sich nicht gleich nackt fühlen. Werden Sie nicht ein weiteres Opfer der Chronokratie oder der grauen Herren von der Zeitsparkasse, wie Michael Ende die Zwangsvollstrecker der „Timetatur" in seinem Buch „Momo" nennt.

Regel Nr. 2: Prioritäten ermitteln, um Tagesziel(e) festzulegen

Ziele als Filter

Auch bei der Zeitplanung sind Ziele die entscheidende Grundlage. Ordnen Sie Ihre Zeit um Ihre Ziele herum, denn es gibt stets mehr Aufgaben als Stunden, um sie zu erledigen. Ziele liefern das nötige Auswahlraster für Ihre vielen Aufgaben. Sie helfen Ihnen auch im Tagesablauf, Wichtiges von Unwichtigem zu unterscheiden.

Um Ihre Aufgaben zu gewichten und Prioritäten zu ermitteln, sollten Sie sich fragen,

- was sind *Muss-Arbeiten* für mein Ziel?
- was sind *Kann-Arbeiten* für andere Dinge?

Muss- und Kann-Arbeiten

Muss-Arbeiten ergeben sich aus Ihrer Stellenbeschreibung oder Ihrer Zielformulierung. *Kann-Arbeiten* sind meistens die Folge davon, dass Sie sich nicht trauen, Nein zu sagen. Prüfen Sie, welche Ihrer Tätigkeiten Kann-Arbeiten sind. Konzentrieren Sie sich auf Muss-Arbeiten.

Die Bereitschaft, unwichtige Arbeiten abzulehnen, ist eine Voraussetzung für Ihren Lebens- und Arbeitserfolg.

Wichtigkeit abwägen

Da die wenigsten Menschen zwischen Muss- und Kann-Arbeiten trennen, liegt auf ihren Schreibtischen in der Regel stets mehr Arbeit, als in den zur Verfügung stehenden Arbeitsstunden zu bewältigen ist. Wer es dennoch versucht, schafft sich selbst Stress. Darum sollten Sie täglich Prioritäten ermitteln, indem Sie die vielen Aufgaben hinsichtlich ihrer Wichtigkeit abwägen.

Abwägefragen

Benutzen Sie dazu die *Abwägefragen*, die mit dieser Eselsbrücke leicht zu merken sind:

AB	
W	*(Weiterarbeit)* Welche Arbeit ist notwendig, damit andere weiterarbeiten können?
Ä	*(Ärger)* Welche Arbeit ist notwendig, um Ärger mit Kunden und Kollegen zu vermeiden?
G	*(Geld)* Welche Arbeit bringt den größten Geldnutzen oder vermeidet Geldverlust?
E	*(Erfolg)* Welche Arbeit garantiert meinen/unseren langfristigen Erfolg?
FRAGEN	

Die Antworten helfen Ihnen, Wichtiges zu erkennen, um so Prioritäten zu ermitteln und entsprechend zu planen. Der US-

Erfolgstrainer Brian Tracy spricht in diesem Zusammenhang von „Posterioritäten". Das sind Dinge, von denen Sie in Zukunft weniger tun sollten, weil sie für Ihr Ziel ohne großen Wert sind. Darum sollten auch Sie die kreative Vernachlässigung solcher Aufgaben praktizieren.

„Posterioritäten"

Achten Sie darauf, dass Sie Ihre Ziele möglichst präzise formulieren. Es darf nicht heißen: „Diktat wichtiger Briefe", sondern präziser: „Brief an ..." Nur durch eine präzise Zielformulierung können Sie später auch kontrollieren, ob Sie Ihr Ziel erreicht haben. Wenn Sie dagegen mit schwammigen Formulierungen arbeiten, lässt Sie Ihr Unterbewusstsein zur nächstbesten Tätigkeit greifen.

Präzise formulieren

Formulieren Sie realistische Wochen- und Tagesziele, ohne sich zu über- oder zu unterfordern. Der Starke, der zu viel plant, erreicht weniger als der Schwache, der seine Kraft auf ein oder zwei Ziele konzentriert. Fragen Sie sich immer wieder, ob Sie noch auf Kurs sind.

Realistisch planen

→ Ergänzende und vertiefende Informationen zum Thema Zielmanagement finden Sie im Kapitel A 6 dieses Buches.

Die meisten Menschen planen nur terminbezogen. Planen und handeln Sie dagegen *zielbezogen!* Ihre Ziele müssen in Ihrem Kopf Leben gewinnen. Sie brauchen positive Bilder vom Tagesgeschehen, vom angestrebten Endzustand und vom konkreten Erfolgserlebnis. „Programmieren" Sie Ihr Unterbewusstsein durch visuelle Vorstellungen. Belohnen Sie sich, wenn Sie Ihr Wochen- oder Tagesziel erreicht haben. Auch das wirkt auf Ihr Unterbewusstsein, sodass Sie zukünftig einen „Vollzugszwang" spüren, um belohnt zu werden.

Zielbezogen leben

Regel Nr. 3: Zeitbedarf der wichtigsten Arbeiten schätzen und planen

Die meisten Menschen unterlassen es, den Zeitbedarf für ihre Tätigkeiten zu schätzen und zu planen. Man kennt nur den End- oder Abgabetermin, plant aber nicht den Zeitbedarf in Tagen

Zeitbedarf schätzen

oder Stunden. Damit ist Stress vorprogrammiert, besonders dann, wenn der Abgabetermin immer näher rückt.

Von der Industrie lernen

In der Industrie wird der Zeitbedarf für jeden Arbeitsvorgang genau ermittelt. Nur so ist eine exakte Produktionsplanung möglich. Was sich in der Fabrik bewährt hat, eignet sich auch für Ihren Schreibtisch.

Wenn Sie zukünftig den Zeitbedarf für Ihr wöchentliches oder tägliches Zielpensum, einen wichtigen Brief oder eine wichtige Tätigkeit schätzen und planen, werden Sie schnell ein Gespür dafür bekommen, wie lange bestimmte Tätigkeiten dauern, und können realistisch planen.

Zeitziele vereinbaren

Wenn Sie Mitarbeiter führen und diesen Aufgaben übertragen, sollten Sie immer Zeitziele vereinbaren. Sprechen Sie also mit Ihren Mitarbeitern über den Zeitbedarf in Stunden, Tagen oder Wochen. Lassen Sie Ihre Mitarbeiter die notwendige Zeit schätzen. So vermitteln Sie auch Ihrem Umfeld ein Gefühl für Zeit und die Notwendigkeit von Zeitplanung. Seit Parkinson, dem bekannten englischen Arbeitswissenschaftler, weiß man, dass Arbeit ohne Zeitziele gedehnt und nochmals gedehnt wird und somit viel Zeit verschwendet wird.

Regel Nr. 4: Tagesleistungsrhythmus berücksichtigen

Wie steht es um Ihre momentane Leistungsfähigkeit? Mit wie viel Prozent Ihrer maximalen Leistungsfähigkeit arbeiten Sie gerade?

Leistungskurve beachten

Wenn Sie wissen, wann Sie Ihre Leistungshöhen und -tiefen haben, dann berücksichtigen Sie diese bei Ihrer Tagesplanung. Geistig anspruchsvolle Aufgaben erledigen Sie im Leistungshoch, Routinearbeiten im Tief.

Etwa 80 Prozent aller Menschen sind so genannte Tagmenschen, die restlichen 20 Prozent sind Nachtmenschen. Sie sind gut beraten, die natürlichen Leistungsschwankungen zu berücksichtigen. Machen Sie nicht den Fehler, durch das Leistungstief mit Volldampf hindurchzuarbeiten. Sie verbrauchen Energie, die Ihnen im Hoch fehlt, und machen Fehler, die Sie später mit großem Zeitaufwand beseitigen müssen.

Regel Nr. 5: Pufferzeiten einplanen

Nicht zu eng planen

Zeitmanagement bedeutet nicht, einfach Tätigkeiten und Termine aneinander zu reihen. Je mehr und je enger Sie Ihre Arbeiten und Termine planen, umso härter trifft Sie der Zufall. Viele Dinge lassen sich nicht genau auf den Punkt planen, denn es kommt doch häufig etwas dazwischen.

Wenn Sie zum Beispiel für ein Gespräch, das um 10 Uhr beginnt, 30 Minuten geplant haben, dann sollten Sie die nächste wichtige Arbeit nicht auf 10.30 Uhr terminieren. Denn angenommen, Ihr Gespräch dauert aus irgendwelchen Gründen länger, dann verschieben sich alle Folgetermine. Das gilt ebenso für eine zu enge Wochenplanung. Sie sind nicht jeden Tag gleich gut drauf. Ein plötzlicher Krankheitstag wirft die ganze Wochenplanung um.

Dominoeffekt vermeiden

Man spricht in diesem Zusammenhang auch vom *Dominoeffekt*. Sie wissen: Wenn Dominosteinchen eng beieinander stehen, dann wirft eines das andere um. Ähnlich verhält es sich mit einer zu engen Zeitplanung. Um die Kettenreaktion zu verhindern, müssen die Dominosteine (Termine) weit genug voneinander aufgestellt werden.

50:50-Regel

Da Sie immer mit unvorhergesehenen Ereignissen, Zufällen oder unerwarteten Besuchen rechnen müssen, sollten Sie nur einen bestimmten Prozentsatz Ihrer Zeit fest verplanen. Ob Sie 40, 50 oder gar 60 Prozent Ihrer Zeit verplanen, hängt von Ihrer konkreten Tätigkeit, Ihrem Umfeld und Ihren Erfahrungen ab. Viele arbeiten nach der 50:50-Regel, das heißt, sie planen 50 Prozent ihrer Arbeitszeit und lassen 50 Prozent für Unvorhergesehenes offen.

Um auch der Spontaneität Raum zu lassen, können Sie aber auch so planen:

- 4 Stunden fest geplant,
- 2 Stunden Pufferzeit,
- 2 Stunden für spontane Aktivitäten.

Den planbaren Anteil beherrschen

Spontan genutzte und geplante Zeit sollten in ein sorgfältig ausgewogenes Verhältnis gebracht werden. Angenommen, Sie kommen zu der Erkenntnis, nur 20 Prozent Ihrer Zeit planen zu können und 80 Prozent ungeplant lassen zu müssen, so sollten Sie unbedingt versuchen, diese 20 Prozent (entspricht 96 Minuten bei einem achtstündigen Arbeitstag) in den Griff zu bekommen. Denn je weniger Zeit Ihnen bleibt, umso kostbarer wird diese. Wenn Sie ein Geldvermögen von einer Million Euro haben und davon tausend Euro verlieren, dann schmerzt Sie dieses weniger als der Verlust von hundert Euro, wenn Ihre Ersparnisse nur tausend Euro betragen. Ähnlich verhält es sich mit der Zeit.

Tages- und Zukunftsgeschäft

Wie die Relation von fest geplanter Zeit und Pufferzeit aussieht, hängt davon ab, ob Sie Ihr Ziel neben Ihrer beruflichen Tätigkeit verfolgen oder fulltime. Wenn Sie Student sind, müssen Sie die Zeitanteile zwischen Nebenerwerb und Studium sorgfältig planen. Sollten Sie als Manager Ziele verfolgen, müssen Sie entscheiden, wie viel Zeit Sie für das Tagesgeschäft und wie viel für Zukunftsgeschäfte aufwenden wollen. Ich meine, für Letztere sollten Sie mindestens 15 bis 20 Prozent einplanen.

Pufferzeiten

Pufferzeiten sind still eingeplante Reservezeiten. Sollten Sie Ihre wichtigen Vorhaben plangerecht, ohne Zeit raubende Unterbrechungen und Störungen, geschafft haben, können Sie in der Zeit bis zum nächsten, größeren Vorhaben weniger wichtige Arbeiten erledigen. Diese Zeit wird meistens vergeudet, weil viele Menschen meinen, es lohne sich nicht, etwas Neues anzufangen. Sie sind der Meinung, mehr zusammenhängende Zeit zu benötigen, um sich in ein Problem hineinzudenken. Folge: Kleckerzeiten bleiben ungenutzt. „Lege lieber mehr Zeit in die Arbeit, als zu viel Arbeit in die Zeit", so lautet eine Empfehlung des Schweizer Dramatikers Dürrenmatt. Befolgen Sie sie!

Regel Nr. 6: Ungestörte Arbeitsblöcke schaffen

Stop-and-go bei der Arbeit

Warum verbrauchen Sie im Stadtverkehr mehr Treibstoff als auf einer Landstraße? Wegen der vielen Ampeln und Kreuzungen, wegen des häufigen Stop-and-go. Ähnlich geht es Ihnen bei der Arbeit, die Sie oft auch im Stop-and-go-Rhythmus verrichten.

Wenn Sie sich gerade „warm“ gearbeitet haben, werden Sie unterbrochen. Der nächste „Zeitdieb“ lauert bereits, um Sie erneut zu unterbrechen usw.

Unterbrechungen stehlen Zeit

Manche Menschen lassen sich gern unterbrechen, weil es einen ehrt, gefragt zu werden und man Abwechslung bekommt. Andere unterbrechen sich selbst durch fehlende Konzentration oder zielloses Arbeiten. So stehlen wir uns ahnungslos viel Zeit aus Gewohnheit und weil wir nicht nachdenken.

Zwei Gegenmaßnahmen

Wenn Sie häufig unterbrochen werden, dann ergreifen Sie Gegenmaßnahmen. Zwei Wege bieten sich an:
1. Die Abwehr von Unterbrechungen und Störungen.
2. Eine kluge Zeitplanung, um unterbrechungsfreie Arbeitsblöcke zu ermöglichen.

Auf Tuchfühlung bleiben

Bedenken Sie aber, soweit Sie Ihre Aufgaben zusammen mit anderen Menschen erledigen und Ihre Ziele gemeinsam mit diesen verfolgen, dass Teamwork vom Austausch lebt. Büroeremiten passen nicht in die heutige Zeit. Viele erfolgreiche Manager öffnen weit und häufig ihre Tür. Sie führen, indem sie durch den Betrieb gehen *(Management by walking around),* um Tuchfühlung mit der Basis zu halten und Austausch zu bewirken.

Die angeblich externen Zeitdiebe erweisen sich bei genauerem Hinsehen oft als persönlich interne. Die Schuld liegt nicht immer bei anderen, sondern oft bei uns selbst. Viele sind Opfer der schon angesprochenen Schwäche, nicht Nein sagen zu können.

Mutig Nein sagen

Prüfen Sie genau, ob jemand Ihre Hilfe braucht oder Arbeit abschieben will. Wenn Sie immer die Probleme anderer Menschen lösen, entmündigen Sie diese im Laufe der Zeit. Ihre Mitarbeiter und Kollegen werden sich laufend an Sie wenden. Als „Helfer der Menschheit“ ziehen Sie die Arbeit magnetisch an sich. Bedenken Sie: Indem Sie Ja sagen, geben Sie ein Versprechen bzw. gehen Sie eine Verpflichtung ein, der Sie nachkommen müssen. Wenn Sie aber Nein sagen, so ist das für den Moment zwar unangenehm, aber Sie ersparen sich eine Last, die Sie sonst lange mit sich herumtragen würden. Lernen Sie, ablehnen zu können, ohne den Bittsteller zu verletzten. Sagen Sie ehrlich: „Das wird mir zu viel“ oder „Wenn ich das heute auch noch mache, dann muss Projekt XY aber liegen bleiben.“

Störungsfreie Stunden planen

Die Planung störungsfreier Stunden setzt voraus, Ihre Familie, Mitarbeiter und Kollegen und teilweise Ihre Kunden in Ihr Zeitmanagement einzubeziehen. Sie wissen, jede Kette ist so stark wie ihr schwächstes Glied. Das bedeutet, Ihre Zeitplanung können Sie nur dann realisieren, wenn die Menschen Ihres Umfeldes Sie respektieren und bei der eigenen Arbeit berücksichtigen.

Angenommen, Sie wollen überschüssige Pfunde loswerden und Ihr Partner deckt gerade in dieser Zeit den Tisch mit kalorienreichen Speisen, dann müssten Sie sehr willensstark sein, um Ihren Plan einzuhalten. Ähnlich verhält es sich mit dem Zeitmanagement. Ein „Zeitverschwender“ in Ihrer Familie oder Arbeitsgruppe zieht Sie in der Regel auf sein Zeitnutzungsniveau herab. Darum sollte Zeitmanagement zu einem Ziel für die ganze Familie, Arbeitsgruppe, Abteilung oder Organisation werden.

Anderen keine Zeit stehlen

Sie verlangen mit Recht von anderen Menschen, dass diese respektvoll mit Ihrer Zeit umgehen. Gehen auch Sie respektvoll mit der Zeit anderer Menschen um? In Betrieben hört man immer wieder Klagen über zeitkillende Kollegen und Vorgesetzte. Jeder sieht sich als Opfer. Täter wird man vergeblich suchen, obwohl auch sie in großer Zahl wirken. In Wahrheit sind wir Täter und Opfer zugleich.

Die „stille Stunde“

Die wichtigsten Stunden sind die, in denen Sie ungestört nachdenken, lesen oder schöpferisch tätig sein können. Sie sind meistens Zufallsprodukt einer termin- oder routinefreien Stunde. Zukünftig sollten Sie sich mit sich selbst mindestens zweimal pro Woche zu einer „stillen Stunde“ verabreden. Dies wird Ihnen gelingen, indem Sie Unterbrechungen zukünftig klug abwehren und Ihr Umfeld in die Zeit- und Arbeitsplanung einbeziehen.

Regel Nr. 7: Mit dem Wichtigsten morgens sofort beginnen

Viele Menschen beginnen den Tag ungeplant. Diese Menschen „werden gearbeitet", das heißt, sie reagieren ständig auf andere, ohne selber zu agieren. Sie schwimmen mit dem Strom, ohne ihn zu überqueren.

Andere Zeitgenossen treiben zu Arbeitsbeginn oft ein langes „Schattenboxen", indem sie wahllos Vorgänge kurz bearbeiten, sie dann wieder beiseite legen, bis endlich nach 20 bis 30 Minuten die „richtige" Arbeit gefunden wurde.

Unbewusste Auswahlprinzipien

Die Auswahl erfolgt unterbewusst nach diesem Prinzip:
1. Was gefällt vor dem, was nicht gefällt.
2. Was schnell geht vor dem, was lange dauert.
3. Was bekannt ist vor dem, was neu ist.
4. Dringendes vor Wichtigem.

Mit kleinen, rasch zu erledigenden Arbeiten versuchen diese Menschen jeden Morgen aufs Neue, in den Arbeitsrhythmus zu kommen. Besonders in Zeiten, in denen sie stark beansprucht werden, greifen viele Mitarbeiter zu unwichtigen oder gar zielwidrigen Arbeiten. Sie verschaffen sich damit das Gefühl, etwas geleistet zu haben, und können sich selber Ergebnisse vorweisen.

Doch der eigentliche Erfolg bleibt aus. Wenn Sie eine Arbeit schieben und schieben und erst am Nachmittag die Anfangswiderstände überwunden haben, entsteht überdies Druck und Stress zum Feierabend hin.

Nicht nur Kleinkram erledigen

Achten Sie darauf, dass Sie Ihr Tagwerk nicht mit banalen Nebensächlichkeiten verbringen. Viele Menschen wollen schnell noch dieses oder jenes vorher erledigen, um sich dann der Hauptsache zu widmen. Das ist gefährlich, denn man verfängt sich leicht in den engen Maschen des Kleinkrams.

Das Aufschieben wichtiger Aufgaben hat oft auch psychische Ursachen. Das labile Selbstbewusstsein soll durch den Aufschub geschützt werden. Aufschieber haben einen hohen Anspruch an sich selbst und bezweifeln, ihm gerecht werden zu können.

Darum werden Arbeiten so lange aufgeschoben, bis der Abgabetermin so nahe herangerückt ist, dass die Aufgaben in letzter Minute unter Druck erledigt werden. Die Leistungen der Aufschieber sind zu keinem Zeitpunkt ein reales Abbild ihrer Fähigkeiten, denn sie spiegeln nur das wider, was unter Zeitdruck zustande gebracht wurde.

„Schweizer-Käse-Technik"

Widmen Sie sich sofort der Hauptsache, auch wenn Sie meinen, nicht genügend Zeit vor sich zu haben. Konzentrieren Sie Ihre ganze Energie wie einen Laserstrahl darauf. Nutzen Sie die „Schweizer-Käse-Technik": Durchlöchern Sie den Berg, jeden Tag immer wieder neu. Bedenken Sie: Der wahre Sinn, seine Zeit zu beherrschen, besteht darin, ihre Qualität zu optimieren.

Eine wichtige Aufgabe pro Tag

Entgehen Sie der menschlichen Trägheit, indem Sie sich für jede Woche und jeden Arbeitstag eine wichtige Sache bzw. eine Zielaufgabe vornehmen und erledigen. Kennzeichnen Sie diese Aufgabe auffällig in Ihrem Wochen- und Tagesplan. Ist der Anfangswiderstand überwunden, dann geht Ihnen die Arbeit leicht von der Hand.

Keine Ablenkung

Befreien Sie Ihren Schreibtisch von Ablenkung. Thomas Mann etwa verfasste auf seinem aufgeräumten Schreibtisch täglich von 9 bis 12 Uhr eine bis zwei Seiten, selbst auf Reisen. Das Resultat: umfangreiche Romane von höchstem Rang.

Regel Nr. 8: Persönliche Tages- und Wochenschau halten

Wie viele Tage leben Sie schon? Bitte rechnen Sie das mal aus.

> Ich lebe seit … Tagen.

Erinnern Sie sich an den Kernsatz dieses Kapitels? Er lautet:

Heute ist der erste Tag vom Rest Ihres Lebens.

Jeden Tag bewerten

Jeder Tag, den Sie leben, ist einmalig, aber auch ein Schritt in Richtung Tod. Jeder Tag ist es daher wert, ihn abends zu bewerten.

Früher gingen die Menschen bewusster mit der Zeit um: Sie schrieben Tagebücher und verarbeiteten so ihre Eindrücke. Unsere Historiker wären arm dran ohne die Zeugnisse des Zeitgeschehens.

Regelmäßig Bilanz ziehen

Nehmen Sie sich täglich einige Minuten Zeit, um den Tag oder die Woche zu bilanzieren. Wenn es eine Erfolgsbilanz ist, freuen Sie sich. Sollten Sie Defizite feststellen, dann denken Sie über die Ursachen und Lösungsmöglichkeiten nach.

Persönliche Tagesschau halten

Es hängt in der Regel von Ihnen ab, wie Sie den Tag oder die Woche abschließen. Versuchen Sie, ihn/sie stets so abzuschließen, dass Sie die nächste Woche oder den nächsten Tag positiv gestimmt beginnen. Mit Ihrer persönlichen Tagesschau sollen Sie den nächsten Tag planen, und zwar so, dass Sie morgens sofort mit dem Wichtigsten beginnen können.

Wenden Sie ab heute Abend die „5-G-Tagesbilanz-Technik“ an.

Die Fragen der 5-G-Tagesbilanz-Technik

1. Was habe ich heute / diese Woche für meine *Gesundheit* getan?
2. Was habe ich heute / diese Woche für meinen *Geist* getan?
3. Was habe ich heute / diese Woche für mein *Gefühlsleben* getan?
4. Wie habe ich mich heute / diese Woche gegenüber anderen *Gruppen* (Menschen) verhalten?
5. Was habe ich heute / diese Woche für meine *Grundsätze* (Ziele) getan?

Konsequenzen ziehen

Da die meisten Menschen von der Wichtigkeit ihres Tuns überzeugt sind, unterlassen sie es meistens, sich dessen bewusst zu werden, was sie getan haben. Anders ausgedrückt: Es fehlt ihnen der Abstand zu sich selbst. Um diesen Abstand herzustellen, sollten Sie abends kurz darüber nachdenken, was Ihnen der Tag gebracht hat und welche Konsequenzen daraus für die Zukunft folgen.

Literatur

Stephen R. Covey, A. R. Merrill und Rebecca R. Merrill: *Der Weg zum Wesentlichen.* Frankfurt/Main: Campus 2003.

Jörg Knoblauch und Holger Wöltje: *Zeitmanagement – Perfekt organisieren mit Zeitplaner und Handheld.* Mit CD-ROM. Freiburg: Haufe 2003.

Lothar J. Seiwert, Horst Müller und Anette Labaek-Noeller: *Zeitmanagement für Chaoten.* Offenbach: GABAL 2000.

Lothar J. Seiwert: *Wenn Du es eilig hast, gehe langsam.* Frankfurt/Main: Campus 2003.

Lothar J. Seiwert: *Das neue 1x1 des Zeitmanagement.* München: Gräfe und Unzer 2002.

8. Entscheidungs-technik

Entscheidungen treffen muss jeder – mögen sie klein oder groß sein. Viele haben damit Schwierigkeiten. Die Unentschlossenheit ist vielen Menschen zum Problem geworden. Sie zögern Entscheidungen hinaus, weil sie unsicher sind. Unentschlossenheit ist einer der größten Zeitkiller.

Unentschlossenheit ist ein Zeitkiller

Solche Situationen sollten Sie gar nicht erst aufkommen lassen. Im Zweifelsfalle gilt der Grundsatz: „Eine Entscheidung ist besser als keine." Wenn Sie dazu noch einige Techniken der Entscheidungsfindung beherrschen, minimieren Sie das Risiko von Fehlentscheidungen erheblich.

Entscheidungen treffen bedeutet, Probleme nach sorgfältiger Abwägung aller Aspekte zu lösen. Entschlüsse aus dem Handgelenk oder nach Fingerspitzengefühl sind risikobehaftet.

Einzeln oder gemeinsam

Die Entscheidungsfindung kann in Gruppen oder durch Einzelpersonen – Entscheider genannt – erfolgen. Gruppen bieten die Möglichkeit, den Leistungsvorteil von Teamwork zu nutzen (Gruppensynergie). Außerdem können Entscheidungen mit Hilfe von Systematiken getroffen werden. Diese machen Entscheidungen transparent, begründbar und nachvollziehbar. Sie verdeutlichen, warum gerade diese Entscheidung getroffen wurde.

Den Weg nachvollziehbar machen

Die Entscheidungsanalyse ist eine Methode zur Durchführung von nachvollziehbaren und überprüfbaren Entscheidungen. Ihr Schwerpunkt liegt auf der systematischen Zusammenstellung und Aufbereitung von Informationen, welche für die Entscheidung nötig sind. Dazu sollten Formblätter genutzt werden, in welche die Informationen eingetragen werden. Dadurch wird der Weg der Entscheidung sichtbar gemacht und dokumentiert.

Die „richtige" Entscheidung gibt es nicht. Jede Entscheidung ist immer subjektiv durch den oder die Entscheider geprägt. Sie ist das Ergebnis einer Situation und der zu diesem Zeitpunkt vorliegenden Informationen.

Matrixvergleiche

Umfangreichere Projekte können mit Hilfe von Matrixvergleichen beurteilt werden. Die Entscheidung erfolgt dann nach eingehender Überprüfung und Bewertung aller für die Entscheidung relevanten und bekannten Informationen.

Diesen Prozess wollen wir an einem Beispiel illustrieren. Dabei handelt es sich um die so genannte Nutzwertanalyse bzw. Multifaktorentechnik.

8.1 Nutzwertanalyse

Sieben Phasen

Das Entscheiden im arbeitstechnischen Sinne ist mehr als nur der Entschlussmoment. Es ist ein mehrstufiger Prozess, der sieben Phasen durchläuft:

1. Problem definieren und Ziel setzen
2. Entscheidungskriterien festlegen
3. Informationen über Angebots- bzw. Entscheidungsalternativen sammeln
4. Entscheidungskriterien gewichten
5. Möglichkeiten bewerten
6. Risiken abschätzen
7. Entschluss fassen

Im Folgenden werden die einzelnen Phasen beschrieben.

Phase 1: Problem definieren und Ziel setzen

Ein Beispiel

Angenommen, Ihr Kopierer schafft die gewünschte Kopiergeschwindigkeit nicht. Ihre Problemdefinition lautet: Wie bekommen wir mehr Kopierkapazität pro Minute?

Das Erkennen des Problems ist oft schwieriger als seine Lösung. Wird ein Problem nicht in seinem Kern erkannt, sondern nur in seinen Auswirkungen, dann richtet sich das Ziel auf die Veränderung der Auswirkungen und nicht auf die der Ursachen. Ein klar erkanntes Problem enthält meist schon Ansätze zur Lösung.

Kriterien bestimmen

Um möglichst objektive Entscheidungen treffen zu können, müssen Sie Auswahlkriterien formulieren, die unabhängig von möglichen konkreten Angebotsalternativen sind. Diese Auswahlkriterien ergeben sich aus den angestrebten Leistungsparametern bzw. Ergebnissen, die gefordert oder gewünscht werden.

Zielsetzungen für Ihre Problemlösung können Sie stufenweise ermitteln. Zunächst können Sie Grobziele (= Hauptziele), dann Teilziele und zum Schluss Feinziele aufstellen.

Nützliche Fragen

Um die Auswahlkriterien zu ermitteln, fragen Sie:

- Was will ich wo, wann und in welchem Ausmaß *erreichen?*
- Was will ich wo, wann und in welchem Ausmaß *vermeiden?*
- Welche *Mittel* habe ich wo, wann und in welchem Ausmaß?

Diese Fragen ermöglichen es Ihnen, die Zielsetzung beziehungsweise Ihre Auswahlkriterien klar und deutlich zu definieren.

→ Ergänzende und vertiefende Informationen zum Thema Zielmanagement finden Sie im Kapitel A 6 dieses Buches.

Phase 2: Entscheidungskriterien festlegen

Sie legen nun fest, welche Anforderungen das Gerät erfüllen soll – und zwar zunächst ohne skalierende Gewichtung.

Die Anforderungen an das Gerät

1. Höchstpreis 5.000 Euro
2. Zoomfaktor 200 %
3. Maximalgewicht 20 kg
4. Sofort lieferbar
5. Kopierleistung 30 Kopien pro Minute
6. Stromverbrauch max. 1,5 kW
7. Nachrüstbare Sortiereinheit bis zu 20 Kopien
8. Fünf Jahre Garantiezeit
9. DIN-A3-Kopiermöglichkeit

Die Entscheidungskriterien müssen später mittels einer Skala von Ihnen gewichtet werden. Vorab benötigen Sie Informationen über die möglichen Angebotsalternativen.

Phase 3: Informationen über Angebots- bzw. Entscheidungsalternativen sammeln

Spielraum ausweiten

Jede Entscheidung ist eine Wahl aus einer oder mehreren Alternativen. Gibt es keine Alternativen, dann ist auch keine Entscheidung möglich. Die Phase der lnformationsbeschaffung dient der Ermittlung von Alternativen. Zahlreiche Alternativen ermöglichen Ihnen, viele Aspekte eines Problems zu erkennen, ohne den Entscheidungsspielraum von vornherein einzuengen. So verhindern Sie, dass Sie nur Beweise für Ihre schon vorgefasste Meinung suchen.

Auf unser Beispiel bezogen können wir davon ausgehen, dass es mehrere Kopiergeräte gibt, die Ihren Anforderungen entsprechen. Um dies in Erfahrung zu bringen, sammeln Sie Prospekte, unterhalten sich mit Kollegen, die ähnliche Probleme hatten, empfangen Vertreter, um nur einige Möglichkeiten zu nennen.

Informationen minimieren das Risiko

Bedenken Sie: Entscheidungen sind von der Qualität der verfügbaren Informationen abhängig. Risiko und Informationsstand sind im Entscheidungsprozess zwei gegenläufige Kräfte: Je vollständiger die Information ist, umso geringer ist das Risiko.

Haben Sie verschiedene Kopierer zur Auswahl, so müssen Sie diese noch im Hinblick auf die Erfüllung der Anforderungen prüfen. Ein Gerät kann nur dann als mögliche Alternative gelten, wenn es alle Muss-Kriterien erfüllt.

Phase 4: Entscheidungskriterien gewichten

Wichtigkeit berücksichtigen

Die Entscheidungskriterien haben nicht alle die gleiche Wichtigkeit beziehungsweise den gleichen Wert für die zu treffende Entscheidung. Daher werden sie auf einer Skala von 1 bis 10 gewichtet. Die 1 entspricht hierbei einem geringen Wert, 10 steht für die größte Wichtigkeit. Die gleiche Gewichtungsziffer kann auch mehrmals vergeben werden.

Präferenzmatrix

Um eine möglichst objektive Gewichtung zu erreichen und das Gewichtungsverfahren in einer Gruppe zu vereinfachen, empfiehlt sich die Verwendung einer so genannten Präferenzmatrix. Dazu werden die Wunschziele untereinander aufgelistet (siehe Kasten).

In unserem Beispiel sollen die Kriterien Kopiergeschwindigkeit und Stromverbrauch höchste Priorität genießen. Beide Aspekte erhalten daher jeweils 10 Punkte. Der Preis ist das nächstwichtige Kriterium und erhält 9 Punkte. Der Zoomfaktor folgt danach mit 8, das Gerätegewicht mit 7 Punkten und die DIN-A3-Kopiermöglichkeit mit 6. Die Lieferzeit wird mit 5 Punkten gewichtet, die Garantiezeit mit 3 und die Sortiereinheit mit 2.

Wie Sie sehen, können Sie durch die Vergabe der Gewichtungsziffern ausdrücken, wie wichtig Ihnen die Kriterien im Vergleich sind.

Die gewichteten Anforderungen

Kriterium	Gewichtung
1. Kopierleistung mind. 30 pro Min.	10
2. Stromverbrauch max. 1,5 kW	10
3. Preis höchstens 5.000 Euro	9
4. Vergrößern (Zoomfaktor) 200 %	8
5. Gewicht max. 20 kg	7
6. DIN-A3-Kopiermöglichkeit	6
7. Lieferzeit sofort	5
8. Fünf Jahre Garantiezeit	3
9. Nachrüstbare Sortiereinheit	2

Phase 5: Möglichkeiten bewerten

Angebote auf Eignung prüfen

Nun untersuchen Sie die vorliegenden Angebote auf ihre Eignung für Ihre Zwecke. Sie prüfen, welches Angebot Ihren Zielsetzungen am ehesten entspricht und welche Alternativen weniger geeignet sind. Auch hier wird eine Bewertungsziffer von 1 bis 10 vergeben, je nachdem wie gut ein Kopierer Ihre Anforderungen erfüllt.

Die Summen ermitteln

Diese Bewertungsziffer multiplizieren Sie mit den für die Zielsetzung festgelegten Gewichtszahlen. Die Summen werden dann pro Alternative addiert. Die Alternative mit der höchsten Punktzahl ist die vorläufige Entscheidung (siehe Kasten). Man spricht hier noch von einer vorläufigen Entscheidung, da noch das Risiko der Alternativen abgeschätzt werden muss.

Die beste Alternative ermitteln

G = Gewicht
A, B, C = Alternativen

Anforderungen	**Kriterien**	**G**	**A**	**Pkt.**	**B**	**Pkt.**	**C**	**Pkt.**
Preis	<5.000 Euro	*9*	8	72	10	90	7	63
Zoomfaktor	200 %	*8*	9	72	9	72	7	56
Gewicht	max. 20 kg	*7*	10	70	8	56	9	63
Lieferzeit	Sofort	*5*	4	20	7	35	10	50
Kopierleistung	30 pro Minute	*10*	8	80	9	90	10	100
Sortiereinheit	Bis 15 Blatt	*2*	10	20	10	20	10	20
Stromverbrauch	max. 1,5 kW	*10*	6	60	10	100	4	40
Garantiezeit	Fünf Jahre	*3*	2	5	10	30	5	15
Kopiergrößen	A4 und A3	*6*	0	0	10	60	10	60
	Gesamt			*399*		*553*		*467*

Phase 6: Risiken abschätzen

Destruktiv fragen

In jeder Alternative stecken Risiken. Darum sind alle vorliegenden Angebotsalternativen durch destruktives Fragen zu prüfen, wie beispielsweise:

- Wie fundiert ist die vorliegende Information?
- Ist der Informationsgeber vertrauenswürdig?
- Wo können durch die Entscheidung Beeinträchtigungen entstehen?
- Liegt im Neuen und Ungewöhnlichen ein Risiko?
- Was kann sich durch äußere Einflüsse ändern?
- Wo werden Wachstum und Entwicklung gehemmt?
- Welche äußeren Einflüsse werden sich ändern?

Risikoskala

Natürlich könnten Sie die Wahrscheinlichkeiten dieser Risiken mittels einer weiteren Bewertungsskala abschätzen. Für die einzelnen Ziffern werden wieder Punkte von 1 bis 10 vergeben. Bei dieser Bewertung bedeutet die 10, dass das Risiko mit an

Sicherheit grenzender Wahrscheinlichkeit auftreten wird. Die 1 hingegen bedeutet, dass es sehr unwahrscheinlich ist, dass dieses Risiko auftreten wird.

→ Ergänzende und vertiefende Informationen zu diesem Thema finden Sie im Kapitel „Fehler-Möglichkeiten-und-Einfluss-Analyse“ im dritten Band dieser Buchreihe.

Risikobereitschaft gegen Sicherheitsdenken

Die Summe der Risiken gibt nur einen subjektiven Anhaltspunkt, inwieweit die vorläufige Entscheidung gefährdet ist. Es hängt jetzt von der Risikobereitschaft und dem Sicherheitsdenken der Gruppe oder des Entscheiders ab, welche Alternative den Zuschlag erhält.

Phase 7: Entschluss fassen

Die optimale Entscheidung ist die Wahl für die Alternative mit der höchsten Punktzahl.

Wie Sie sehen, wurde das Gerät B mit 553 Punkten am höchsten bewertet. Mit dieser relativen Gütezahl wurde diesem Modell der höchste Nutzwert zugesprochen. Daraus ergibt sich die Kaufentscheidung.

8.2 Plus-Minus-Konto

Schneller Überblick

Nicht alle Probleme sind so komplex, dass sie mittels Nutzwertanalyse entschieden werden müssen. Kleine Entscheidungen lassen sich schnell mit einem Plus-Minus-Konto fällen. Dieses Instrument gibt einen schnellen Überblick über Vor- und Nachteile der Entscheidungsalternativen. Ist die Liste der Vorteile länger als die der Nachteile, ist die Entscheidung positiv zu fällen, und umgekehrt.

Für Gruppen geeignet

Diese Technik erleichtert den Prozess der Entscheidungsfindung in Gruppensituationen. Wenn nur sehr wenige Lösungsvorschläge zur Diskussion stehen, kann es mitunter passieren, dass sich eine Gruppe in zwei oder mehrere Lager spaltet, von denen je eine Idee begeistert vertreten wird. Derartige Polarisierungen schaukeln sich häufig aufgrund gruppendynamischer Prozesse so hoch, dass der Blick für Realitäten verloren geht. Hier ermöglicht es das Plus-Minus-Konto, die bestehenden Widersprüche und Kontroversen kreativ zu nutzen.

Vorlage für ein Plus-Minus-Konto

Plus-Minus-Konto

Pro *(Vorteile, Nutzen, positiv)*	**Kontra** *(Nachteile, Kosten, negativ)*

Die Entscheidung für oder gegen einen Vorschlag fällt am Ende aufgrund der Zahl der Argumente und nicht aufgrund der Häufigkeit, mit der sie genannt wurden.

8.3 Paarvergleichstechnik

Reihenfolge schaffen

Die Paarvergleichstechnik ist eine weitere Möglichkeit, bei einfachen Sachverhalten zu einer schnellen Entscheidung zu kommen. Diese Technik sollten Sie einsetzen, wenn mehrere Vorschläge zur Diskussion stehen, die in eine Reihenfolge gemäß ihrer Wichtigkeit, Nützlichkeit, Qualität oder Dringlichkeit gebracht werden sollen.

Zunächst bekommt jeder Vorschlag eine Nummer:
- Vorschlag Nr. 1
- Vorschlag Nr. 2
- Vorschlag Nr. 3
- Vorschlag Nr. 4
- Vorschlag Nr. 5

Nun wird jeder Vorschlag mit jedem anderen verglichen, indem so viele Paare wie möglich gebildet werden:

Paarvergleichsschema

1 1 1 1 2 3 4 5	2 2 2 3 4 5	3 3 4 5	4 5

In diesem Beispiel konnten zehn Paare gebildet werden. Nun ist bei jedem Paar zu entscheiden, welchen der beiden Vorschläge man wählt. Dann wird die Gesamtzahl der Stimmen für jeden Vorschlag ausgezählt und in ein Auswertungsraster eingetragen.

Ablauf visualisieren

Der Moderator visualisiert diesen Ablauf am Flipchart. Die Bewertung kann bei großen Gruppen auch durch eine Punkteabfrage vorgenommen werden. Meist benötigt man kein spezielles Auswertungsraster, sondern es genügt, wenn der Moderator bei jedem Paar die gewählte Alternative mit dem Stift einkreist.

Das Ergebnis könnte so aussehen:

Ergebnis des Paarvergleichs

①1①① 2③4 5	②②2 3 4⑤	3③ ④5	④ 5

Das Ergebnis lässt sich am besten in Form einer Tabelle auswerten:

Vorschlag	**Stimmen**	**Platz**
1	3	1
2	2	2
3	2	2
4	2	2
5	1	5

Sollten zwei Vorschläge gleich viele Wertungspunkte erhalten haben, so ist es nicht notwendig, eine Stichwahl zwischen beiden durchzuführen. Es genügt, sich den direkten Vergleich der beiden im Paarungsschema anzuschauen. Der Vorschlag, der dort gewählt wurde, liegt vorne.

Literatur

Emil Brauchlin und Robert Heene: *Problemlösungsmethodik und Entscheidungsmethodik.* Stuttgart: Haupt (UTB Uni-Taschenbücher) 1995.

Michael Dembski und Susanne Scale: *Entscheidungstechniken, die weiterhelfen.* Renningen: Expert-Verlag 2004.

Matthias Nöllke: *Entscheidungen treffen.* Freiburg: Haufe 2004.

Jane Smith *30 Minuten für die richtige Entscheidung.* Offenbach: GABAL 1998.

9. Intuition als Arbeitstechnik und Entscheidungshilfe

Der rettende „Geistesblitz"

Können Sie sich noch an einen Fall gedanklicher Schwerarbeit erinnern? Tagelang, wochenlang suchten Sie nach der Lösung eines Problems, dann plötzlich kam der „Geistesblitz", als Ihr bewusster Verstand mit etwas ganz anderem beschäftigt war. Was ist hier geschehen?

Offensichtlich hat hier Ihr Unterbewusstsein am Problem mitgearbeitet und bietet nun das Ergebnis an. Das Unterbewusste ist Ihre unauffälligste und bescheidenste, aber fähigste Hilfskraft. Es arbeitet selbstständig und unabhängig von unserem Wachbewusstsein. Diesen Vorgang bezeichnen wir auch als „intuitives Denken".

Kein „göttlicher Funke"

Intuitive Ideen fallen Ihnen keinesfalls mühelos als eine Art „göttlicher Funke" zu. Die „rettende Idee" kommt nicht aus dem Nichts. Sie ist in der Regel Resultat eines vorausgegangenen Denkprozesses und äußert sich in einer sprunghaften, relativ plötzlichen Einsicht, Erkenntnis, Entdeckung oder Erfindung.

9.1 Vom Nutzen der Intuition

Das Unterbewusstsein nutzen

Viele große Forscher haben die Wechselbeziehung zwischen Bewusstem und Unbewusstem gekannt und genutzt. Der große Mathematiker Friedrich Gauß zum Beispiel bemühte sich vergeblich mit der Konstruktion regelmäßiger Vielecke. Eines Morgens beim Aufwachen fiel ihm plötzlich die richtige Lösung ein.

Bekannt sind auch die Träume des deutschen Chemikers Friedrich August Kekulé und des russischen Physikers Dimitrij

Beispiele aus der Chemie

Mendelejew, in denen Intuition und Logik kreativ vereinigt wurden. Kekulé hat lange über die molekulare Anordnung der sechs Wasserstoff- und Kohlenstoffatome des Benzols nachgedacht. In einem seiner Träume hat sich eine Schlange selbst in den Schwanz gebissen. Das führte zu der wichtigen Entdeckung des Benzolrings, die der organischen Chemie entscheidende Impulse gab. *(Anmerkung: Von dieser Geschichte gibt es diverse Variationen. Die originäre ist nicht mehr feststellbar.)*

Sich innerlich nicht verzetteln

Versuchen auch Sie, Ihr Bewusstes und Unbewusstes in eine arbeitsteilige Wechselbeziehung zu bringen. Das gelingt umso besser, je mehr Sie sich von belastenden Gefühlsproblemen freimachen. Bedenken Sie auch, dass intuitive Eingebungen nicht vom Himmel fallen, sondern sich erst nach langwierigem Suchen und Denken einfinden. Wenn Sie sich arbeits- und gefühlsmäßig verzetteln, erhält Ihr Unterbewusstsein keine klaren und erfüllbaren Arbeitsaufträge. Gelingt es Ihnen aber, Bewusstsein und Unterbewusstsein produktiv zu verbinden, verfügen Sie über ein starkes Doppelgespann.

Ohne Bauchgefühl geht es nicht

Um nur halbwegs über ihr Unternehmen informiert zu sein, müssten Manager 24 Stunden am Tag lesen, sagt Siemens-Chef Heinrich von Pierer. Der Aufsichtsratsvorsitzende der Deutschen Bank AG, Hilmar Kopper, klagt: „Ich ersticke hier in Komplexität." Um alle Risiken eines eventuellen Kredits ins Visier zu bekommen, müsste er einige Meter Akten einige Wochen lang durchlesen. In dieser Situation muss er sich auf sein Bauchgefühl verlassen, auf jene Mischung aus Intuition und Erfahrung.

Entscheidung mit Risiko

Dieses Denken aus dem Bauch heraus wird angesichts der Informationsflut immer wichtiger. Das haben auch amerikanische Venture-Capital-Geber erkannt, die nach einer sorgfältigen Risikoabwägung zusätzlich ihre „Bauchorgane" konsultieren und dann Risikokapital in neue Geschäftsideen investieren. Während deutsche „Bankbeamte" auf der Grundlage von Zahlen und Sicherheiten ihre Kreditentscheidungen treffen und sich mit zehn Prozent zufrieden geben, verlassen sich die risikobereiten Kapitalinvestoren auf ihre Nase, Erfahrung und

Menschenkenntnis, um 25 und mehr Prozent Gewinn einzustreichen. Außerdem kann man auf Finanzmärkten, die 24 Stunden rund um den Globus geöffnet sind, nicht 48 Stunden lang analysieren.

Fakten allein garantieren nicht den Erfolg

Ein Politiker, ein Manager und auch jeder andere Entscheider, der sich bei seinen Abwägungen nur auf Zahlen, Statistiken und wissenschaftliche Prognosen stützt, reduziert damit zwar das Risiko einer Fehlentscheidung, hat aber keinen Freifahrschein in Richtung Erfolg. Wenn alle Zahlen geprüft und alle Experten gehört wurden, dann bedarf es noch einer letzten Prüfinstanz: der Intuition.

Wer die „innere Stimme" unterdrückt, halbiert damit auch seine Fähigkeiten und Möglichkeiten der Problemerkennung und -lösung.

Intuition ist der wissenschaftlich korrekte Ausdruck für das, was man umgangssprachlich das „Händchen" oder den „Riecher" nennt. Wer das richtige „Gespür" hat, macht in einer kritischen Situation das Richtige – auch ohne genau zu wissen, warum es richtig war. Nicht der Kopf, sondern der „Bauch" hat entschieden.

Das Beispiel McDonald's

So erging es einem gewissen Ray Kroe im Jahre 1960. Gegen den Rat kluger Leute kaufte er für 2,6 Millionen Dollar eine marode Imbissfirma mit dem ziemlich verrückten Namen *McDonald's*. „Ich spürte in meinem Musikantenknochen, dass das eine ganz sichere Sache war", sagte er später in einem Interview (Stern, 10/95, S.36). Natürlich muss man eine gewisse Unschärfe akzeptieren, gegebenenfalls können sich auch Fehler einschleichen.

Als eine Art innere Stimme ist die Intuition so etwas wie eine Spezialbegabung, die wenigen Menschen vorbehalten ist. Als sechster Sinn kommt sie immer dann ins Spiel, wenn Logik und Analyse nicht weiterhelfen, wenn Situationen so komplex sind, dass sie das Gehirn nicht mehr detailliert erfassen kann. Eine immer komplexer werdende Welt zwingt uns, unsere Intuitionsgene zu aktivieren. Der „Riecher" tritt an die Stelle des Denkens. André Kostolany lebt gut mit seinem Näschen für steigende und fallende Kurse. Er meint:

Beispiel Börse

„Die Börse ist nicht gemacht für Betriebs- und Volkswirte. Die sollen lieber bei ihren Leisten bleiben. (…) Wer mit Computern an der Börse operieren will, der ist zur totalen Pleite verurteilt" (Stern, 10/95, S. 36).

Beispiel Sport

Auch im Sport trifft man auf Intuitive. Gerd Müller und Franz Beckenbauer hatten zum Beispiel das richtige Gespür für den Ball. Beckenbauer konnte sich in Sekundenbruchteilen mehrere denkbare Spielzüge vorstellen, während Müller ahnte, woher der Ball kommen würde, um seine berühmten „Abstaubertore" schießen zu können.

Gefühlsintelligenz

In Form der Inspiration liefert die Intuition spontane Ideen, die nicht den Dienst- bzw. Instanzenweg der Vernunft durchliefen. Über die Ursachen ist viel nachgedacht worden. Besonders Esoteriker geben quacksalbernde Erklärungen ab, um das Übernatürliche bzw. Außersinnliche beweisen zu können. Wissenschaftler sprechen eher von einer Art Radarsystem, das uns unbewusst lenkt. Jemand mit guten intuitiven Fähigkeiten weiß oder empfindet etwas direkt und unmittelbar, ohne bewusste Verstandestätigkeit. Darum könnte man bei der Intuition auch von einer gewissen Gefühlsintelligenz sprechen.

Der Intuition Raum geben

Wenn Sie, lieber Leser, von Details überfordert sind, dann geben Sie den Staffelstab an die Intuition weiter, indem Sie sich für neue und andere Erfahrungen öffnen. Sie erweitern Ihre intuitiven Fähigkeiten vor allem, indem Sie sich Ihr Unbewusstes bewusst machen und das Bewusste wiederum zur Schatzkammer Ihres Unterbewusstseins wird.

Ohne die Intuition kommt selten etwas Großes zustande. Aber ohne Mühsal gibt es auch keine Intuition. Das eine bedingt das andere.

Zwölf Hinweise auf Ihre intuitiven Fähigkeiten
(nach Prof. Daniel Cappon, York University Toronto)

1. Sie können etwas erkennen, ohne es deutlich gesehen zu haben.
2. Sie können ein Drei-Minuten-Ei kochen, ohne auf die Uhr zu schauen.
3. Es gelingt Ihnen, den Wald zu sehen, nicht nur lauter Bäume.
4. Wenn Sie die Wolken betrachten, entdecken Sie darin konkrete Formen.
5. In kurzer Zeit können Sie ein Gesamtbild erfassen und sich auch an Einzelheiten erinnern.
6. Das Entwickeln spontaner Ideen gehört zu Ihren Stärken.
7. Sie können erahnen, was als Nächstes passiert.
8. Bei Entscheidungen haben Sie einen guten „Riecher".
9. Sie erkennen den richtigen Moment, um zuzuschlagen.
10. Sie haben detektivischen Spürsinn und wissen, welche Puzzlesteine zusammenpassen.
11. Obwohl Sie etwas nie vorher gesehen haben, erkennen Sie, was es ist.
12. Es fällt Ihnen nicht schwer, die Bedeutung von Symbolen zu verstehen.

9.2 Entscheiden Sie eher intuitiv oder auf logischer Grundlage?

Ohne Wissen und Erfahrung geht es nicht

Die Intuition kann rationales Denken, logisches Prüfen und Abwägen nicht ersetzen. Das würde bedeuten, dass Sie sich dem Blindflug der Gefühle aussetzen. Wenn Sie sich nur auf Ihre Gefühle berufen, können Sie außerdem schnell zum Opfer Ihrer Denkfaulheit werden. Die gute Nase allein nützt Ihnen ohne fundiertes Wissen und Erfahrungen nichts.

360-Grad-Denken

Im Gegenteil, Intuition sollte sich dem rationalen Denken anschließen und es kreativ ergänzen, damit man so zu einer Art *360-Grad-Denken* kommt. Intuition bezieht mehr Informationen in die Wahrnehmung ein, auch Nebensächliches und Abwegiges, das gegebenenfalls originelle Gedankenverknüpfungen ermöglicht.

Harte und weiche Fakten berücksichtigen

Nachdem die Managementforschung die größere Wirkung der „soft facts" gegenüber den „hard facts" für den Unternehmenserfolg festgestellt hat, mehren sich jetzt auch Stimmen, die das „Bauchmanagement" als persönliches Karriererezept empfehlen. Zumindest sollten Sie harte wie weiche Fakten bei Managemententscheidungen gleichermaßen berücksichtigen. Was aber die weichen „facts" angeht, so geben Führungskräfte nur ungern zu, dass sie sich eher auf ihre Intuition verlassen als auf Computerberechnungen und -simulationen. Seinem Gespür nachzugehen gilt in unserer Kultur noch immer als intellektuelle Schwäche bzw. als Rückfall in vorwissenschaftliche Zeiten.

Fifty-fifty-Entscheidungen

Da sich Führungskräfte stets um eine rationale Begründung ihrer Entscheidungen bemühen, streben sie nach Sicherheit in Form von Informationen. Aber oft gibt es genügend Informationen und Argumente, die für ein Projekt sprechen – und genauso viele dagegen. Für Schwarz-Weiß-Analysen gibt es dann keinen Raum mehr. Statt „richtig oder falsch" gilt in diesen Fällen: „besser oder schlechter". Die Zahl der Fifty-fifty-Entscheidungen wird immer mehr zunehmen.

Intuition ist Erkenntnis

Voll ausgebildete Intuition ist eine Form der Erkenntnis. Je offener Sie für Ihre Gefühle sind, umso sicherer und geübter werden Sie, um Personen und Situationen gefühlsmäßig zu erfassen. Die Intuition kann Sie vor allem vor jenen Typen schützen, die zwar sprachgewandt, aber ansonsten völlig inkompetent sind. „Die Chemie stimmt nicht" ist die umgangssprachliche Umschreibung für das Gefühlsradar.

Ziel des folgenden Tests ist es, den gegenwärtigen Grad Ihrer intuitiven Fähigkeiten zu ermitteln. Das Ergebnis zeigt auf, ob Sie tendenziell eher intuitiv oder rational an die Dinge herangehen.

Intuitionstest

(nach Weston H. Agor, NEP Enterprises Consulting, Texas)

1. Kommen Sie im Allgemeinen besser zurecht
   a) mit fantasievollen Menschen?
   b) mit Menschen, die die Dinge realistisch sehen?

2. Wenn Sie alltägliche Dinge erledigen, liegt es Ihnen eher,
   a) es auf die Art und Weise zu machen, die allgemein akzeptiert ist, bzw. es so zu tun, wie alle anderen es machen?
   b) einen neuen, originellen, Ihnen persönlich entsprechenden Weg zu finden?
3. Schätzen Sie es höher ein, wenn von jemandem gesagt wird,
   a) er oder sie sei ein Mensch mit Visionen?
   b) er oder sie habe einen gesunden Menschenverstand?
4. Würden Sie sich selbst eher einschätzen
   a) als einen praktisch veranlagten Menschen?
   b) als einen erfinderischen Menschen?
5. Möchten Sie eher mit jemandem befreundet sein, der
   a) ständig mit neuen Ideen kommt?
   b) mit beiden Füßen fest auf der Erde steht?

Welches Wort in der jeweiligen Gegenüberstellung spricht Sie mehr an? *(Bitte treffen Sie bei jedem Wortpaar eine Entscheidung!)*

6.	a) Theorie	oder	b) Gewissheit
7.	a) bauen	oder	b) erfinden
8.	a) Faktenfeststellung	oder	b) Gedankenkonzept
9.	a) konkret	oder	b) abstrakt
10.	a) Tatsachen	oder	b) Ideen
11.	a) Theorie	oder	b) Erfahrung
12.	a) wortwörtlich	oder	b) sinngemäß

Auswertung

1. Zählen Sie die mit a) angekreuzten Antworten der Fragen 1, 3, 5, 6 und 11 zusammen.
2. Zählen Sie die mit b) angekreuzten Antworten der Fragen 2, 4, 7, 8, 9, 10 und 12 zusammen.
3. Zählen Sie die Ergebnisse von a) und b) zusammen. Diese Zahl gibt den von Ihnen erzielten *Intuitionsquotienten* an. Tragen Sie das Ergebnis in die rechts stehende Punktetabelle ein, indem Sie die Zahl umkreisen.
4. Da dieser Test aus 12 Fragen besteht, nehmen Sie die Zahl 12 und ziehen davon Ihr Intuitionsverhältnis ab. Diese Zahl gibt den von Ihnen erzielten rationalen *Denkquotienten* an. Tragen Sie Ihr Ergebnis auf die gleiche Weise in die Punktetabelle ein.

Intuitionsquotient
12
1
0
9
8
7
6
5
4
3
2
1
0
1
2
3
4
5
6
7
8
9
0
11
12
Denkquotient

Abschließend finden Sie hier eine Tabelle, die den rationalen Denkstil mit dem intuitiven vergleicht.

Vergleich des rationalen und intuitiven Denkstils

	Rational	Intuitiv
Organisationstyp, wo dieser Denkstil vorwiegend eingesetzt wird	traditionell, pyramidenförmig (hierarchisch)	offen, temporär, schnelle Veränderungen
Bevorzugte Aufgabenbereiche	Routine, Präzision Detail, Durchführung wiederkehrender Tätigkeiten	nicht routinemäßig, breiter Themenbereich, allgemein gehaltene Vorgaben, ständig neue Aufgabenbereiche
Problemlösungs- und Entscheidungsstil	deduktiv, objektiv, bevorzugt Problemlösungen durch Zerlegen und schrittweises Vorgehen auf der Grundlage von Logik	induktiv, subjektiv bevorzugt Problemlösungen durch ganzheitliche Betrachtungsweise; Problembewältigung auf der Basis von Eingebung
Beispiele für Anwendungsbereiche	Modellentwürfe, Projektion	Brainstorming Infragestellen traditioneller Ansichten
Berufliche Schwerpunkte	Planung Management Wissenschaft Rechnungswesen Militär	Personalwesen Marketing Organisation Entwicklung Nachrichtendienst

Literatur

Laura Day: *P. I. Praktische Intuition.* München: dtv 1998.

Jürgen Gesierich: *Intuition.* Nürnberg: Wessp 2001.

John S. Hammond, Ralph L. Keeney, Howard Raiffa: *Erfolgreiche entscheiden klüger.* Regensburg: Walhalla 2002.

Peter W. Kimmel: *Der Sieger-Instinkt.* München: Econ 2000.

Laszlo Merö: *Die Grenzen der Vernunft – Kognition, Intuition und komplexes Denken.* Reinbek: Rowohlt 2002.

Elfrida Müller-Kainz und Christine Sönning: *Die Kraft der Intuitiven Intelligenz. Der Schlüssel zu Ihrem Lebenserfolg.* München: Droemer-Knaur 2003.

10. Flow-Charting

Ein Flow-Chart (Flussdiagramm) ist ein grafisches Darstellungsmittel. Es macht die Arbeitsschritte von Abläufen sichtbar, zum Beispiel in Herstellungsprozessen oder bei Problemlösungen. Insbesondere Handlungs- und Entscheidungsabläufe können mit Hilfe eines Flussdiagramms visuell dargestellt werden.

Flow-Charts machen die zeitliche Aufeinanderfolge der Handlungen und Entscheidungen genau nachvollziehbar.

Auch die Regelung von Kompetenzen zwischen verschiedenen Personen oder Abteilungen kann mit einem Flow-Chart klar und übersichtlich aufgezeigt werden. Gern werden sie auch für den Entwurf von Computerprogrammen genutzt. Dazu werden genau festgelegte Symbole verwendet.

Zwei Arten

Man unterscheidet zwischen zwei Arten von Flussdiagrammen:

1. *Grobdiagramme:* Sie beinhalten nur die Haupttätigkeiten.
2. *Feindiagramme:* Sie beinhalten alle möglichen Prozessabläufe und die dazu erforderlichen Entscheidungen. Ein Feindiagramm weist viele Verzweigungen auf und kann mehrere Endpunkte haben.

10.1 Der Nutzen von Flow-Charts

Viele Vorteile

Der Einsatz von Flussdiagrammen bietet unter anderem folgende Vorteile:

- Die zeitliche Aufeinanderfolge der Handlungen und Entscheidungen wird durch ein Flussdiagramm übersichtlich schematisiert und damit nachvollziehbar gemacht. Handlungen können als Gesamtbild wahrgenommen werden. „Ein Bild sagt mehr als 1000 Worte." Das minimiert Wahrnehmungsfehler.

Kompliziertes einfach darstellen

- Das Flussdiagramm ist der reinen Textdarstellung besonders bei komplizierten Handlungsabläufen überlegen. Was bei der sprachlichen Darstellung oftmals mehrere Seiten beansprucht und mühselig studiert werden muss, kann mit einem Flussdiagramm kurz und überschaubar visualisiert werden. Je komplizierter der Handlungsablauf ist, umso überlegener ist das Flussdiagramm gegenüber der Textdarstellung.

Handlung durchdenken

- Wer mit Flussdiagrammen arbeitet, muss die Handlung von Anfang bis zum Ende durchdenken. Es muss ein klares Ziel definiert werden. Uneffiziente Alternativen und Sackgassen werden ausgeschlossen, da ein Flow-Chart nur zielgerichtete Handlungsalternativen darstellt.

Mit einem Blick zu erfassen

- Das Flussdiagramm zeigt auf einen Blick:
  - Art und Abfolge von Tätigkeiten,
  - Art und Abfolge von Entscheidungen,
  - Beziehungen zwischen Tätigkeiten und Entscheidungen,
  - ob Tätigkeiten und die damit verbundenen Entscheidungen zu wiederholen sind,
  - den Verantwortungsbereich der beteiligten Personen.

- Ein Flow-Chart
  - wirkt auf Menschen motivierend, die vorwiegend mit der rechten Hemisphäre denken, handeln und fühlen.
  - macht zu treffende Entscheidungen deutlich und animiert dazu, Entscheidungen zu treffen.
  - kann als Delegationsmittel genutzt werden, um Mitarbeiter zu unterweisen.
  - dient als Anweisung/Einweisung für Tätigkeiten.
  - ist übersichtlich, eindeutig, zweckmäßig, konkret, zielgenau und rationell.

Nachteile und Grenzen

Ein Flussdiagramm ist der verbalen Darstellung von Handlungen zwar in Übersichtlichkeit und Eindeutigkeit überlegen, kann aber keine emotionale, lebendige und interessante Beschreibung liefern. Wenn Tätigkeiten spannend dargestellt werden sollen, bietet es sich an, den Ablauf mit Worten zu beschreiben.

10.2 Flow-Chart und Textdarstellung im Vergleich

Ein Beispiel

Nehmen wir einmal an, die Mitarbeiterin in einer Buchhaltung bekommt die Bearbeitung des täglichen Posteingangs übertragen. Der Prozessablauf würde etwa so beschrieben:

Prozessablauf in Worten

1. Eingegangene Post öffnen und mit Eingangsstempel versehen.
2. Briefe in einen Pultordner zur Vorlage an den Chef einlegen.
3. Eingangsrechnungen rechnerisch und sachlich prüfen, Liefernachweise anfügen und Übereinstimmung kontrollieren.
4. Sind Eingangsrechnungen rechnerisch und sachlich in Ordnung, dann erfolgt die Buchung und Kontierung der Rechnung. Anschließend wird sie in den Pultordner eingelegt und an den Vorgesetzten zur Unterschrift weitergeleitet.
5. Sind Eingangsrechnungen rechnerisch falsch, wird eine Rechnungskorrektur erstellt, dann Buchung und Kontierung und Einlage in den Pultordner zur Vorlage und Unterschrift an den Vorgesetzten.
6. Sind die Eingangsrechnungen sachlich falsch, wird eine Rücksprache im Haus vorgenommen.
7. Ist die interne Rücksprache erfolgreich, erfolgt die erneute Buchung und Kontierung der Rechnung und die anschließende Wiedervorlage an den Vorgesetzten.
8. Blieb die interne Rücksprache ohne Erfolg, dann wird Rechnung an Absender zurückgesandt.

Mit Hilfe eines Flussdiagramms lässt sich der Prozessablauf folgendermaßen darstellen:

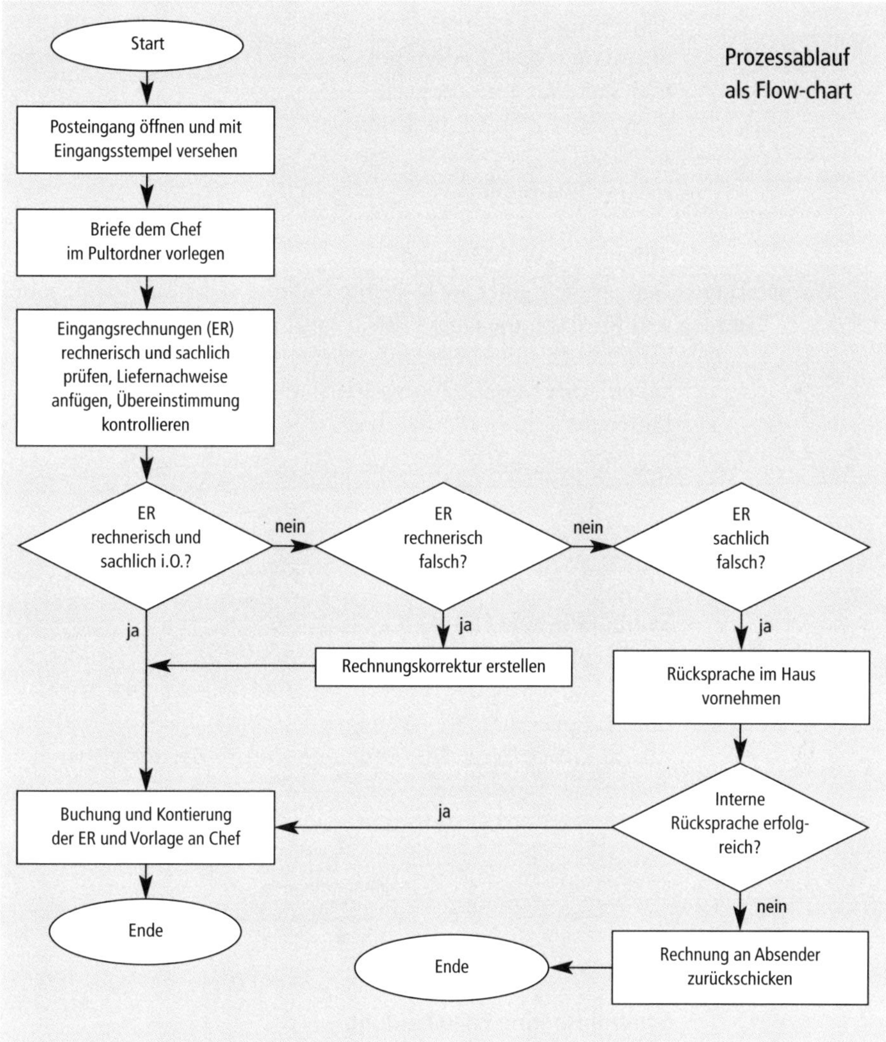

Bei dieser Darstellung des Tätigkeitsablaufes wird deutlich, welche Entscheidungen zeitlich abgestimmt auf die jeweiligen Arbeitsschritte erfolgen. Auch eventuelle Wiederholungen von Tätigkeiten können nachvollzogen werden.

10.3 Symbole eines Flussdiagramms

Mögliche Symbole

Folgende Symbole werden für die Gestaltung eines Flussdiagramms eingesetzt:

- Anfangs- bzw. Endsymbol,
- Symbol für eine Tätigkeit,
- Symbol für eine Entscheidung,
- Pfeile,
- Anschlusspunkte.

Anfangs- bzw. Endsymbol

Waagerechte Ellipse

Das Zeichen einer waagerechten Ellipse steht für den Beginn und für das Ende eines Flussdiagramms. Jedes Flussdiagramm kann immer nur *ein* Anfangszeichen, aber *mehrere* Endzeichen haben. Jede Entscheidungsalternative kann zu einem Ende führen.

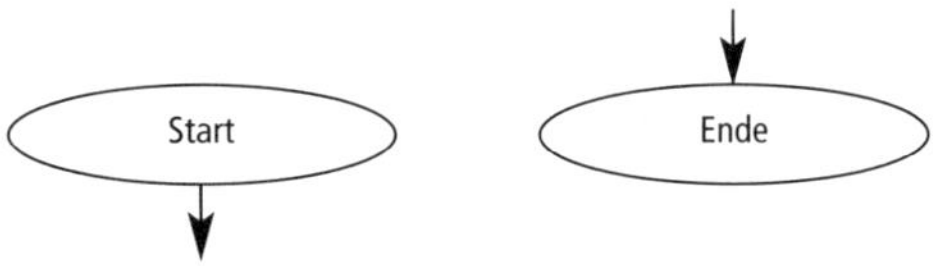

Symbol für eine Tätigkeit

Rechteck

Ein Rechteck wird als Symbol für eine Tätigkeit verwendet. In dem Symbol wird die Tätigkeit kurz und prägnant beschrieben. Eine Tätigkeit hat nur *einen* Eingang, kann aber über *mehrere* Ausgänge verfügen. Die Ausgänge sind in der Regel parallel zueinander angeordnet.

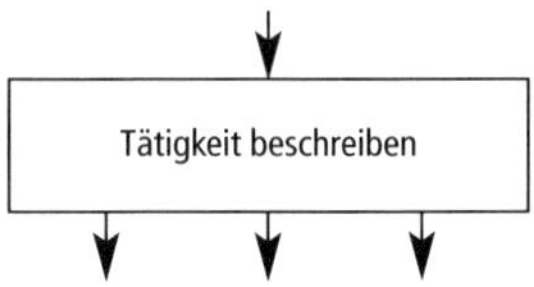

Symbol für eine Entscheidung

Raute

Das Entscheidungsfeld wird mit dem Symbol einer Raute dargestellt. Es hat nur einen Eingang. Die Entscheidungsfrage wird so gestellt, dass sie nur „Ja“ oder „Nein“ lauten kann. Das Entscheidungsfeld hat daher stets *zwei* Ausgänge, die mit „Ja“ bzw. mit „Nein“ beschriftet werden.

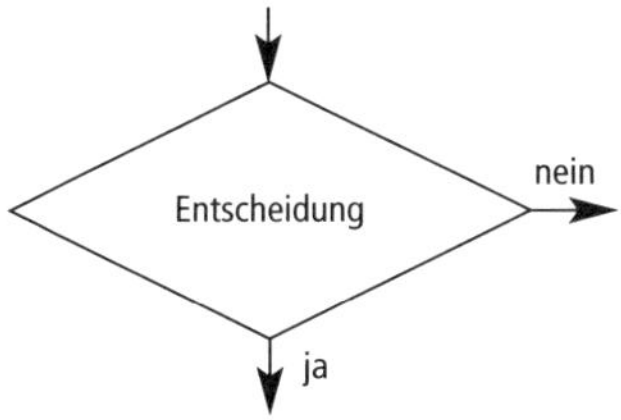

Pfeile
Die Richtung des Ablaufs wird durch Pfeile angegeben.

Anschlusspunkte
Ein Anschlusspunkt signalisiert: An dieser Stelle kann der Handlungsablauf fortgeführt werden. Das Zeichen kann im späteren Verlauf wieder im Flussdiagramm aufgenommen werden. Der Anschlusspunkt wird immer dann gesetzt, wenn unübersichtliche Verzweigungen vermieden werden sollen.

Dient der Übersichtlichkeit

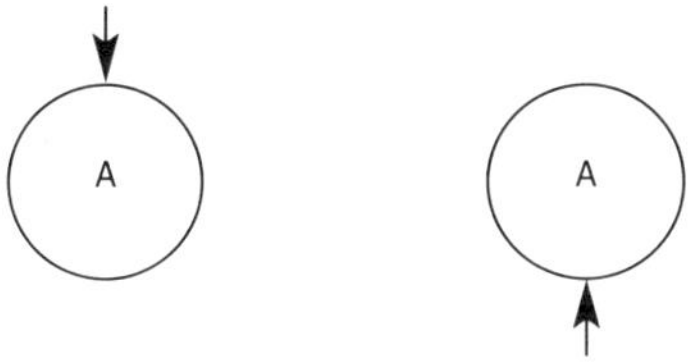

10.4 Erstellung eines Flussdiagramms

Die folgenden sechs Schritte sind nötig, um ein Flussdiagramm zu erstellen:

1. Schritt: Problemerkennung
2. Schritt: Problemanalyse, Aufstellen möglicher Lösungen
3. Schritt: Festlegung des (Haupt-) Ziels
4. Schritt: Planung des genauen Handlungsablaufs, der übersichtlich dargestellt werden soll

5. Schritt: Grafische Darstellung der Haupthandlung und Entscheidungen, dann Überlegung möglicher Handlungs- und Entscheidungsalternativen; Verwendung der festgelegten Symbole für die Darstellung des Ablaufs
6. Schritt: Schließlich werden alle möglichen Handlungsabläufe und Entscheidungen in das Flussdiagramm eingefügt.

10.5 Checkliste zur Überprüfung von Vorgehensfehlern

Folgende Aspekte sollten nach Erstellung des Flow-Charts auf Fehler überprüft werden:

Formaler Ablauf

- Überprüfung des *formalen* Ablaufs des Flussdiagramms:
  - Sind Anfangs- und Endstelle richtig angegeben?
  - Sind sämtliche Pfeile in der richtigen Richtung eingezeichnet?
  - Sind zu allen Prozessfeldern Verbindungslinien hergestellt worden?
  - Sind für die einzelnen Aktionen jeweils die richtigen Symbole gewählt worden?
    - Raute für Entscheidung
    - Rechteck für Tätigkeit
    - Ellipse für Anfang bzw. Ende
  - Haben alle Felder nur einen Eingang?
  - Haben alle Entscheidungsfelder zwei Ausgänge und wurden diese mit „Ja“ und „Nein“ gekennzeichnet?
  - Führen alle Verzweigungen zu einer Endstelle oder zum Hauptablauf zurück?

Inhaltlicher Verlauf

- Kontrolle des *inhaltlichen* Verlaufs des Diagramms:
  - Sind alle notwendigen Tätigkeiten aufgeführt?
  - Sind die dazu passenden Entscheidungen in richtiger Reihenfolge dargestellt worden?
  - Sind Tätigkeiten und aufeinander folgende Entscheidungen lückenlos?

Literatur

Ursula Schubert und Helmut Riesenkönig: *Flow Charting. Lesen und Erstellen von Flussdiagrammen.* Stuttgart: dtv 1984.

11. Mind-Mapping

Das Mind-Mapping ist eine grafisch basierte Methode, um Gedanken aufzuzeichnen, zu planen oder Sachverhalte übersichtlich darzustellen. Sie gliedert und optimiert den Denkprozess, steigert die Merkfähigkeit und stimuliert die Kreativität. Über hundert Millionen Mind-Mapper nutzen weltweit diese Methode privat und beruflich.

Entwickelt von einem Mediziner

Den Erfinder der Methode, Tony Buzan, überfiel beim Lernen für sein Medizinstudium das Gefühl, sich immer weniger von dem Gelernten merken zu können. Deshalb begann er, sich mit der Funktion des menschlichen Gehirns zu beschäftigen. Sein Ziel war es, eine Methode zu finden, mit der er sich vielfältigen Lernstoff einfacher merken konnte.

Das Denken neu lernen

An der Universität von British Columbia graduierte er 1964 mit Auszeichnung. Anschließend befasste er sich als Gehirnforscher mit den Funktionen und der Struktur des Gehirns. Als Ergebnis dieser Studien veröffentlichte er im Jahre 1972 sein erstes Buch über das Mind-Mapping, „Use your head". Buzan erkannte, „(...) dass man den Menschen nicht nur eine Methode, sondern das Denken überhaupt beibringen müsse". Indem er seinen Lesern die Funktionsweise des Gehirns nahe brachte, erklärte er gleichzeitig die Funktion des Mind-Mapping.

Man kann verschiedener Meinung sein, ob das Mind-Mapping eher den Themenfeldern Gedächtnistraining, Kreativitätstechniken oder Moderationsmethoden zuzuordnen ist. Sie wurde hier den allgemeinen Arbeitstechniken zugeordnet, was aber nicht als Einengung missverstanden werden darf.

Mögliche Zwecke

Die Methode eignet sich für viele Zwecke wie zum Beispiel für
- Planung,
- Schreiben von Protokollen,
- Anfertigen von Notizen,
- Gliedern eines Manuskripts.

11.1 Grundlagen und Wirkungsweise des Mind-Mapping

Beide Hirnhälften nutzen

Das herkömmliche lineare Aufzeichnen von Ideen oder Sachverhalten von links nach rechts und von oben nach unten ist wenig förderlich, die Produktion von Ideen zu fördern. Denn das Gehirn wird dabei nur einseitig genutzt. Im Gegensatz dazu soll bei der Arbeits- und Gliederungsmethode des Mind-Mapping die rechte, bildhaft denkende Gehirnhälfte ebenso angeregt werden wie die logisch denkende linke Hälfte.

Das Mind-Mapping will das sprachliche und das bildhafte Denken verbinden mit dem Ziel, mehr Ideen und Assoziationen zu entwickeln.

Besseres Erinnern durch Visualisieren

Beim Erstellen einer Mind-Map können Sie die unstrukturierten und spontanen Gedanken direkt übersichtlich und strukturiert protokollieren. Zudem steigert der visuelle Einsatz von Symbolen und Bildern die Erinnerungsfähigkeit Ihres Gehirns, welches sich die Informationen über einen langen Zeitraum merkt, indem es Assoziationen zu den einzelnen Begriffen herstellt.

Sie sollten beim Anfertigen einer Mind-Map darauf achten, nur die wichtigsten Punkte komprimiert auf einer Seite zu erfassen. Nur dann gelingt es Ihnen auch, sich schnell an die überschaubare und visuell gegliederte Mind-Map zu erinnern und somit das Gedächtnis zu trainieren und zu verbessern.

11.2 So funktioniert das Mind-Mapping

Nötige Materialien

Sie benötigen ein weißes unliniertes DIN-A3- oder DIN-A4-Blatt im Querformat, mehrere farbige Stifte, Korrekturflüssigkeit oder einen Radiergummi. Es empfiehlt sich, ein DIN-A3-Blatt zu verwenden, da Ihnen so eine größere und übersichtlichere Fläche zur Verfügung steht. Komfortabel ist die Software von

Mindjet, über die Sie sich unter www.mindjet.de informieren können.

Von Oberbegriffen zu Unterthemen

Die Struktur von Mind-Maps zeichnet sich dadurch aus, dass die Gedanken von Oberbegriffen zu Unterthemen führen, und zwar in dieser Weise: Sie schreiben Ihr Thema bzw. den zentralen Begriff groß in die Mitte des Blattes und umranden es. Danach machen Sie ein kurzes Selbst-Brainstorming, bei dem alle Ideen und Gedanken aufgeschrieben werden, die Ihnen zu diesem Thema in den Kopf kommen.

Ein Begriff pro Ast

Anschließend ordnen Sie die Ideen, indem Sie die Wörter gruppenweise zusammenfassen und Oberbegriffe dafür finden. Ein solcher Oberbegriff wird als Hauptast bezeichnet und als Linie mit dem Thema in der Mitte verbunden. Dabei sollten Sie darauf achten, dass Sie zwecks Übersichtlichkeit nicht mehr als sieben Hauptäste an ein Thema ankuppeln. Sie sollten auch nur einen Begriff auf den Ast schreiben.

Auf Übersichtlichkeit achten

Die Unterthemen des Begriffs verbinden Sie durch Linien mit den Hauptästen und bilden so die Zweige. Bei einer noch weitergehenden Gliederung werden weitere Linien – Nebenzweige – gezeichnet. Auch hierbei ist es wichtig, die Anzahl der Zweige und Nebenzweige möglichst gering zu halten, um sich die Informationen leichter merken zu können. Falls Sie bei der Bearbeitung eines Hauptastes bemerken, dass der Begriff zu speziell ist, können Sie auch eine eigene Mind-Map von diesem Begriff anfertigen. Dies gewährleistet, dass beide Mind-Maps übersichtlich bleiben.

Die Anordnung der Hauptäste erfolgt nach ihrer Wichtigkeit, und zwar in Reihenfolge des Ziffernblattes einer Uhr. Das wichtigste Thema wird auf zwölf Uhr gesetzt und die weiteren Äste werden ihrer Priorität nach im Uhrzeigersinn angeordnet.

Eine Pause einlegen

Nach der ersten Bearbeitung sollten Sie Ihre Mind-Map beiseite legen und sich mit anderen Dingen befassen. In dieser Pause entspannt sich Ihr Gehirn und wird so (unterbewusst) angeregt, neue Gedanken zu assoziieren und die Mind-Map zu überdenken.

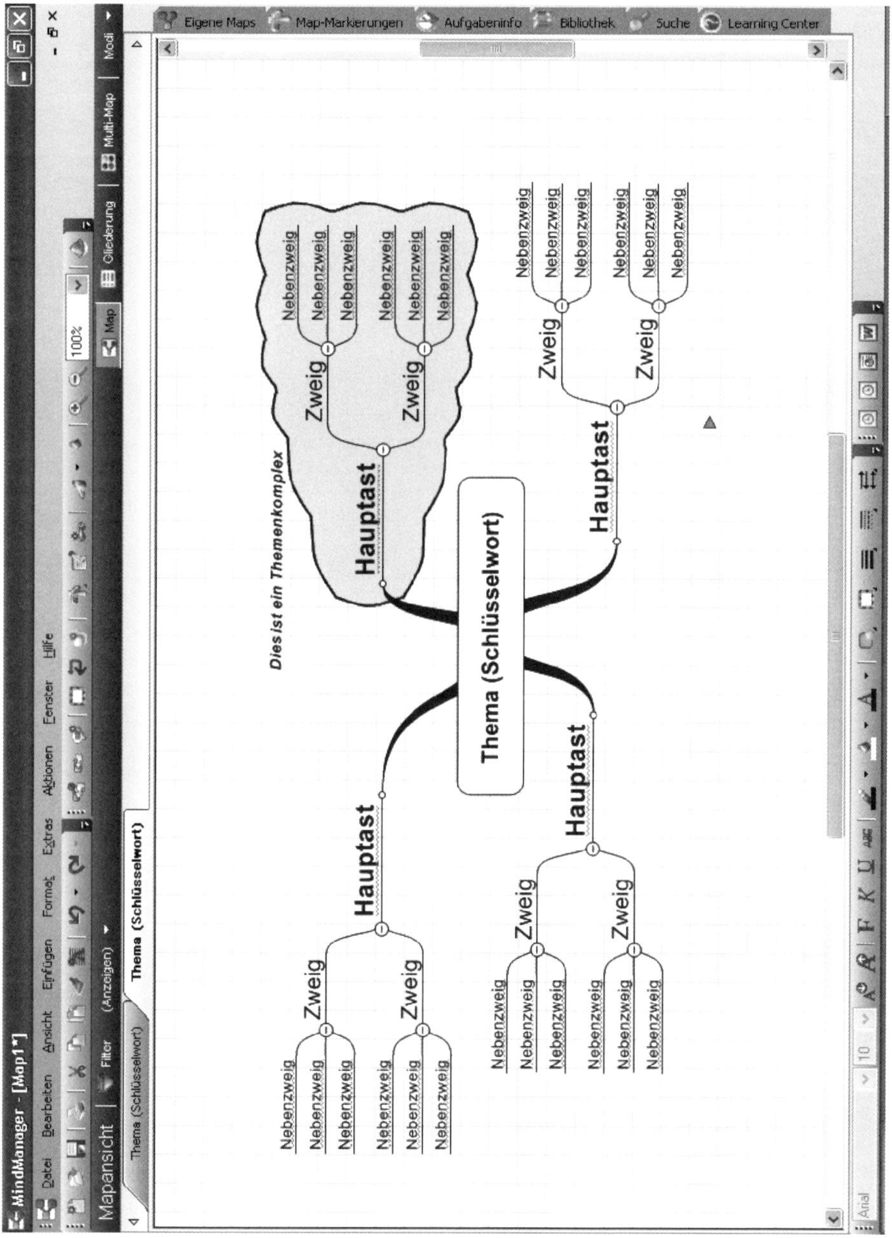

Software wie der Mindmanager kann das Erstellen von Mind-Maps unterstützen

Danach überarbeiten Sie die Mind-Map und erstellen gegebenenfalls eine neue Fassung, welche die hinzugekommenen Gedanken und eventuell auch schon Problemlösungsansätze beinhaltet.

Zeichnungen fördern die Kreativität

Es ist ratsam, viele Bilder, Symbole und Grafiken in Ihre Mind-Map zu zeichnen. Diese Elemente lösen Assoziationen im Gehirn aus, die Ihre Kreativität steigern und Sie idealerweise auf völlig neue Ideen bringen.

Im Zuge dieses Vorgehens entsteht eine Gliederung der Ideen, die es Ihnen ermöglicht, auf einen Blick alle wichtigen Details eines Themas zu erkennen. Außerdem können Sie die Mind-Map ständig erweitern oder erneuern. Mind-Maps sind also sehr flexibel einsetzbar.

Vorgehen zum Erstellen einer Mind-Map

So wird eine Mind-Map erstellt

1. Hilfsmittel: DIN-A3- oder DIN-A4-Blatt, mehrere farbige Stifte, Radiergummi oder Korrekturflüssigkeit oder Nutzung eines Computers mit entsprechender Software
2. Thema suchen und ein kurzes Brainstorming machen, wobei alle Begriffe in eine Mind-Map eingezeichnet werden
3. Oberbegriffe zum Thema als Hauptast, Unterthemen als Zweige und ganz spezielle Begriffe als Nebenzweig in die Mind-Map zeichnen
4. Nach spätestens 20 Minuten das Brainstorming beenden
5. Mind-Map für einige Zeit „ruhen" lassen und sich entspannen
6. Mit anderen Menschen über das Thema sprechen und sich austauschen
7. Mind-Map überarbeiten
8. Neue Mind-Map mit den überarbeiteten Begriffen, den Zielen und Lösungen erstellen

Nützliche Ratschläge

Das sollten Sie beachten

- Auf jeden Hauptast, Zweig oder Nebenzweig immer nur einen Begriff schreiben
- Nur maximal sieben Hauptäste zeichnen
- Zahl der Zweige und Nebenzweige gering halten
- Als Begriffe nur Schlüsselwörter verwenden
- Bilder, Grafiken und Symbole verwenden

11.3 Anwendungsbereiche

Mind-Maps privat und beruflich nutzen

Die Anwendungsmöglichkeiten des Mind-Mapping erstrecken sich auf fast alle Bereiche des Lebens. Sie können Mind-Maps im Alltag einsetzen, beispielsweise bei der Planung einer Reise oder eines Geburtstags. Beruflich können Sie Mind-Maps nutzen, um einen Vortrag oder eine Sitzung zu protokollieren. Bei einer Konfliktschlichtung können durch eine Mind-Map alle Standpunkte zu einem Problem aufgenommen und so die Konfliktstellen aufgezeigt werden.

Der Verfasser dieses Buches setzt Mind-Maps in seinen Vorlesungen und bei Präsentationen ein, benutzt sie als Manuskript, als Planungsgrundlage für das Projektmanagement sowie als To-do-Liste, um nur einige Beispiele zu nennen. Es gibt wohl kein Gebiet, auf dem Mind-Maps nicht einsetzbar sind.

Literatur

Tony Buzan und Barry Buzan: *Das Mind-Map-Buch.* Landsberg: Moderne Verlagsges. mvg 2002.

Tony Buzan und Vanda North: *Business Mind Mapping. Visuell organisieren, übersichtlich strukturieren, Arbeitstechniken optimieren.* Wien u. a.: Ueberreuter Wirtschaft 2002.

Uta Friedrich und Norbert Schuster: *30 Minuten vom Mind Mapping zum Business Mapping*. Offenbach: GABAL 2004.

Margit Hertlein: *Mind Mapping, die kreative Arbeitstechnik*. Reinbek: Rowohlt Tb. 2001.

Dagmar Herzog: *Effiziente Meetings mit MindManager*. Kilchberg: Smartbooks 2003.

Ingemar Svantesson: *Mind Mapping und Gedächtnistraining*. Offenbach: GABAL 2001.

12. Checklistentechnik

Standards erhöhen die Produktivität

Besteht ein Arbeitsgang aus mehreren Handlungsschritten, ist es sinnvoll, eine standardisierte Arbeitsanleitung oder „Abstreichliste“ anzufertigen. Ein Blick in die Wirtschaftsgeschichte zeigt, dass erst durch das Einführen von standardisierten Arbeitsabläufen die Voraussetzungen zur Mechanisierung und industriellen Fertigung geschaffen wurden. Dadurch steigerte sich die Produktivität des einzelnen Arbeiters ganz wesentlich.

Diese Erfahrungen sollten auch Sie ermuntern, Ihre Arbeiten zu „programmieren“, und zwar mit Checklisten. Diese schaffen Arbeitserleichterung und Sicherheit. Anstatt mühsam alle Gehirnwindungen zu durchforsten und immer wieder die gleichen Denkabläufe vorzunehmen, sind alle wesentlichen Punkte auf einem Blatt Papier oder in einer Datei übersichtlich zusammengestellt.

Eine Checkliste vermeidet das Übersehen oder Vergessen wichtiger Punkte.

Der Begriff „Checkliste“ stammt aus der Sprache der Piloten. Anhand einer Liste überprüfen Piloten alle sicherheitsrelevanten Abläufe bei Start und Landung.

12.1 Einsatzmöglichkeiten und Nutzen von Checklisten

Vielfältig einsetzbar

Checklisten können Sie beispielsweise einsetzen für

- Analysen,
- Arbeitsabläufe,
- Prozesssteuerung,
- Kontrollen,

- Verhandlungen,
- Besprechungen,
- Vorträge,
- Diskussionen,
- Bewerbungsgespräche,
- Reisen
- und selbst zum Einkaufen.

Wenn Sie sich einen Einkaufszettel schreiben oder notieren, was Sie erledigen wollen, „programmieren“ Sie bevorstehende Tätigkeiten.

Checklisten können Kontinuität sichern

Im Berufsleben machen Checklisten Tätigkeiten delegierbar. Da es sich bei Checklisten um programmierte Denk- und Arbeitsabläufe handelt, kann gegebenenfalls auch einer Ihrer Mitarbeiter Ihre Aufgaben erledigen, wenn Sie selbst verhindert sind. Sie sichern damit die Kontinuität Ihrer Arbeit und vermeiden zudem ständiges Nachfragen, da die wichtigsten Arbeitsschritte jetzt schriftlich vorgegeben sind.

12.2 So entwerfen Sie eine Checkliste

Gehen Sie in Gedanken die einzelnen Schritte bzw. Etappen einer Arbeit durch. Sie können dies tun, indem Sie innerlich einen Film abspulen. Stellen Sie sich vor, Sie müssten einem neuen Mitarbeiter Ihre Arbeit erklären und verständlich machen.

Eine Checkliste entwerfen

Nun nehmen Sie sich ein Blatt Papier und falten dieses in der Mitte. Beginnen Sie auf der *linken* Seite mit dem Basisentwurf Ihrer Checkliste, indem Sie die einzelnen Arbeitsschritte aufschreiben. Gehen Sie den Entwurf mehrfach durch und überprüfen Sie, ob Sie etwas vergessen haben.

Die *rechte* Seite Ihres Blattes nutzen Sie für Kontrolleintragungen, Korrekturen und Zwischenschritte. Sie werden feststellen, dass Ihnen immer mehr einfällt, je länger Sie nachdenken.

Eine gute Checkliste sollte enthalten:

Nötige Inhalte

- alle relevanten Arbeitsschritte,
- alle beteiligten Personen,
- exakte Termine,
- Erledigungsvermerke.

Sie ist

- klar und präzise,
- nicht beliebig interpretierbar,
- aus sich heraus verständlich.

und macht Arbeiten

- delegierbar und
- kontrollierbar.

Entscheidungen objektivieren und kontrollieren

Checklisten können Sie auch nutzen zur Systematisierung von Entscheidungsprozessen. Zu diesem Zweck werden alle relevanten Faktoren und Aspekte der Entscheidung übersichtlich aufgelistet. Diese Liste kann dann für alle ähnlichen Entscheidungsfälle herangezogen werden. Durch ständige Aktualisierung und Erweiterung entsteht eine Liste aller bei der Entscheidung zu berücksichtigenden Aspekte. Solche Kriterienkataloge werden als Prüf- bzw. Checklisten aufgestellt, um Entscheidungsprozesse zu objektivieren und zu kontrollieren.

→ Ergänzende und vertiefende Informationen zum Thema „Entscheidungstechnik“ finden Sie im Kapitel A 8 dieses Buches.

12.3 Beispiel für eine Checkliste

Mit der folgenden Checkliste plant und kontrolliert der Autor dieses Buches seine Seminare.

Beispiel für eine Checkliste

Checkliste Seminardurchführung

Vor Seminarbeginn

- ☐ ggf. Vorstellungsbrief an Teilnehmer
- ☐ ggf. Vorausaufgabe für die Teilnehmer

- ☐ über Teilnehmerkreis (Alter, Qualifikation etc.) informieren
- ☐ Seminarort und -stätte (ggf. Absprachen mit dem Hotelpersonal)
- ☐ Vorhandensein von Tisch- und ggf. Reversnamensschildern prüfen
- ☐ Vollständigkeit des Moderationsmaterials prüfen
- ☐ Funktionsfähigkeit des Tageslichtprojektors prüfen
- ☐ Funktionsfähigkeit der Videotechnik prüfen
- ☐ Moderationsmaterial auf alle Tische legen
- ☐ Schreibblöcke und Stifte entsprechend der Teilnehmerzahl auslegen
- ☐ Seminarskripte entspr. der Teilnehmerzahl auslegen
- ☐ ggf. Büchertisch aufbauen

Bei Seminarbeginn

- ☐ Trainer stellt sich vor
- ☐ Teilnehmer stellen sich vor
- ☐ Trainer klärt, ob Teilnehmer eine Adressenliste wünschen
- ☐ Seminarziel(e) nennen
- ☐ Seminarablauf erläutern
- ☐ Seminar- und Pausenzeiten nennen
- ☐ Hoteleinrichtungen (Schwimmbad, Sauna u. Ä.) erläutern
- ☐ evtl. Seminarerwartungen und -wünsche erfragen
- ☐ evtl. kleine Aufgaben verteilen
- ☐ evtl. nach vorhandenen Erfahrungen fragen
- ☐ ggf. Gesprächsregeln benennen
- ☐ auf Bezahlungsregularien hinweisen (Telefon, Minibar, Zimmer)

Seminarbegleitende Maßnahmen

- ☐ Blick in die Morgenpresse
- ☐ Weckspiele oder Denkaufgaben
- ☐ ggf. Stimmungsbarometer
- ☐ auf Methodenwechsel achten
  - Gruppenarbeiten in wechselnder Zusammensetzung
  - Fallstudien
  - Einzelübungen
- ☐ auf Medienwechsel achten
  - Pinnwand
  - Flip-Chart
  - Video

- ☐ Einzelgespräche in den Pausen führen
- ☐ Tages-Leistungskurve beachten
- ☐ auf gute Belüftung achten (Fenster öffnen)
- ☐ morgendliches Wiederholen mit Impulsreferat oder Test
- ☐ Witz und Humor integrieren
- ☐ körperliche Bewegung (Spiele)
- ☐ ggf. Fotos machen
- ☐ während der Pausen Seminarraum abschließen
- ☐ beschriebene, illustrierte oder sonstwie erarbeitet Seminar-Charts an den Wänden des Seminarraums aufhängen

Nach Feierabend

- ☐ Seminarraum abschließen
- ☐ evtl. Gemeinschaftsabend organisieren (Skat, Kegeln u. Ä.)
- ☐ evtl. gemeinsamer Waldlauf oder Spaziergang
- ☐ Hinweis auf „Seminar-Stammtisch"
- ☐ evtl. Abend mit der Geschäftsleitung moderieren

Bei Seminarabschluss

- ☐ Rückblick auf die Seminarerwartungen und -ziele vom 1. Tag
- ☐ Teilnehmer persönliche Aktionspläne erstellen lassen
- ☐ Seminarbeurteilung machen lassen
- ☐ ggf. kleine Abschiedsgeschenke
- ☐ organisatorische Ansagen (Wer noch nicht bezahlt hat u. Ä.)
- ☐ Mitfahrgelegenheiten klären (zum Bahnhof, Flughafen u. Ä.)
- ☐ Teilnahmezertifikate
- ☐ Charts mit Unternehmensinterna entfernen und vernichten
- ☐ bei Hotelleitung nachfragen, ob alles o.k.; bedanken
- ☐ Videoaufzeichnungen mit Rollenspielen oder sonstigen Video-Personenaufnahmen unter Zeugen löschen

Nach dem Seminar

- ☐ kurzer Bericht an den Auftraggeber
- ☐ Transferaktivierungsbrief an die Teilnehmer
- ☐ ggf. Konzeption für Aufbauseminar
- ☐ ggf. Erfolgskontrolle bzw. Evaluierung
- ☐ Seminarfotos senden

Literatur

Claudia Behrens-Schneider und Rosemarie Rehbein: *Die 80 besten Checklisten für Sekretariat und Office-Management.* Landsberg: Moderne Industrie 2001.

Regina Umland: *Den Schreibtisch im Griff. Checklisten fürs Büro von Ablage bis Zeitplanung.* Bielefeld: Bertelsmann 2002.

Claudia Ossola-Haring u. a.: *Die vierhundertneunundneunzig besten Checklisten für Ihr Unternehmen. Die Managementhilfe für alle betrieblichen Bereiche.* 3., völlig überarb. Aufl. Landsberg: Moderne Industrie 1998.

Ingrid Sattes, Harald Brodbek und Andres Bichsel: *Praxis in kleinen und mittleren Unternehmen. Checklisten für die Führung und Organisation in KMU.* Zürich: vdf Hochschulverlag AG an der ETH Zürich 2001.

TEIL B

Lern- und Gedächtnistechniken

1. Allgemeine Lern- und Gedächtnistechniken

Wie schnell geraten Dinge in Vergessenheit: Kunden- oder Mitarbeiterprobleme, Konferenzergebnisse, Zusagen, Daten, Ideen, Termine. Namen liegen einem auf der Zunge, man strapaziert die grauen Zellen, kramt im Gedächtnis herum – vergeblich.

Aufbau und Funktion des Gehirns

Woran liegt das, und was können Sie dagegen tun? Diese Frage lässt sich nur im Zusammenhang mit einigen grundlegenden Informationen über den Aufbau und die Funktionsweise des Gehirns und des Gedächtnisses beantworten.

Summe aus fünf Leistungen

Das Gehirn befähigt Sie, Erinnerungen abzurufen. Doch es hängt nicht allein von dieser Fähigkeit ab, ob Sie ein gutes Gedächtnis haben. Was man gemeinhin als „gutes Gedächtnis" bezeichnet, ist das Ergebnis von folgenden fünf voneinander abgrenzbaren Leistungen:

1. Bei der *Wahrnehmungsfähigkeit* geht es darum, unter allen wahrgenommenen Sachverhalten die wichtigen herauszufiltern.

2. Bei der *Merkfähigkeit* geht es um das Bewerten und Einprägen der herausgefilterten Informationen.

3. Die *Erinnerungsfähigkeit* entscheidet darüber, ob die Informationen so abgespeichert werden, dass sie möglichst schnell und möglichst jederzeit abrufbar sind.

4. Ihre *Übertragungsfähigkeit* (Transfer) entscheidet darüber, ob Sie das erworbene theoretische Wissen in die Praxis umsetzen können.

5. Die *Lernfähigkeit* sorgt dafür, dass die bereits in das Gedächtnis aufgenommenen Informationen – wenn nötig – korrigiert werden.

Wahrgenommenes und Ausgedachtes

Das Gedächtnis ist die „Widerspiegelung“ der selbst erlebten Vergangenheit, und zwar mit Hilfe des Einprägens, Reproduzierens und Wiedererkennens. Es bewahrt nicht allein das Wahrgenommene, sondern auch das, was Sie sich durch Ihre Fantasie und Vorstellungskraft erdacht haben. Wie funktioniert das?

Aufmerksamkeit zuwenden

Damit etwas überhaupt in Ihr Gedächtnis gelangt, ist es notwendig, dass Sie einem bestimmten Sachverhalt Ihre Aufmerksamkeit zuwenden. Sonst werden Informationen, mit denen Sie täglich zu tun haben, nicht abgespeichert.

Mangelnde Konzentration

Vielfach vergessen Sie etwas, nicht weil Ihr Gedächtnis schlecht arbeitet, sondern wegen mangelnder *Konzentration.* Dieser Schlüsselbegriff setzt sich zusammen aus den beiden Wortbestandteilen „kon“, was so viel heißt wie „zusammen“, und „zentrieren“, etwas auf ein Zentrum ausrichten. In Konzentration fassen wir unsere Gedanken zusammen und richten sie auf etwas Bestimmtes aus.

Erhalten Sie nun Ihre Konzentration über längere Zeit aufrecht, so steigert das Ihre Merkfähigkeit. Nur eine Sache, die Sie genügend interessiert, reizt Sie, ihr über längere Zeit Ihre Aufmerksamkeit zu widmen. Sie behalten nur das, was Sie auch behalten wollen!

Spannende Details entdecken

Doch leider ist das, was Sie spontan und freiwillig interessiert, nicht immer zugleich das Wichtigste. Wichtige Fakten und Zusammenhänge gehören oft zum Alltäglichen, sind daher langweilig und fördern nicht gerade die Selbstmotivation. Versuchen Sie in einem solchen Fall einmal, das Uninteressantere, aber Wichtige in seine einzelnen Bestandteile zu zerlegen, und betrachten Sie die Details gesondert. Vielleicht entdecken Sie dabei reizvolle Aspekte, die Ihre Konzentration fördern.

1.1 Die drei Gedächtnisstufen

Das Gedächtnis besteht aus mehreren funktional verschiedenen Einheiten. Man kann sich vorstellen, dass eine Information diese Gedächtnisstufen nacheinander durchläuft. Wo dieser Prozess zum Stillstand kommt, entscheidet darüber, wie intensiv oder dauerhaft die Information gespeichert wird.

Der Energieeinsatz entscheidet über die Speicherdauer

Das Speichern von Informationen erfolgt auf der Grundlage biochemischer Prozesse. Diese Prozedur ist unterschiedlich intensiv, je nachdem, mit welchem Energie- und Zeitaufwand Informationen und Eindrücke in unser Gedächtnis gelangen. Der eingesetzte Energieaufwand entscheidet auch darüber, welche funktionale Gedächtnisstufe erreicht wird: *Ultra-Kurzzeitgedächtnis, Kurzzeitgedächtnis* oder *Langzeitgedächtnis.*

Unwichtiges wird gefiltert

Damit Sie etwas auf Dauer nicht mehr vergessen, muss es ins Langzeitgedächtnis gelangen. Die beiden davor liegenden Stufen fungieren als Filter, der Wichtiges von Unwichtigem trennt, und überwunden werden muss. Dazu dienen Gedächtnistechniken.

Das Ultra-Kurzzeitgedächtnis

Nur 20 Sekunden

Das Ultra-Kurzzeitgedächtnis hat den niedrigsten Rang in der Gedächtnishierarchie. Es speichert das, was eindringt, nur etwa 20 Sekunden lang. Eine Telefonnummer, die Sie lesen, um sie sofort zu wählen, gelangt nur in Ihr Ultra-Kurzzeitgedächtnis. Ist sie von den Zahlen her nicht besonders einprägsam – wie beispielsweise 4711 –, oder wird sie nicht häufiger gebraucht, verschwindet sie schnellstens wieder aus Ihrem Hirn.

Aus Hintereinander ein Nebeneinander

Das bedeutet aber nicht, dass das Ultra-Kurzzeitgedächtnis von untergeordneter Bedeutung wäre. Indem Sie diesen Satz lesen, erinnert sich Ihr Ultra-Kurzzeitgedächtnis an die zwei oder drei vorherigen Sätze und wandelt deren zeitliches Hintereinander in ein logisches Nebeneinander um. Bei allen weiteren Worten und Sätzen dieses Textes müssen Sie also in der Lage sein, sich noch an das zu erinnern, was Sie einige Sekunden zuvor gelesen haben. Nur so gelingt es Ihnen, den Satz als Ganzes zu verstehen bzw. den Sinn der Sätze zu erfassen. Gleiches gilt für Gespräche, die Sie führen, Vorträge, denen Sie beiwohnen, oder Filme, die Sie sich ansehen.

Entlastung des Großhirns

Das schnelle Vergessen schützt Sie aber auch vor unangenehmen Erinnerungen und – was noch wichtiger ist – es hilft Ihnen, nur die wesentlichsten, allgemeinsten Begriffe und Schlussfolgerungen zu behalten. Diese Funktion ist äußerst nützlich, da so Ihr Großhirn für wichtige Aufgaben entlastet wird. Das Ultra-Kurzzeitgedächtnis fungiert quasi als „Pförtner".

Löschung durch leichte Störungen

Wenn eine Information – solange sie hier „kreist" – bewusst abgerufen wird, wenn sie schon gespeicherten Gedächtnisinhalten zugeordnet werden kann und eine Resonanz mit schon vorhandenen Erinnerungen erzeugt, wird sie ins Kurzzeitgedächtnis überführt. Schon leichte Reize oder Störungen löschen allerdings sämtliche Inhalte Ihres Ultra-Kurzzeitgedächtnisses. Die hier repräsentierten Informationen sind sehr labil, da sie lediglich auf elektrischer Spannung beruhen.

Elektrophysiologische Prozesse

Wissenschaftler nehmen an, dass das Ultra-Kurzzeitgedächtnis nicht auf biochemischer Grundlage arbeitet. Man vermutet elektrophysiologische Prozesse, die keinerlei Spuren hinterlassen. Alle durch die Sinnesorgane ankommenden Reize „kreisen" zunächst einmal als elektrische Ströme und Schwingungen in Ihrem Nervensystem. Dieser „Nachhall" klingt nach etwa 20 Sekunden wieder ab. Wird eine Information während dieser Zeit nicht in Ihr Kurzzeitgedächtnis befördert, so vergessen Sie sie.

Das Kurzzeitgedächtnis

20 Minuten bis 1 Tag

Erst beim Kurzzeitgedächtnis beginnt der eiweißchemische Prozess. Die Speicherdauer des Kurzzeitgedächtnisses beträgt je nach Informationswert 20 Minuten bis einen Tag. Angenommen, Sie wollen eine Reise mit der Eisenbahn unternehmen und erkundigen sich nach dem Abfahrtsbahnsteig. Diese Information wird spätestens dann gelöscht, wenn sie nicht mehr gebraucht, das heißt, auch nicht mehr reproduziert wird.

Die Wirkungsweise Ihres Kurzzeitgedächtnisses können Sie mit dem fotochemischen Entwicklungsvorgang vergleichen: Ein

Negativfilm, den man nur entwickelt und nicht sofort im Fixierbad nachbehandelt, wird schwarz und die aufgenommenen Bilder verflüchtigen sich. Der eiweißchemische Prozess wird nicht beendet, weil eine ausreichende Gedächtnismotivation fehlt oder keine gedächtnistechnischen Anknüpfungspunkte vorhanden sind.

Die drei Gedächtnisstufen

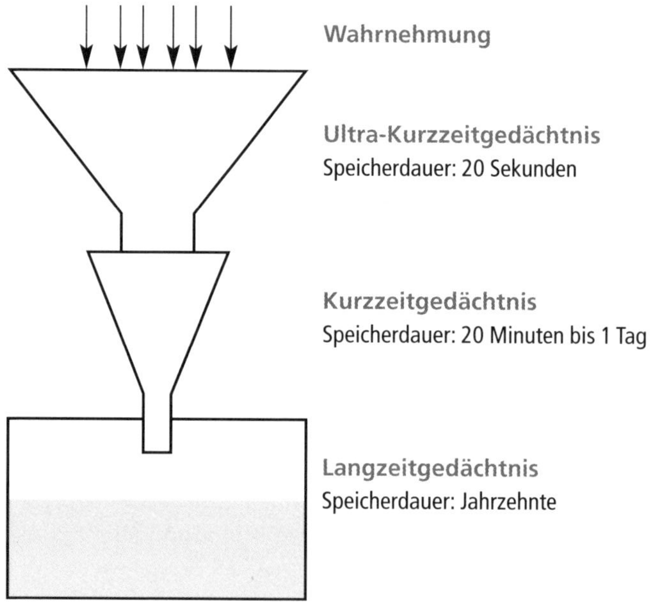

Das Langzeitgedächtnis

Eintritt ins Langzeitgedächtnis

Hat ein Reiz Ihr Ultra-Kurzzeit- und Kurzzeitgedächtnis durchlaufen und wird er durch Wiederholen, Verstärken, inneres Motivieren usw. entsprechend lange im Bewusstsein festgehalten, kann der biochemische Gedächtnisprozess zur vollen Entfaltung kommen. Die entsprechende Information gelangt dann in Ihr Langzeitgedächtnis.

Sie setzen Ihr Langzeitgedächtnis von vornherein dann ein, wenn Sie zum Beispiel Vokabeln lernen oder sich Stichworte für einen manuskriptfreien Vortrag einprägen. Auch kurze, aber intensive Erlebnisse – ein Unfall oder ein Moment großen Glücks – gelangen ohne nennenswerten Energieaufwand in das Langzeitgedächtnis.

Lebenslange Speicherdauer

Auf das Beispiel der Fotoentwicklung bezogen bedeutet dies, dass der Fixierungsvorgang vollständig und ohne Unterbrechung durchgeführt wird. Erst dann liegt ein reproduzierfähiges Foto vor, von dem Positive in unbegrenzter Zahl hergestellt werden können. Ähnlich verhält es sich mit Ihrem Langzeitgedächtnis. Hier gespeicherte Informationen sind und bleiben lebenslänglich fest verankert. Vergessenes ist deshalb nur scheinbar vergessen. In Wirklichkeit werden Inhalte des Langzeitgedächtnisses durch andere Informationen überlagert und sind deshalb nicht sofort abrufbar. In einer solchen Situation können Sie sich durch so genannte Eselsbrücken helfen.

1.2 Zur Arbeitsteilung des Gehirns – Die Hemisphärentheorie

Das Hirn funktioniert arbeitsteilig

Begierig griff die Zunft der Wirtschaftstrainer nach den Erkenntnissen des Psychobiologen Roger Sperry vom California Institute of Technology. Von ihm stammt die so genannte Hemisphärentheorie. Sie besagt, dass das menschliche Gehirn arbeitsteilig denkt. Die „Zuständigkeiten" der jeweiligen Hirnhälften sind in der Tabelle dargestellt.

Aufgaben der beiden Hirnhälften

Linke Hirnhälfte	Rechte Hirnhälfte
■ sequenzielles Verarbeiten	■ simultanes Verarbeiten
■ digitales Denken	■ analoges Denken
■ Analyse	■ Synthese
■ Sprache, Lesen	■ Körpersprache
■ Details	■ Ganzheitlichkeit
■ logisches Denken	■ kreatives Denken
■ Gedächtnis für Wörter	■ Gedächtnis für Personen
■ Verstand	■ Gefühl
■ Mathematik/Physik	■ Musikalität/Kunst
■ begriffliches Denken	■ bildliches Denken

Ein Beispiel

Diese Theorie ist wichtig für das Verständnis der nachfolgend dargestellten Mnemotechniken. Hierzu ein Beispiel, um die Arbeitsteilung zu verdeutlichen: Wenn Sie ein Lehrbuch über das Skilaufen lesen, ist das eine Angelegenheit der linken Hirnhälfte. Wenn Sie aber ein Gefühl für die Bretter bekommen, dann hat sich die rechte Hälfte eingeschaltet. Zeugnisse, Diplome und akademische Titel werden für linkshirnige Leistungen verliehen. Für Ihren Lebens- oder Ehepartner haben Sie sich aber rechtshirnig entschieden.

Dieses Modell wird von vielen Personaltrainern dahingehend vereinfacht, dass das logische Denken in der linken und das kreative in der rechten Hirnhälfte abläuft. Schnell sind sie auch mit Patentrezepten zwecks Förderung der Rechtshirnaktivitäten zur Hand.

Es kursiert viel Halbwissen

In bester amerikanischer Manier bietet so beispielsweise die US-Trainerin Marilee Zdenek in ihrem Buch „Der kreative Prozess – die Entdeckung des rechten Hirns“ ein Sechs-Tage-Programm zur Befreiung der schöpferischen Kräfte an. Jeder zweite deutsche Personaltrainer plappert heute die vielfach wiedergekäute und mittlerweile arg verfälschte Hirnhälften-Theorie nach. Halbes Halbwissen wird als Vollwertwissen ausgegeben.

Keine strikte Trennung

Nach dem heutigen Stand der Erkenntnis können wir davon ausgehen, dass es das linke und rechte Gehirn als strikt getrennte Einheiten nicht gibt. Logisches Denken ist ebenso wenig nur auf die linke Hirnhälfte beschränkt wie das kreative auf die rechte.

Synergetische Beziehung

Das Kreative ist immer auch mit linkshirnigen Fähigkeiten verknüpft, so wie das Analytische auch mit rechtshirnigen Funktionen einhergeht. Außerdem muss vieles zunächst linkshirnig bearbeitet worden sein, bevor es in die rechtshirnige, intuitive „Endmontage“ geht. Das, was als kreativer Einfall ausgegeben wird, ist linkshirnig-analytisch lange vorbereitet worden. Der wahre Kern der Kreativität scheint in der synergetischen Beziehung zwischen der linken und der rechten Gehirnhälfte zu liegen.

Probleme, die logische oder auch kreative Lösungswege erfordern, benötigen das Zusammenspiel beider Hälften.

Die Grenzen sind fließend

Es gibt keine Belege dafür, dass Menschen reine „Linkshemisphäriker" oder „Rechtshemisphäriker" sind. Zwischen der linken und rechten Hälfte sind die Grenzen ebenso fließend wie zwischen dem sprachlichen und dem nichtsprachlichem Gehirnfeld. Eher kann man gewisse Asymmetrien registrieren, die von Mensch zu Mensch verschieden sind und über Jahre hinweg konstant bleiben. Dabei liegt das Aktivitätsniveau bestimmter Hirnteile regelmäßig höher als das anderer Bereiche.

Unterschiedliche Ausprägungen

Das jedenfalls meint die Psychobiologin und Mitarbeiterin von Roger Sperry, Jerre Levy: „Allerdings ist bei einigen in variierendem Umfang die linke Hälfte aktiver und die Sprachfunktionen sind ausgeprägter. Bei anderen ist die rechte aktiver und räumliche Fähigkeiten sind besser entwickelt." (Hier zitiert nach Peter Treichel: „Der Mythos von den beiden Hirnhälften". In: „Weiterbildung" 1/91, S. 70.)

Für die Hirnhälftentheorie und die ihr zugrunde liegende jahrelange Forschungsarbeit erhielt Sperry 1981 den Medizin-Nobelpreis.

Der folgende Test liefert Hinweise darauf, bei welcher Ihrer Hirnhälften das Aktivitätsniveau regelmäßig höher ist.

Aktivitätsniveaus der Hirnhälften im Vergleich

Hemispheric Consensus Profile Test

Kreuzen Sie jeweils diejenige Antwort an, die am ehesten auf Sie zutrifft oder der Sie am ehesten zustimmen, auch wenn Ihnen die Alternativen nicht immer passen.

	Punkte
1. Ihre besten/liebsten Schulfächer waren:	
■ Mathematik, Physik, Chemie oder Informatik	1
■ Musik, Zeichnen oder Kunsterziehung	2

2. Ihre besten/liebsten Schulfächer waren
   - Deutsch, Fremdsprachen 1
   - Werken, Handarbeiten 2

3. Lösen Sie Probleme, indem Sie vorwiegend
   - Schritt für Schritt analysieren 1
   - plötzlich und unerwartet gefühlsmäßig die richtige Lösung finden 2

4. Treffen Sie im Privat- und Berufsleben in der Regel nur dann Entscheidungen, wenn diese durch strikt logische Überlegungen gestützt sind?
   - Ja 1
   - Nein 2

5. Wie ist das bei Ihnen im Privat- und Berufsleben: Sie haben eine gewisse „Ahnung", die logisch zwar nicht schlüssig ist, aber Ihr Gefühl spricht dafür. Folgen Sie dieser „Ahnung"?
   - Nein 1
   - Ja 2

6. Hatten Sie schon manchmal das Gefühl, dass einem Ihrer Freunde oder jemandem aus Ihrer Familie irgend etwas „Schlimmes" (Krankheit, Unfall, Probleme) widerfahren ist? Wurde dieses Gefühl später bestätigt, indem Sie erfuhren, dass tatsächlich etwas vorgefallen war?
   - Nein 1
   - Ja 2

7. Wie gut können Sie mit Landkarten oder Lageplänen umgehen?
   - Nicht so gut 1
   - Ziemlich gut 2

8. Wenn Sie ein Projekt in Angriff nehmen, was ist Ihnen wichtiger?
   - Dass es gut durchdacht ist 1
   - Dass etwas kreatives Neues entsteht 2

9. Wenn Sie Probleme lösen, welche Art der Vorgehensweise bevorzugen Sie?
   - Logisch durchdachtes, detailliertes Vorgehen 1
   - Spontanes Assoziieren von Gedanken und Verknüpfen origineller Ideen 2

10. Kommt es vor, dass sich Ihre Vorahnungen zukünftiger Ereignisse später bewahrheiten?
    - Nein 1
    - Ja 2

Auswertung
Zählen Sie Ihre Punkte zusammen und tragen Sie Ihr Ergebnis in diese Skala ein:

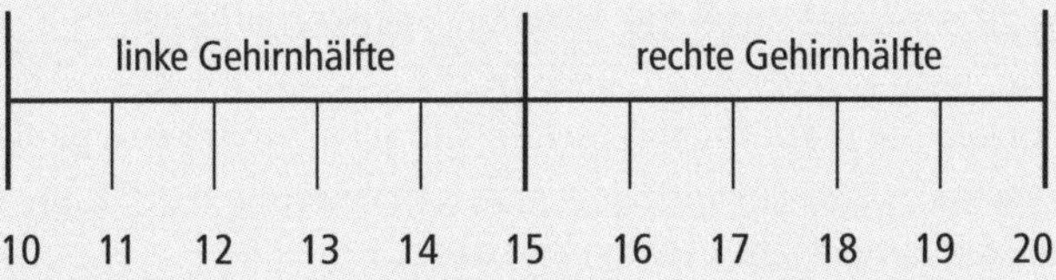

Wenn Sie zwischen 10 und 14 Punkten haben, ist bei Ihnen das Aktivitätsniveau der linken Gehirnhälfte regelmäßig höher. Liegt Ihre Punktzahl zwischen 16 und 20, dann spielt bei Ihnen die rechte Gehirnhälfte eine größere Rolle. Wenn Sie aber genau bei 15 Punkten liegen, dann setzen Sie beide Hemisphären ziemlich ausgewogen ein.

Anmerkung: Dieser Text wurde dem Buch „Gehirn, Geist, Vision" von David Loye (Basel 1986) entnommen und stark modifiziert.

1.3 Allgemeine Mnemotechniken

Grundlagenwissen erleichtert das Training

Der Aufbau und die Wirkungsweise Ihres Gedächtnisses wurden dargestellt, um Ihnen das Training Ihrer Gedächtnisleistung zu erleichtern. Begriffe und Zusammenhänge, die Sie sich langfristig merken wollen, bieten Sie Ihrem Langzeitgedächtnis wiederholt über das Ultra-Kurzzeit- und Kurzzeitgedächtnis an, bis sich diese dort einen festen Platz erobert haben. Dieser Vorgang lässt sich durch Mnemotechniken steuern und verbessern. Die Techniken wurden nach Mnemosyne benannt, der griechischen Göttin des Gedächtnisses.

Lern- bzw. Gedächtnisstoff sinnvoll strukturieren

Passive Aneignung nur wenig wirksam

Mechanisch eingepaukte Namen, Zahlen, Daten oder Gedichte sind wegen ihrer mehr oder weniger passiven Aneignung nur wenig gedächtniswirksam. Ein Speicher mit zu vielen Einzelinformationen droht bei noch so guter Ordnung unübersichtlich zu werden.

Aktiv begriffenes Wissen wird besser gespeichert

Anders verhält es sich dagegen mit aktiv verarbeiteten Dingen, die systematisch aufbereitet und strukturiert wurden, deren Sinnzusammenhänge Sie kennen. Sachverhalte, die Sie sich durch aktives Aneignen und Begreifen logisch erschließen, brauchen Sie nicht im klassischen Sinne zu lernen bzw. pauken. Logische Gedächtnisinhalte werden besser gespeichert als mechanisch eingetrichterter Wissensstoff.

Dies wurde bereits im ausgehenden 19. Jahrhundert in Untersuchungen nachgewiesen und auf „Vergessenskurven“ dargestellt – ähnlich wie bei der folgenden Abbildung.

Die Vergessenskurve

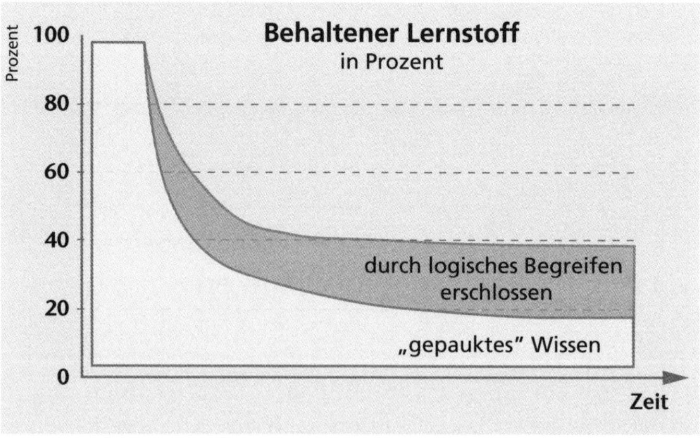

Sinnvolle Einheiten bilden

Um die Merkfähigkeit zu steigern, sollten Sie den Lernstoff auf die wesentlichen Inhalte konzentrieren bzw. strukturieren und in sinnvolle Blöcke gliedern, indem Sie zum Beispiel nach Oberbegriffen suchen. Teilen Sie das Lernmaterial in leicht erfassbare Abschnitte auf, die sinnvoll zusammengehören.

Von Botanikern lernen

Wenn der Lernstoff besonders umfangreich und kompliziert ist, dann gliedern Sie auf verschiedenen Ebenen in Oberbegriffe, so wie es Botaniker perfekt vormachen. Diese müssen Tausende Pflanzenarten erkennen und benennen können. Leichter wird dies, wenn erst in Familien unterteilt und diese anschließend wiederum in die jeweiligen Gattungen differenziert werden usw. Die weiter vorne beschriebene Technik des Mind-Mapping bietet sich mit ihren vielfältigen Gliederungsmöglichkeiten geradezu an, wenn es darum geht, strukturiert von Oberbegriffen ausgehend zu lernen.

→ Ergänzende und vertiefende Informationen zum Thema „Mind-Mapping“ finden Sie im Kapitel A 11 dieses Buches.

Konzentriertes Lernen

Gedanken beim Thema behalten

Die einzelnen Lernwege stellen die „Zuflusskanäle“ zu Ihrem Gehirn dar. Ihre Güte und Leistungsfähigkeit beeinflussen die Qualität des Lernens erheblich. Die Bündelung eines Kanals auf einen bestimmten Lernstoff nennt man Konzentration. Das ist die Fähigkeit, aktiv, intensiv und über einen bestimmten Zeitraum seine Aufmerksamkeit auf eine Tätigkeit oder einen Gedanken zu richten. Während man sich in einer Konzentrationsphase befindet, grenzt man sich gegenüber Einflüssen, die nicht dazugehören, ab und behält jederzeit seine Gedanken beim jeweiligen Thema.

Pausen machen, Kanäle wechseln

Sie ermüden rasch, wenn Sie sich ohne Pause auf einen engen Bereich konzentrieren und dabei nur einen Kanal nutzen. Es steigt die Anstrengung. Daher kann man die Konzentration beim Lernen kaum durch erhöhte Willensanstrengung steigern. Durch das Abwechseln verschiedener Lernkanäle dagegen wird kein Kanal längere Zeit ununterbrochen benutzt. Die Ermüdung bleibt gering und die Konzentration erfordert weniger Aufwand.

Lernen attraktiv gestalten

Sie ermüden besonders rasch, wenn der Lernstoff sehr gleichförmig und nicht besonders anspruchsvoll ist. Man spricht dann von *Monotonie*. Als Gegenmaßnahme sollten Sie die Randbedingungen des Lernens möglichst abwechslungsreich und attraktiv gestalten. Sie ermüden auch dann besonders rasch, wenn lange Zeit hindurch nur ein eng begrenztes Gebiet bearbeitet wird. Man spricht in diesem Fall von Sättigung. Abhilfe schafft hier das rechtzeitige Dazwischenschieben andersartiger Tätigkeiten.

Die Gedanken ordnen

Da Konzentration die Voraussetzung für effektives Lernen ist, sollten Sie versuchen, Ihre Konzentrationsfähigkeit zu steigern. Es gibt innere und äußere Faktoren, die Ihre Konzentrationsfähigkeit mitbestimmen. Wut, Trauer oder andere intensive Gefühlsschwankungen zählen genauso wie mangelndes Selbstbewusstsein oder Angst zu versagen zu den inneren Bedingungen, die Ihre Konzentrationsfähigkeit und somit Ihre Aufnahmefähigkeit nachhaltig beeinflussen. Versuchen Sie, Ihre Gedanken zu ordnen, bevor Sie sich konzentrieren.

Äußere Umstände, die Ihre Aufmerksamkeit beeinträchtigen können, sind zum Beispiel:

- eine laute Geräuschkulisse am Arbeitsplatz,
- Besuche.
- Anrufe.

Viele Sinne am Gedächtnisprozess beteiligen

Zwei Gedächtnistypen

Die Eingangspforten Ihres Gedächtnisses sind zu vier Fünftel Auge und Ohr. Informationen gelangen, abgesehen vom Fühlen und Denken, durch Sehen und Hören auf Ihre geistigen „Speicherbänder“. Wenn Sie Gelesenes besser behalten, sind Sie ein visueller Gedächtnistyp. Können Sie Gehörtes besser speichern, zählen Sie zu den akustischen Gedächtnistypen.

Sehen und Hören kombinieren

Das, was Sie hören, behalten Sie in der Regel zu 20 Prozent, das, was Sie sehen, zu 30 Prozent, aber das, was Sie sehen und hören, zu 50 Prozent. Hieraus folgt, alle Sinne beim Einspeichern in Ihren „Mnemocomputer“ einzusetzen. Informationen für das Ohr verstärken Sie durch schriftliche Aufzeichnungen oder

Schaubilder und geben diese über das Auge als Verstärker in das Gedächtnis. Wenn Sie zum Beispiel eine gerade gehörte Telefonnummer aufschreiben, werden Sie sich diese leichter merken können.

Schriftliche Informationen untermauern Sie durch mündliches Nachformulieren. Da Ihr Gedächtnis weitgehend sprachabhängig ist, hängt der Grad des Einprägens von der ersten eigenen Formulierung ab.

Innerlich visualisieren

Bunte Bilder schaffen

Besser noch als all Ihre Sinne eignet sich aber Ihre Fantasie dazu, sich über Gedächtnislücken hinwegzuhelfen. Egal ob es der Name des neuen Kollegen, die Telefonnummer des Handwerkers oder die Einkaufsliste für morgen ist – alles lässt sich leichter behalten, wenn wir die abstrakten Fakten in unserer Fantasie zu bunten konkreten Bildern werden lassen. Dabei sollte man sich nicht vor Übertreibungen oder allzu verrückten Einfällen scheuen, denn das Gehirn speichert vorzugsweise Bilder von großer Eindruckskraft.

Die Übersetzung von Gehörtem, Gelesenem in Bildern vollziehen wir tagtäglich, oft ohne uns dessen bewusst zu sein. Wenn Sie beispielsweise mit einem Menschen telefonieren, den Sie nicht kennen, dann machen Sie sich ein Bild von ihm. Man spricht in diesem Zusammenhang von „dualer Codierung“, denn beide Hirnhälften werden am Speichervorgang beteiligt.

Bewegung ins Bild bringen

Wichtig ist auch, dass Sie Bewegung in Ihr Bild bringen, denn Aktionen lassen sich besser merken als bloße Standbilder. Sie können sogar „Kopfkino“ betreiben, indem Sie einen kleinen Film zu dem jeweiligen Sachverhalt „drehen“, den Sie bei Bedarf vor Ihrem inneren Auge abspulen. Dies wird dazu beitragen, dass Sie dauerhaft auf die gewünschten Informationen zurückgreifen können.

Superzeichen-Technik

Von dieser inneren Bebilderung wird auch die Technik der *Superzeichen* abgeleitet. Das sind Bilder im Kopf, so wie Ihr Gedächtnis sie ohnehin automatisch erstellt. Diese Zeichen stellen einen Zusammenhang zwischen Einzelinformationen her. Das kann auch wieder durch Assoziationen mit schon bekannten Sachverhalten geschehen, sodass die alte Information die neue mit transportiert. Bei dieser Technik orientieren Sie sich am Kern des Ganzen und verschaffen sich einen Überblick aus der Vogelperspektive. Das setzt aber ein gezieltes Vergessen voraus, und zwar solcher Informationen, die Ihnen unwichtig erscheinen.

Von einem Turm herabblicken

Angenommen, Sie hören einem Vortrag über Gedächtnistechniken zu. Sein Inhalt ist das, was Sie in diesem Kapitel gelesen haben. Sie versuchen nun aus der Vogelperspektive – zum Beispiel von einem Turm herabblickend – die Einzelinformationen gedanklich zu bebildern und dann die Einzelbilder zu verknüpfen bzw. in ein Gesamtbild zu bringen.

Praxisbezug herstellen

Methode und Inhalt nicht trennen

Viele Menschen wollen zunächst ihr Gedächtnis verbessern und es dann praktisch anwenden. Dieser Weg ist falsch. Methode und Inhalt sind nicht zu trennen. Das Einprägen ist dann produktiv, wenn das, was Sie sich merken wollen, zu dem, was Sie machen, einen praktischen Bezug hat, wenn es also Sinn und Nutzen stiftet.

Wenn Sie sich etwas einprägen, dann sollten Sie wissen, warum Sie das tun und in welchen Situationen diese oder jene Information benötigt werden könnte. Das verringert den Abstand zwischen Theorie und Praxis. Darum sollten Sie Ihr Gedächtnis nicht in einer Art geistigem Laboratorium, sondern an den alltäglichen Begebenheiten trainieren.

Wert beimessen

Wenn Sie aber gezwungen sind, sich Dinge zu merken, die Sie eigentlich nicht interessieren (zum Beispiel historische Jahreszahlen), dann versuchen Sie, den Dingen einen persönlichen Wert beizumessen oder etwas Positives damit zu verbinden.

Motivationen und Emotionen schaffen

Für das Lernen ist es wichtig zu wissen, aus welchen Gründen Sie lernen und welche Wünsche und Bedürfnisse dahinter stehen. Dafür gibt es den Begriff *Motivation.* Motive sind keine Einzelereignisse, sondern haben ihre Entstehungsgeschichte. Sie sind umso intensiver, je häufiger die ausgelösten Handlungen angenehme Folgen haben.

Belohnung stärkt das Behalten

Aus der Lernpsychologie wissen wir, dass Belohnungen Gedächtnis verstärkend wirken. Das gilt vor allem dann, wenn die Belohnungen und Bestätigungen nicht hinausgeschoben werden, sondern unmittelbar nach der Lernleistung erfolgen.

Dagegen vermindert Misserfolg die Lernmotivation. Um möglichst wenige Misserfolge zu erleben, müssen Sie Ihre Erwartungen an den Lernerfolg realistisch ansetzen. Je mehr und je stärker Sie Ihre Motive in den Dienst des Lernzieles stellten, umso besser lernen Sie.

„Programmierter Unterricht"

Die konsequente Nutzung dieses Gedankens findet sich im „programmierten Unterricht". Hier werden Lerninhalte in kleine und systematische Folgen von Lernschritten eingeteilt. Jeder Lernschritt wird, wenn er erfolgreich abgeschlossen wurde, positiv bestätigt. Diese ständigen Erfolgserlebnisse wirken lernverstärkend.

Interne Lerngründe beachten

Beim Lernen werden häufig die Lerngründe übersehen, die ohne Einflüsse von außen oder von anderen Personen im Lernstoff oder in uns selbst liegen. Informationen und Sachverhalte, zu denen Sie ein inneres Verhältnis haben, die Sie interessieren, denen Sie freudig gegenübertreten, gelangen oftmals unbewusst sofort ins Langzeitgedächtnis. Daraus folgt: Wenn Sie Informationen mit Neugier, Freude, Erfolgserlebnissen, Spaß und Spiel verbinden, werden diese besser verankert. Durch solche „internen Lerngründe" gewinnen Sie meist mehr Spaß am Lernen. Das Lernen erscheint weniger anstrengend. Ähnlich wie beim Verschmelzen von spontaner und willkürlicher Konzentration fließen bewusstes und unbewusstes Behalten ineinander über.

Je besser Ihre Stimmung ist, umso größer ist Ihre Gedächtnisleistung. Außerdem werden die mit erfreulichen Dingen verbundenen Gefühle eingespeichert. Im Moment des Erinnerns werden darum auch die emotionalen Empfindungen aktiviert.

Lernpartner suchen Auch der Kontakt zu anderen Menschen kann in Ihnen Lernmotive auslösen. Daher sollten Sie sich Lernpartner suchen. Daraus resultieren positiver Wettbewerb, das Gruppengefühl und die Gruppennormen.

Lernziele formulieren

Ziele klären Die Zielsetzung ist wichtig für Ihren Lernerfolg. Sie müssen klären, *warum* Sie etwas lernen wollen und was Ihre Lernziele sind. Ziele sind ein starker Antrieb für das Gedächtnis. Dieses wächst im Verhältnis zur Stärke des Motivs. Außerdem prüft das Gedächtnis die Informationen an den Zielen, die Sie erreichen wollen, und an den Erwartungen und Motiven, die Sie damit verbinden.

Etappenziele schaffen Ziele, die allgemein und langfristig angelegt sind – so genannte Grobziele oder Endziele –, sollten Sie in Teil- bzw. Etappenziele aufgliedern, zum Beispiel das Bestehen einzelner Klausuren oder Hausarbeiten, denn das Erreichen eines Teilziels und der damit verbundene Erfolg erhöhen wiederum das Bestreben, noch mehr zu erreichen, und stärken somit die Motivation.

Ziel muss erreichbar sein Dabei ist es wichtig, dass Sie Ihre Ziele erreichbar und realistisch ansetzen, dazu sollten Sie Ihre eigenen Stärken und Schwächen analysieren, um sie gegebenenfalls zu maximieren bzw. zu minimieren.

Versuchungen meiden Durch reizvolle äußere Einflüsse kann das Erreichen Ihrer Ziele gestört werden. Eine solche Situation wird *Versuchungssituation* genannt. Um ungestört lernen zu können, müssen Sie Versuchungssituationen möglichst ausschalten. Konkurrierende Motive, die eigentlich nicht auf das Lernziel gerichtet sind, können „umgelenkt" werden, indem man sie als Belohnung für erfolgreiches Lernen benutzt. Schema: „Wenn ich das geschafft habe, dann darf ich …" Viele Lerngründe beruhen auf äußeren, greifbar materiellen Einflüssen: Belohnung, Strafe, konkurrierende Motive.

Machen Sie sich also Ihre Ziele und Motive klar, bevor Sie etwas zu lernen beginnen:

Vier Schritte des Zielesetzens

1. Schritt: Beschreiben Sie mit möglichst vielen Einzelheiten, wer und was Sie eigentlich veranlasst, etwas zu lernen und zu behalten. Was sind Ihre Lernmotive?

2. Schritt: Beschreiben Sie, welche Ziele Sie mit dem Lernen erreichen wollen. Schildern Sie konkret, was Sie tun können, wenn Sie diese Ziele erreicht haben.

3. Schritt: Machen Sie die gesetzten Ziele interessant. Beschreiben Sie also, warum es sich für Sie lohnt, die Ziele zu erreichen.

4. Schritt: Planen Sie die angenehmen Folgen eines Lernschritts, z.B. indem Sie eine Belohnung einkalkulieren.

→ Ergänzende und vertiefende Informationen zum Thema „Zielmanagement“ finden Sie im Kapitel A 6 dieses Buches.

Gedankenverbindungen herstellen (assoziieren)

Neues mit Bekanntem verknüpfen

Ihre Sinneseindrücke verlöschen wieder, wenn sie nicht durch besondere Aufmerksamkeitszuwendungen an vorhandene Vorstellungsgitter angekoppelt werden. Anders ausgedrückt: Ihr Gehirn muss neue Informationen mit bereits vorhandenen Gedächtnisinhalten assoziieren. Sie verknüpfen also Neues mit Bekanntem.

Eselsbrücken bauen

Neues Wissen, das mit früher Gelerntem in Verbindung gebracht wird, bringt die biochemischen Prozesse des gedächtnisrelevanten Teils Ihres Gehirns wieder in Gang. Darum sollten Sie neue wichtige Informationen mit Bekanntem, Wichtigem oder auch Entgegengesetztem verknüpfen, räumliche oder zeitliche Beziehungen herstellen, also so genannte Eselsbrücken bauen. Das erleichtert das Behalten und setzt Erinnerungen schnell wieder in Gang.

Diese Verknüpfung zwischen Alt und Neu ist Grundlage der meisten konkreten Gedächtnistechniken, wie sie zum Beispiel für das Namens- und Zahlengedächtnis erarbeitet wurden. Da Sie sich an Dinge, die Sie schon kennen, leichter erinnern als an völlig neue Sachverhalte, sollten Sie versuchen, eine Verbindung zwischen dem bekanntem und dem neuem Sachverhalt herzustellen. Stellen Sie sich vor, Sie wollen sich unbekannte Begriffe in einer bestimmten Reihenfolge merken. Dann stellen Sie sich zu jedem unbekannten Begriff einen bekannten Begriff vor und „verschmelzen" beide gedanklich. Sie werden feststellen, dass Sie die Begriffe besser behalten als Begriffe, die Sie sich mit stupidem Auswendiglernen einprägen.

Regelmäßig wiederholen

Mehr behalten durch Wiederholung

Wenn Sie Ihren Gedächtnisstoff gedanklich reproduzieren, vergrößert dies den Behaltensgrad. „Repetitio mater studiorum est" (Wiederholung ist die Mutter des Lernens), sagten die alten Lateiner.

Perspektiven wechseln

Eine Wiederholung sollte logisch und zielgerichtet sein. Außerdem hat es sich als zweckmäßig erwiesen, bei der gedanklichen Rekapitulation jedes Mal einen anderen Blickwinkel einzunehmen bzw. die Sache geistig umzustrukturieren, um so den gedächtnisstärkenden Assoziationseffekt zu erzielen.

Überlernen vermeiden

Der Vorgang des Vergessens ist in der weiter oben abgebildeten Vergessenskurve dargestellt. Am Anfang vergessen Sie sehr schnell das Gelernte. Mit zunehmender Dauer wird diese Kurve immer flacher, bis schließlich beinahe gar nichts mehr vergessen wird. Wenn Sie hundert Prozent des Lernstoffes beherrschen, ist es nicht sinnvoll, noch weiter zu lernen. Sie sollten wertloses Überlernen vermeiden. Lernpsychologen haben festgestellt, dass die über längere Zeiträume verteilte Wiederholung einer Sache gedächtnisaktiver ist als zahlreiche, unmittelbar aufeinander folgende Wiederholungen in einem kurzen Zeitraum.

Sinnvolle Intervalle

Orientieren Sie sich an diesen Wiederholungsintervallen:

- 20 Minuten nach dem ersten Lerndurchgang (also am Ende der Zeitspanne des Kurzzeitgedächtnisses) erfolgt die erste Wiederholung.
- Etwa 24 Stunden später, nachdem Sie alles einmal überschlafen haben, wiederholen Sie nochmals.
- Die dritte Wiederholung findet nach etwa einer Woche statt.
- Nach einem Monat wiederholen Sie zum vierten Mal.

Literatur

Vera F. Birkenbihl: *Das „neue“ Stroh im Kopf? Vom Gehirn-Besitzer zum Gehirn-Benutzer.* 42. Aufl. Offenbach: GABAL 2004.

Vera F. Birkenbihl: *Stichwort Schule: Trotz Schule lernen!* 16., aktual. Aufl. München: Moderne Verlagsges. Mvg 2003.

Roland R. Geisselhart und Christiane Burkart: *30 Minuten für beruflichen Erfolg mit dem Power-Gedächtnis.* Offenbach: GABAL 1999.

Walter F. Kugemann und Bernd Gasch: *Lerntechniken für Erwachsene.* Reinbek: Rowohlt 1997.

Regula Schräder-Naef: *Lerntraining für Erwachsene.* Weinheim: Beltz 2001.

2. Spezielle Gedächtnistechniken

Um sich Namen, Zahlen oder Begriffe zu merken, wurden spezielle Gedächtnistechniken entwickelt. Sie beruhen zumeist auf den Prinzipien und Vorgehensweisen, die im Kapitel „Allgemeine Gedächtnistechniken" (B 1) vorgestellt wurden, insbesondere auf den Verknüpfungs- und Visualisierungstechniken.

2.1 Namen einprägen

Schluss mit der Vergesslichkeit

Es ist peinlich, mit Namen angesprochen zu werden, während man selbst den Namen seines Gegenübers vergessen hat. Sie können sich zwar noch an sein Gesicht erinnern, aber nicht an den Namen. Das muss nicht sein, wenn Sie die folgenden Empfehlungen einige Male üben.

Bilder einprägen

Sie wissen, dass Sie sich leicht an ein Gesicht erinnern. Das zeigt, wie leicht Ihr Gehirn Bildinformationen speichert. Darum müssen Sie aus einer Buchstabenfolge – zum Beispiel Weber – eine Bildinformation machen und diese mit der Person verknüpfen: Sie stellen sich vor, dass Ihr Gegenüber den Beruf des Webers ausübt und an einem Webstuhl arbeitet. Dieses Bild prägen Sie sich ein. In seinem Gesicht suchen Sie weitere Anhaltspunkte für diesen Namen, beispielsweise indem Sie die Gesichtsfalten als Webfäden deuten. Es ist hilfreich, wenn Sie im Gesicht des anderen Menschen Anhaltspunkte für eine Eselsbrücke finden.

Verknüpfen Sie eine vertraute Information (Weber) mit einer konkreten Person und „gießen" Sie beides in ein Bild.

Damit ziehen Sie die neue Information durch das Ultra-Kurzzeitgedächtnis und das Kurzzeitgedächtnis hindurch direkt in das Langzeitgedächtnis. Es handelt sich auch hierbei um das Prinzip doppelter Codierung, indem Vertrautes mit Neuem verknüpft und beide Hirnhälften beteiligt werden.

Vorstellungskraft einsetzen

Nun bestehen nicht alle Namen aus einer Berufsbezeichnung oder einem Hauptwort. Es gibt die Trittins, die Werners, die Westerwelles, die Machzinowskis. Um sich Namen wie diese zu merken, benötigen Sie etwas Kreativität bzw. bildliche Vorstellungskraft. Wenn Sie sich bei Trittin vorstellen, wie dieser anderen einen kräftigen Tritt versetzt, dann haben Sie wieder das notwendige Bild, das sich leicht einprägen lässt. Von diesem Bild ist es dann nicht mehr weit bis zu Trittin.

Die meisten Namen lassen sich den folgenden Gruppen zuordnen und mit den jeweiligen Hinweisen einprägen.

Bezug auf etwas Sichtbares

1. *Namen, die sich auf etwas Sichtbares beziehen,* wie Berufe, Orte, Gegenstände. Beispiele sind Beckenbauer, Koch, Eichel, Kohl, Fischer oder Bach. Bei solchen Namen bringen Sie das Sichtbare in eine Verbindung mit der Person, stellen sich also Joschka Fischer mit Netzen und Fischen vor oder Hans Eichel, der im Wald Eicheln sammelt.

Bezug auf Sachverhalte

2. *Namen, die sich auf Sachverhalte beziehen.* Beispiele sind Groß, Klein oder Kalt. Hier müssen Sie gedanklich ein wenig jonglieren und Analogvorstellungen zu den Sachverhalten bilden. Stellen Sie sich Herrn Groß als Riesen vor, um eine gedankliche Brücke zu seinem Namen herzustellen.

Vorname als Nachname

3. *Namen, die einen Vornamen als Nachnamen haben,* zum Beispiel Paul Werner oder Fritz Walter. Hier denken Sie an einen Ihnen bekannten Menschen, der den entsprechenden Vornamen trägt. Verbinden Sie dann beide Personen, indem Sie sie auf einem imaginierten Foto nebeneinander stellen.

Bekannte Namen

4. *Namen, die einen großen Bekanntheitsgrad haben,* wie beispielsweise Albert Einstein, Helmut Schmidt oder Thomas Mann. Hier verfahren Sie so wie bei den Namen, die einen Vornamen als Nachnamen haben.

Etwas hineindenken

5. *Namen, die teilweise etwas Gegenständliches beinhalten oder in die man sich etwas Gegenständliches oder eine Handlung hineindenken kann.* Solche Namen lauten beispielsweise Jauch, Bohlen, Westerwelle oder Behrendt. Um auf sinnvolle und damit einprägsame Begriffe zu kommen, ergänzen oder kürzen Sie den Namen um einen oder mehrere Buchstaben: Aus Jauch wird Jauche, aus Bohlen Bohle. Nun verknüpfen Sie den Gegenstand mit der Person. Stellen Sie sich beispielsweise vor, wie Herr Jauch(e) auf einem Jauchewagen sitzt. Denkbar ist auch, dass Sie den Namen in eine kurze Handlung einbetten. Herr Westerwelle kommt als Welle von Westen über das Land, bei Herrn Behrend denken Sie an einen Bär, der rennt.

Anderer Sprachraum

6. *Namen aus einem anderen Sprachraum.* Namen, die aus anderen Sprachräumen stammen, sind besonders schwer zu merken. Mit etwas Fantasie können Sie den Namen ausschmücken und eventuell in einen Handlungsablauf integrieren. Herrn Machzinowski stellen Sie sich eine Maschine auf Ski vor. Bei Putin denken sie an die Kombination der englischen Wörter *put* und *in* (hineinlegen). Lafontaine kann man sich als Fontäne gut merken. Leicht ist es auch bei Namen wie George Bush (Busch) oder Bill Gates (gate = Pforte, Zugang).

2.2 Zahlen, Abläufe, Erledigungen behalten

Hilfsbilder nutzen

Um sich zu merken, was Sie ohne Manuskript vortragen bzw. ohne Notizzettel einkaufen oder erledigen wollen, bedienen Sie sich der Hilfsbildreihe. Hierbei handelt es sich um eine weitere Verknüpfungstechnik, bei der Sie Vertrautes mit Neuem verbinden und vor Ihrem inneren Auge sehen.

Zunächst benötigen Sie eine Zahlenreihe. Sie ermöglicht es Ihnen, sich Dinge in der richtigen Reihenfolge zu merken, zum Beispiel bei einem manuskriptfreien Vortrag. Da Zahlen aber abstrakt sind, müssen sie vergegenständlicht werden, und zwar beispielsweise so:

Zahlen als Bilder

1 (Kerze)

2 (Schwan)

3 (Dreizack)

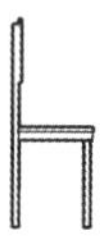
4 (Stuhl)

5 (Fleischerhaken)

6 (Lasso)

7 (Fahne)

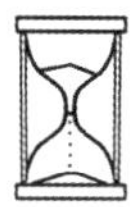
8 (Sanduhr)

9 (Bratpfanne)

10 (Billard-Queue und Kugel)

Beispiel für das Einprägen einer Reihenfolge

Angenommen Sie wollen nun ein Referat mit den unten benannten Themen in der aufgeführten Reihenfolge halten, dann wenden Sie diese Hilfsbildreihe an:

1. *Die Historie Ihres Unternehmens*
   Stellen Sie sich vor, Ihr Firmengründer liest in einem alten Geschichtsbuch bei Kerzenlicht.
2. *Marktgebiet*
   Stellen Sie sich fliegende Schwäne vor, die Ihre Waren transportieren.

3. *Geschäftsführung*
   Stellen Sie sich einen Dreizack vor, an deren Spitzen die Köpfe der Mitglieder der Geschäftsführung aufgespießt sind.
4. *Produktions- oder Angebotsprogramm*
   Stellen Sie sich eine Stuhlreihe vor. Auf jedem Stuhl liegt je eines Ihrer Produkte oder Angebote.
5. *Wirtschaftliche Lage des Unternehmens*
   Denken Sie an einen 5-Euro-Schein, auf dem die Bilanz Ihres Unternehmens angedruckt ist.
6. *Kunden*
   Zeichnen Sie gedanklich ein Lasso, mit dem Sie Ihre Kunden einfangen.
7. *Nutzen einer Zusammenarbeit für den Kunden*
   Denken Sie an eine Flagge, auf der Ihre Kunden und drei Pluszeichen oder der Nutzen bildlich real aufgedruckt sind.
8. *Mitarbeiter*
   Stellen Sie sich vor, wie diese ihren Spaß in einer Achterbahn haben oder durch eine Eieruhr hindurchrieseln.
9. *Maschinenpark*
   Stellen Sie sich vor, dass Sie ihn in der Bratpfanne rösten.
10. *Zukunftsaussichten*
    Visualisieren Sie innerlich eine lange Straße mit einem Horizont am Ende. Sie stoßen eine Billardkugel auf diese Straße, die bis zum Horizont rollt.

Viele Anwendungsmöglichkeiten

Nach diesem Prinzip lassen auch viele andere Dinge merken, beispielsweise Ihre Tages- oder Einkaufsplanung, Diskussionspunkte für eine Konferenz, Fragen für ein Bewerber- oder Mitarbeitergespräch.

Die Loci-Methode

Eine Variante hiervon ist die *Loci-Methode* (lateinisch locus = der Ort). Auch sie basiert auf der Verknüpfung von Bekanntem mit Neuem. Das Bekannte könnte Ihre Wohnung oder Ihr Wohnort sein. Stellen Sie sich vor, Ihr Tagesplan für morgen sieht diese Aufgaben vor:

- Bericht für den Vorstand schreiben,
- Besprechung mit Frau Maier,
- Reisekostenabrechnungen für den letzten Monat,
- Statistik für die XY-Abteilung,

- Kurzbericht über einen Kundenbesuch schreiben,
- Schulungsplan für einen Mitarbeiter aufstellen,
- Frau Dollfuß zum Geburtstag gratulieren.

Beispiel für die Loci-Methode

Nun suchen Sie feste Punkte in Ihrer Wohnung wie zum Beispiel:

1. Flurgarderobe,
2. Gästetoilette,
3. Küche,
4. Badezimmer,
5. Schlafzimmer,
6. Wohnzimmer,
7. Kinderzimmer.

Zimmer mit Tagesplan verknüpfen

Anschließend verknüpfen Sie diese Bereiche Ihrer Wohnung mit den Punkten Ihres Tagesplanes. Stellen Sie sich beispielsweise vor, dass Ihr Chef im Flur an Ihrer Garderobe hängt und Ihren Bericht liest. In der Gästetoilette hält sich Frau Maier auf, mit der Sie eine Besprechung abhalten wollen. In der Küche liegt die Reisekostenabrechnung in der Spüle usw. Je skuriler das Bild, umso stärker die Merkkraft.

Wenn Sie sich den Plan in einer Reihenfolge nach Wichtigkeit merken wollen, dann legen Sie das Abschreiten in Ihrer Wohnung genau fest. An Position 1 befindet sich ein Bild von der wichtigsten Aufgabe ihres Tagesplanes, an Position 2 das von der zweitwichtigsten usw.

2.3 Vokabeln lernen

Den gesamten Organismus beteiligen

Nicht nur das Lernen von Fremdsprachen, sondern überhaupt das Lernen an sich muss rational gestaltet werden, das heißt, es soll in kürzester Zeit so viel wie möglich gelernt werden. Das erreicht man nicht nur mit einer starken Motivation, sondern dadurch, dass der gesamte Organismus beteiligt wird, wobei das Gehirn natürlich die federführende Funktion übernimmt. Das ist ein Aspekt, den Sie sich beim Erlernen einer Fremdsprache immer vor Augen halten sollten.

Visuell lernen

Nach Meinung von Sprachpädagogen ist der visuelle Lernstil der wirksamste für den langfristigen schulischen Erfolg. Dieser beruht auf dem Einsatz von gedanklichen Vorstellungen, die schon im Kapitel über allgemeine Lern- und Gedächtnistechniken erwähnt wurden. Mittels Visualisierung ist ein schnelleres Aufnehmen, Verarbeiten und Abrufen von Lernstoff möglich.

→ Ergänzende und vertiefende Informationen zu allgemeinen Lern- und Gedächtnistechniken finden Sie im Kapitel B 1 dieses Buches und zum Thema „Superlearning“ im Kapitel B 4.

Beide Hirnhälften beteiligen

Für das Erlernen von Fremdsprachen gibt es kein allgemein gültiges Rezept, nachdem Sie sich richten können. Wichtig ist, gehirngerecht zu lernen, das heißt, Sie lernen so, dass möglichst beide Hirnhälften am Lernprozess beteiligt sind.

Das Erlernen einer Fremdsprache kann man in diese Teilaspekte untergliedern:

- Sprechen,
- Schreiben,
- Lesen,
- Hören.

Die Sprache passiv oder aktiv nutzen?

Vor allem müssen Sie sich von Anfang an darüber im Klaren sein, inwieweit Sie eine Sprache verstehen möchten: Wollen Sie sie nur passiv verstehen, das heißt, ohne sie zu sprechen? Ist es Ihr Wunsch, die Sprache aktiv zu nutzen? Hier gibt es wiederum zwei Varianten. Die erste ist die, dass Sie nur geläufige Formen des Tagesablaufs beherrschen möchten. Bei der zweiten Variante möchten Sie gerne über die Grenzen des Tagesablaufs hinausgehen und sich in der jeweiligen Sprache über verschiedene Themen unterhalten können. Um sich in einer Sprache flüssig unterhalten zu können, sollten Sie nicht nur genug Vokabeln kennen, sondern auch die Aussprache und die Grammatik beherrschen.

Technik einsetzen

Die Entwicklung der Technik bietet Ihnen immer mehr Möglichkeiten, die Ihnen das Lernen wesentlich erleichtern. So können Sie Medien wie Radio, Fernseher, Videorekorder, CD-

Player, MP3-Player oder PC nutzen. Die besten Möglichkeiten sind der Walkman oder noch besser kleine MP3-Player, die Sie überall mit hinnehmen können und auf denen Sie sich Sprachlektionen oder Hörbücher in der jeweiligen Sprache anhören. Solche Geräte dienen nicht nur zum aktiven Lernen, sondern können auch als passive Lern-Zeitbrücke beim Warten an der Haltestelle oder im Wartezimmer beim Arzt lernverstärkend eingesetzt werden.

Bewusst hören

Die darauf gespeicherten Texte können Sie entweder bewusst oder unbewusst hören. Beim bewussten Hören versuchen Sie das Gehörte gezielt zu verstehen und zu wiederholen. Dabei ist es von Vorteil, wenn Sie den gehörten Text gleichzeitig im Buch verfolgen können. Wenn Sie dann noch die Texte nachsprechen, greifen Hören, Lesen und Sprechen wie beim Zahnrad ineinander und entfalten so große Wirkkraft.

Nebenbei hören

Beim unbewussten Nebenbeihören können Sie auch andere Arbeiten nebenbei erledigen, zum Beispiel bügeln, etwas basteln, kochen usw. Hier geht es darum, dass sich Ihr Ohr an die fremde Sprachmelodie gewöhnt. Dies ist für die spätere Aussprache sehr hilfreich.

Literatur

Vera F. Birkenbihl: *Sprachenlernen leichtgemacht!* 28. Aufl. Frankfurt/Main: Moderne Verlagsges. Mvg 2003.

Elmar-Laurent Borgmann: *Sprachen lernen mit neuen Medien.* Frankfurt/Main: VAS-Verlag für Akademische Schriften 1999.

Robert Kleinschroth: *Sprachen lernen.* Reinbek: Rowohlt 2000.

Franz J. Schumeckers: *50 Schritte zum besseren Gedächtnis – Übungskarten: Namen und Gesichter.* Kempen: Moses-Verlag 2003.

John Trim, Brian North und Daniel Coste: *Gemeinsamer europäischer Referenzrahmen für Sprachen: lernen, lehren, beurteilen.* Berlin u. a.: Langenscheidt 2002.

3. Gedächtnis-wirksames Schnell-Lesen

Lesen Sie bitte den Text nach folgenden Vorgaben:

1. *Verschaffen Sie sich einen kurzen Überblick.*
2. *Fragen Sie sich, welche Antworten Sie vom Text erwarten.*
3. *Lesen Sie den Text schneller als üblich, aber voll konzentriert.*
4. *Versuchen Sie, die Zeilen von der Mitte aus mit einem Blick zu erfassen. Zu diesem Zweck können Sie diese Blätter senkrecht in der Mitte falten.*
5. *Stoppen Sie die Zeit, die Sie für die Lektüre benötigen.*

Zeit ist ein knappes Gut

Sie lesen Briefe, Notizen, Fachbücher und -aufsätze, Geschäftsberichte, die Tageszeitung und anderes mehr. Dafür benötigen Sie viel Zeit. Die aber ist ein knappes Gut. Achtzig Prozent aller Führungskräfte beklagen, sie hätten keine Zeit, um mit dem Lesen der sie betreffenden Fachliteratur auf dem Laufenden zu bleiben.

Lesedienste

Inzwischen gibt es sogar schon besondere Lesedienste, die dem Manager diese Arbeit abnehmen, indem sie selbst umfangreiche Bücher auf wenige, die wichtigsten Aspekte enthaltende Seiten zusammenfassen.

Bei einer kürzlich durchgeführten Befragung von Führungskräften über die „Sorgen des Alltags" rangierte die Papierflut mit 68 Prozent der Nennungen an der Spitze.

Informationslawine

Die Informationslawine rollt auch über Sie hinweg. Das schriftliche Informationsangebot verdoppelte sich von 1900 bis 1950. Bis 1960 verdoppelte es sich nochmals und ein weiteres Mal bis 1966. Die Zahl der wissenschaftlichen Zeitschriften verdoppelt sich alle 15 Jahre, die der Fachaufsätze und Patente alle neun Jahre.

Bessere Lesetechnik ist nötig

Um die heutige Informationsfülle zu bewältigen, reichen herkömmliche Lesegewohnheiten nicht mehr aus; die Lesetechnik muss verbessert werden. In den USA gibt es zahlreiche „Reading Clinics“ sowie Forschungs- und Lehranstalten für richtiges Lesen.

Lesekurse

Verschiedene Universitäten haben ein eigenes „Reading Improvement Programme“ (Lese-Verbesserungsprogramm) entwickelt, wie Harvard, Princeton und Yale. Aber auch in den Schulen, beim Militär und in vielen Unternehmen werden Lesekurse veranstaltet. Was die Lesegeschwindigkeit angeht, so brachte es Präsident John F. Kennedy angeblich auf 1200 Wörter pro Minute.

3.1 Abschied nehmen von schlechten Lesegewohnheiten

Das Training für besseres Lesen verlangt das Ausmerzen schlechter Lesegewohnheiten:

Wort für Wort

- Das *Buchstabieren* bzw. das *Wort-für-Wort-Lesen* wirkt sich nachteilig auf die Lesegeschwindigkeit aus. Wenn – Sie – nämlich – Wort – für – Wort – lesen, – benötigen – Sie – längere – Zeit – zum – Erfassen – des – Sinnes – des – ganzen – Satzes. Wenn Sie dagegen versuchen, – gleich mehrere Wörter zu erfassen, – die in einem Zusammenhang stehen, – dann wird es Ihnen – wesentlich schneller gelingen, – das Gelesene zu verstehen.

  Beim ersten Satz war zwischen jedem Wort eine Pause, beim zweiten Satz nur jeweils nach mehreren zusammengefassten Wörtern. Ich empfehle Ihnen, auf diese Weise Ihre Lesetechnik übend zu verbessern.

Flüsterndes Mitlesen

- Durch *flüsterndes Mitlesen* mit Lippenbewegungen (Subvokalisation) werden 130 bis 135 Worte je Minute, beim stillen Lesen dagegen 140 bis 500 Worte pro Minute aufgenommen.

Unbeteiligt sein

- *Unbeteiligtsein* motiviert nicht zum Lesen. Aktive, interessierte Leser lesen schneller, weil sie bei der Sache bleiben und den Blick auf das Wesentliche richten.

Bilder auslassen

- Das *Auslassen von Illustrationen, grafischen Darstellungen und Tabellen* spart keine Zeit. Man riskiert auch Verständnislücken. Eine Illustration erhellt oft einen Tatbestand augenfälliger und klarer als viele Worte.

Spätestens an dieser Stelle sollten Sie sich fragen, wie Sie lesetechnisch vorgegangen sind, um

- das Wesentliche zu erfassen,
- keine Zeit mit Unwichtigem zu verlieren,
- zu verstehen, was Sie gelesen haben und
- das Gelesene nicht so schnell wieder zu vergessen.

Man behält nur die Hälfte

Mit unserer traditionellen Lesetechnik – das haben Untersuchungen aus den USA gezeigt – können Sie nur etwa die Hälfte des Gelesenen aufnehmen und wiedergeben. Selbst wenn man alles doppelt liest, erhöht sich die Behaltensquote nicht wesentlich.

3.2 Die SQ3R-Methode

Die von Francis Robinson entwickelte SQ3R-Methode, die 1961 veröffentlicht wurde und die Vorteile verschiedener Lesearten in sich vereinigt, hilft Ihnen, besser zu lesen.

Fünf Phasen

Sie gliedert sich in folgende fünf Phasen:

1. *Survey:* Überblick gewinnen,
2. *Question:* Fragen stellen,
3. *Read:* den Text lesen,
4. *Recite:* aus der Erinnerung rekapitulieren,
5. *Review:* nochmals durchlesen.

Ein Vergleich

Diese Lesetechnik ist dem Verhalten eines Fremden vergleichbar, der zum ersten Mal in eine Stadt kommt und – um sich einen Überblick zu verschaffen – den höchsten Turm der Stadt ersteigt. Von dort erkennt er die markantesten Sehenswürdigkeiten, die er aufzusuchen beabsichtigt, um sich mit ihnen näher zu befassen. Er markiert sich die für ihn interessanten Punkte in einer Skizze, sucht sie auf und befasst sich im Einzelnen mit ihnen. Ihm wichtig erscheinende Details streicht er in seinem Stadtführer an oder schreibt sie sich auf. Am Abend im Hotel lässt er die Tageseindrücke noch einmal rekapitulierend an sich vorbeiziehen. Bevor er seiner Familie und seinen Arbeitskollegen von der Reise berichtet, repetiert er nochmals den Verlauf seiner Tour.

Die einzelnen Schritte werden nun etwas genauer betrachtet:

Schritt 1: Überblick gewinnen

Ins Thema einfinden

Machen Sie sich zunächst mit dem zu behandelnden Stoff vertraut. Lesen Sie die Umschlagklappe, das Vorwort und Inhaltsverzeichnis und finden Sie sich in den Stil und die Thematik ein. Blättern Sie die Seiten durch und betrachten Sie einige Textstellen und grafische Darstellungen. Diese Vorgehensweise entspricht dem „selektiven", „diagonalen" bzw. „kursorischen" Lesen. Der Lesestoff wird hier einer ersten Prüfung unterzogen. Sie trennen so die Spreu vom Weizen. Damit einher geht eine zielbewusste Auswahl dessen, was Sie lesen wollen.

Mit dem selektiven bzw. diagonalen Lesen unterziehen Sie den Lesestoff einer ersten Prüfung.

Schritt 2: Fragen stellen

Fragen aktiviert

Zum Text Fragen zu formulieren, heißt Ziele setzen und Antworten suchen. Eine rezeptive, passive Lesehaltung wird in ein aktives Leseverhalten umgeformt. Dazu bieten sich folgende Fragen an:

- Welches ist die Intention des Verfassers?
- Worin besteht der Kern seiner Aussagen?
- Wie wird er seine Ansichten begründen?
- Was steckt für mich Interessantes in dem Text?

Schritt 3: Den Text lesen

Gezielt lesen

Erst nach diesen Vorbereitungen gehen Sie zum eigentlichen Lesen über. Jetzt können Sie aktiv und gezielt lesen, die Aufmerksamkeit auf das Wesentliche richten und das Tempo bewusst wählen.

Lesewegweiser beachten

Während Sie lesen, ordnen Sie im Geist das Lesematerial. Suchen und erkennen Sie *Lesewegweiser,* die in einem jeden Text enthalten sind. Das sind zum Beispiel *Einleitungssignale* wie „besonders“, „daher“, „weil“, „wenn“ usw. Sie leiten einen tragenden oder erläuternden Gedanken ein.

Achten Sie auf *Verstärkersignale* wie „ebenso“, „daneben“, „ferner“ usw. Diese dienen der Betonung eines Gedankens, der zuvor ausgedrückt wurde.

Adjektive wie „aber“, „doch“ und „andererseits“ sind *Änderungssignale.* Sie zeigen Ihnen, dass sich nun die Richtung oder Tendenz der Gedankenfolge ändert.

Hervorhebungen beachten

Beachten Sie besonders hervorgehobene Wörter und Ausdrücke sowie Tabellen und Grafiken. Sind einzelne Sätze zu lang und kompliziert, hilft es oft, einmal nur dem Nebensatz nachzugehen. Die Überschriften und vorher formulierten Fragen sollten dabei stets im Auge behalten werden.

Fakten und Meinungen trennen

Achten Sie darauf, zwischen Tatsachen und Meinungen zu unterscheiden, sodass Ihnen stets klar ist, wo der Autor gesicherte Erkenntnisse weitergibt und an welchen Stellen er Interpretationen vornimmt.

Stift, Marker und Notizblock nutzen

Da diese Art des „intensiven Lesens“ dem Stoffaneignen oder -vertiefen dient, sollten Bleistift, Textmarker und Notizblock bereitliegen. Der Bleistift dient insbesondere zum Unterstreichen. Der Sinn dieses Unterstreichens liegt darin, Texte durch zusätzliche Strukturierungshilfen zu gliedern und merkfähiger zu gestalten.

Ich empfehle Ihnen folgende Merk- und Arbeitszeichen:

Merk- und Arbeitszeichen

Unterstreichen im Text	=	Kerngedanken
Wellenlinien im Text	=	Grundbegriff
Wellenlinien am Rand	=	gut durchdacht
+	=	folgerichtig, klar
?	=	fraglich
!	=	von bes. Bedeutung
B	=	Beispiel
*	=	Literaturhinweis
V	=	Vergleich
Z	=	Zusammenfassung

Mit Farben strukturieren

Auch Textmarker erleichtern die geistige Textverarbeitung. So können Sie zum Beispiel durch verschiedene Farben den Text entsprechend strukturieren.

Schritt 4: Aus der Erinnerung rekapitulieren

Wenn Sie einen Abschnitt durchgearbeitet haben, legen Sie den Text beiseite und rufen sich in Erinnerung, was Sie gelesen haben. Sie sollten außerdem in der Lage sein, die selbst gestellten Fragen zu beantworten.

Ein gutes Hilfsmittel ist es, aus der Erinnerung die wichtigsten Sätze aufzuschreiben oder in Stichworten die Hauptpunkte festzuhalten. Entscheidend ist aber dabei, dass Sie Ihre eigenen Wörter und Formulierungen verwenden.

Das, was man selbst ausdrücken kann, ist in der Regel auch verstanden worden.

Wechseln zwischen Lesen und Schreiben

Obwohl man auch im Geiste rekapitulieren kann, ist die schriftliche Wiedergabe – das Exzerpieren – vorzuziehen, da man das Gelesene dabei durchdenken und das Wesentliche vom Unwesentlichen trennen muss. Der Wechsel zwischen Lesen und Schreiben, zwischen Aufnehmen und Analysieren schiebt zudem das Ermüden hinaus und hält das Interesse länger wach.

Schritt 5: Nochmals durchlesen

Gelesenes verankern

Überfliegen Sie nun nochmals die Überschriften, versuchen Sie, sich die wichtigsten Punkte in Erinnerung zu rufen, lesen Sie nach, wo Sie noch unsicher sind, schauen Sie Ihre Notizen durch und stellen Sie die Zusammenhänge zwischen den einzelnen Gebieten her. Indem Sie dies tun, erfolgt die Verankerung im Gedächtnis.

Den Stoff schneller und besser behalten

Das Arbeiten mit dieser Methode mag Ihnen zeitraubend erscheinen. Bei systematischer Anwendung werden Sie jedoch bald Übung und Sicherheit erlangen. Ihr großer Vorteil liegt darin, dass Sie schneller und besser Lesestoff behalten und mit einiger Übung im Vergleich zum herkömmlichen Leseverhalten insgesamt Zeit sparen.

3.3 Zur Frage der Lesegeschwindigkeit

Langsam oder schnell lesen?

Die Regel unserer Großeltern „Lies langsam" ist durch langjährige Forschungen als unwirksam erkannt worden. Heute muss es heißen: „Lies schnell".

Viele Menschen glauben, dass mit einer Erhöhung des Lesetempos eine Verflachung des Verarbeitens einhergehe. Dieses trifft aber nur dann zu, wenn allein die Augenbewegung beschleunigt wird, ohne dass der Lesende geistig Schritt hält.

Schnell-Lesen fördert Konzentration

Konzentration gehört somit auf alle Fälle zum Lesen und wird durch das Schnell-Lesen sogar noch gefördert. Denn wenn die Aufnahmefähigkeit voll ausgelastet wird, hat man keine Zeit, zwischendurch an etwas anderes zu denken. Wenn mehrere Wörter als sinnvolle Gruppe aufgenommen werden, können die Texte außerdem leichter verstanden werden, als wenn die Information Wort für Wort oder gar Buchstabe für Buchstabe ins Gehirn gelangt.

Beim schnellen Lesen geht es nicht nur um das Erfassen, sondern ebenso um das Behalten. Es nutzt nichts, einen Text mit der dreifachen Geschwindigkeit zu lesen, wenn Sie nur zehn Prozent verstehen. Erst das Produkt aus Verständnis und Lesegeschwindigkeit ergibt die Leseleistung.

Weniger Haltepunkte

Die Technik des Schnell-Lesens besteht zum größten Teil darin, das Rückwärtsspringen auf bereits Gelesenes zu vermeiden und beim Lesen weniger Haltepunkte durch die Augenbewegung zu haben. Zum Lesen einer etwa zehn Zentimeter breiten Zeile halten die meisten Erwachsenen fünf- bis sechsmal an, bei einem schwierigen Text noch öfter. Experimente haben gezeigt, dass das Auge für das Erkennen von drei oder vier zusammenhängenden Wörtern weniger als 1/4 Sekunde benötigt. Bei einem inhaltlich fortlaufenden Text müssen die einzelnen Wörter weniger angesehen werden, da sie weitgehend aus dem Zusammenhang ergänzt werden.

Blickspanne erweitern

Somit sollten für eine Zeile von zehn bis zwölf Wörtern höchstens drei Haltepunkte genügen: Ihr Auge lässt das Erfassen von etwa 20 bis 22 Buchstaben zu. Hieraus folgt, dass das Training für schnelles Lesen zum großen Teil darin besteht, das Auge zu schulen, größere Einheiten auf einmal zu erfassen, also die Blickspanne zu erweitern. Hinzu kommt, weniger lang anzuhalten und das Rückschreiten der Augen (Regression) zu vermeiden.

Wie schnell kann und soll man lesen?

Mehr Geschwindigkeit durch Training

Normale Leser kommen auf 150 bis 250 Wörter pro Minute. Ein viel lesender Universitätsprofessor schafft etwa 450 Wörter. Trainierte Schnell-Leser lesen sogar 500 bis über 1000 Wörter pro Minute. Mit etwa 30 Stunden Training werden auch Sie Ihre Lesegeschwindigkeit verdoppeln bis verdreifachen können, ohne die Aufnahmefähigkeit zu beeinträchtigen.

Pausen einlegen

Bitte bedenken Sie beim Schnell-Lesen, dass auch Ihre Augen Ruhepausen benötigen. Nach etwa zehn bis 15 Minuten schnellen Lesens sollten Sie ihnen etwa eine Minute Erholung gönnen. Machen Sie Augengymnastik, um die Sehmuskulatur und Blutzirkulation anzuregen. Reiben Sie nicht die Augen, da dies zum Blutstau führt und langfristig die Sehschärfe vermindert.

Stoppen Sie hier Ihre Zeit und tragen Sie die benötigten Minuten ein:

_______ *(Zeit in Minuten)*

3.4 Auswertung der Aufgabe

Lesegeschwindigkeit ermitteln

Der Text umfasst 1812 Wörter. Sie können nun feststellen, wie groß Ihre Lesegeschwindigkeit war. Diese wollen wir in WpM (Wörter pro Minute) ausdrücken und wenden dazu folgende Formel an:

$$\frac{\text{Wörter}}{\text{Zeit}} \text{ x 60 Sekunden} = \text{WpM}$$

Angenommen, Sie hätten diesen Text in 9 ½ Minuten (570 Sekunden) gelesen, dann rechnen Sie wie folgt:

$$\frac{1812}{570} \text{ x 60 Sekunden} = 190 \text{ WpM}$$

Eine Lesezeit von 9 ½ Minuten entspräche dann einer Lesegeschwindigkeit von 190 Wörtern pro Minute. Sollten Sie 176 WpM erreicht haben, sind Sie ein einigermaßen geübter Leser ohne besondere Leseschulung mit einer für diese Verhältnisse durchschnittlichen Lesegeschwindigkeit.

Wie viel haben Sie behalten?

Nun sollen Sie feststellen, wie viel Prozent des Textinhalts Sie behalten haben. Beantworten Sie zu diesem Zweck die folgenden Fragen und addieren Sie die einzelnen Werte.

1. Um welche zwei grundsätzlichen Dinge geht es in diesem Text?

_______________________________________ (5 %)

____ (5 %)

2. An welche sechs Aspekte, die in diesem Artikel behandelt werden, erinnern Sie sich? Welche Stichworte fallen Ihnen ein?

____ (5 %)

____ (5 %)

____ (5 %)

____ (5 %)

____ (5 %)

____ (5 %)

3. Was ist ein Lesedienst?

____ (5 %)

4. Was können Sie über die Informationslawine sagen?

____ (5 %)

5. Nennen Sie vier Beispiele für schlechte Lesegewohnheiten!

____ (5 %)

____ (5 %)

____ (5 %)

____ (5 %)

6. Nennen Sie sechs Aspekte, die eine bessere und schnellere Lesetechnik ausmachen! (30 %)

   ______________________________ (5 %)

   ______________________________ (5 %)

   ______________________________ (5 %)

   ______________________________ (5 %)

   ______________________________ (5 %)

   ______________________________ (5 %)

Lösung

1. Um welche zwei grundsätzlichen Dinge geht es in diesem Text?
   Lösung:
   - *schlechte Lesegewohnheiten,*
   - *gute Lesegewohnheiten.*

2. An welche Aspekte erinnern Sie sich, die in diesem Artikel behandelt werden? Welche Stichworte fallen Ihnen ein?
   Für alles, was Ihnen einfällt, bekommen Sie je fünf Prozentpunkte.
   Beispiel:
   - *Problem der Informationslawine,*
   - *SQ3R-Methode,*
   - *Lesedienste,*
   - *Lesekliniken in den USA,*
   - *Schnell-Lesen.*

3. Was ist ein Lesedienst?
   Lösung: *Ein Lesedienst ist ein Informationsdienstleister, der umfangreiche Texte auf wenigen Seiten zusammenfasst, die die wichtigsten Informationen enthalten.*

4. Was können Sie über die Informationslawine sagen?
   Lösung: *Das Angebot schriftlicher Informationen verdoppelte sich von 1900 bis 1950. Die jetzigen Verdopplungszeiträume werden immer kürzer.*

5. Nennen Sie vier Beispiele für schlechte Lesegewohnheiten!
   Lösung:
   - *Wort-für-Wort-Lesen,*
   - *flüsterndes Mitlesen,*
   - *unmotiviertes Lesen,*
   - *Auslassen von visuellen Elementen wie Grafiken und Tabellen.*

6. Nennen Sie sechs Aspekte, die eine bessere und schnellere Lesetechnik ausmachen!
   Lösung:
   - *Überblick gewinnen,*
   - *Fragen stellen,*
   - *Hauptaussagen und Grundideen suchen und im Auge behalten,*
   - *ein- und überleitende Ausdrücke beachten,*
   - *Inhalt rekapitulieren,*
   - *Konzentration,*
   - *weniger Haltepunkte machen durch Erweiterung der Blickspanne.*

Literatur

Holger Backwinkel und Peter Sturtz: *Schneller lesen.* Freiburg: Haufe 2004.

Tony Buzan: *Speed reading. Schneller lesen, mehr verstehen, besser behalten.* München: Moderne Verlagsgesellschaft Mvg 2003.

Brigitte Chevalier: *Effektiv lesen. Lesekapazität und Textverständnis erhöhen.* Frankfurt/Main: Eichborn 2002.

Belen Mercedes Mündemann: *Zielsicher und schnell lesen. Wie Sie im Handumdrehen Ihre Leseeffizienz steigern.* Köln: Deutscher Wirtschaftsdienst 2002.

Paul R. Scheele: *PhotoReading.* Paderborn: Junfermann 2001.

4. Superlearning

Zum Hintergrund

Diese Methode wurde in den sechziger Jahren des vorigen Jahrhunderts von dem Facharzt für Psychiatrie und Psychotherapie, Georgi Lozanov, entwickelt. Der Bulgare war viele Jahre in der Gehirnforschung tätig. Lozanov bezeichnete die Methode zunächst als Suggestologie, später dann als Suggestopädie. Die konsequente Vermarktung dieser Methode erfolgte von den USA aus. US-Amerikaner kreierten dafür den Begriff Superlearning.

4.1 Grundannahmen der Suggestopädie

Gehirn nicht ausgenutzt

Superlearning basiert auf der Annahme, dass die Merkfähigkeit des Gehirns nicht voll ausgenutzt wird. Angeblich werden nur maximal 20 Prozent seiner Leistungsfähigkeit genutzt. Das gilt insbesondere für das Erlernen von Sprachen. Darum wird die Suggestopädie vornehmlich im Fremdsprachentraining eingesetzt. Aber auch der Einsatz in der Mathematik und sogar bei der Maschinenbedienung wurde erfolgreich erprobt.

Vielfältiger Einsatz möglich

Die Unterrichtsmethode wird überwiegend im klassischen Lehrer-Schüler-Kontext praktiziert. Hier obliegt dem Lehrer die Verantwortung für die suggestopädisch wirksame Aufbereitung des Lernstoffs. Denkbar ist aber auch die individuelle suggestopädische Gestaltung des Lernstoffs beim Selbstlernen. Einen Teil hiervon übernehmen Sprachkassetten, auf denen sich Anleitungen oder Musik für das Entspannen befinden.

Rechte Hirnhälfte wird genutzt

Die Wirksamkeit des Suggestopädie wird mit der Hirnhälftentheorie begründet. Danach wird vor allem die rechte Gehirnhälfte in Verbindung mit den bewussten und unterbewussten Teilen des Bewusstseins genutzt. Als Grundlage dienen Suggestionsformeln, mit denen Blockaden im Lernenden abgebaut werden sollen sowie das Selbstvertrauen und die Entspannung gefördert werden soll.

Um die Entspannung zu fördern, kann auch Musik mit einem langsamen, getragenen und beruhigenden Rhythmus eingesetzt werden, beispielsweise Barockmusik. Bei der Entspannung durch Musik bleibt der Geist wach und konzentrationsfähig. Körperrhythmen, Herzschlag, Gehirnwellen und Atmung gleichen sich dem Takt der Musik an. Das Ganze kann mit mentalen Techniken wie autogenes Training, Yoga, Visualisierungsübungen, Tagträumerei, Spielen und Bewegungsübungen kombiniert werden.

Langsame Musik zur Entspannung

→ Ergänzende und vertiefende Informationen hierzu finden Sie in den Kapiteln „Stressbewältigungsmethoden“ (E) und Ausführungen zur Hirnhälftentheorie im Kapitel „Allgemeine Lern- und Gedächtnistechniken“ (B 1) dieses Buches.

Hiervon ausgehend wurden drei Grundprinzipien des Superlearnings formuliert:

Drei Grundprinzipien

1. Lernen soll durch Freude und die Abwesenheit von Spannung gekennzeichnet sein.
2. Als Menschen agieren wir auf bewussten und parabewussten Ebenen.
3. Suggestion ist das Mittel, um ungenutzte mentale Reserven für besseres Lernen nutzbar zu machen.

4.2 Anwendung der Suggestopädie

Das konkrete, praktische Lernen vollzieht sich in drei aufeinander folgenden Phasen, die man auch den suggestopädischen Kreislauf nennt:

Suggestopädischer Kreislauf

1. Vorbereitungsphase,
2. Phase der Lernstoffpräsentation,
3. Übungsphase.

Da keine einheitliche Theorie des Superlearnings existiert, gibt es zahlreiche Begriffe für diese Abfolge. Einige Anbieter von suggestopädischen Lernprogrammen haben weitere Phasen eingefügt, sodass sich folgende Phasen des suggestopädischen Lernens ergeben:

- Vorbereitungsphase,
- Entspannungsphase,
- Lernphase,
- Übungsphase.

Vorbereitungsphase

Positiv einstimmen

Hier stellt der Lehrende, aber ebenso der (Selbst-)Lernende eine angenehme Lernatmosphäre her. Beide nutzen positive Suggestionen, um Lernblockaden abzubauen und gut eingestimmt in die Lernsituation zu gehen. Suggestivverstärker könnten etwa so lauten: „Lernen macht Spaß", „Ich lerne ganz leicht". In dieser „Decodierungsphase" wird der Lernstoff „griffig" gemacht bzw. vom Lernenden erstmals „angedacht". Es geht noch nicht um das konkrete inhaltliche Lernen.

Die Vorbereitung kann sich auf einen längeren Zeitraum vor dem Lernen bzw. Training, aber auch auf kürzere Zeiträume unmittelbar zu Lernbeginn beziehen.

Entspannungsphase

Ruhevolle Wachheit

Entspannung ist die Voraussetzung, um den Lernstoff ins Gedächtnis aufzunehmen. Das Gehirn soll aus dem Zustand des normalen Alltagsbewusstseins (Beta-Wellen) in den so genannten Alpha-Zustand (ruhevolle Wachheit) versetzt werden.

Verschiedene Techniken zur Entspannung

Als Entspannungstechniken bieten sich Traumreisen, Re-Stimulation angenehmer Lernerlebnisse, progressive Muskelentspannung, Yoga oder das autogene Training an. Im Hintergrund läuft Barockmusik (vor allem Largos) oder spezielle Entspannungsmusik. Die Musik muss ein Tempo von 60 bis 70 Schlägen pro Minute haben. Diese Taktfrequenz wirkt auf die Pulsfrequenz, die sich ebenfalls auf 60 bis 70 Schläge pro Minute einstellt.

Einsatz von Atemtechnik

Manche Suggestopädieanwender setzen zusätzlich eine bestimmte Atemtechnik ein, und zwar in dieser Schrittfolge:

1. Einatmen
2. Luft etwa vier Sekunden anhalten; während des Anhaltens wird der Lernstoff vom Lernenden aufgenommen.
3. Ausatmen

Lernphase

Aktiv vermitteln

In dieser Phase wird der Lernstoff in einer möglichst aktiven Form vermittelt. Man erarbeitet und präsentiert ihn in dieser Reihenfolge:

1. Rückblick bzw. Wiederholung des bereits Gelernten;
2. Erarbeitung oder Präsentation des neuen Stoffs und dessen Wiederholung im entspannten Zustand;
3. Integration des alten Lernstoffs in den neuen. Der Lernende folgt in der Regel „passiv“ dem Lehrervortrag oder dem Sprecher der Tonkassette.

Den Stoff sinnlich erfahrbar machen

In diesem Lernabschnitt wird – anknüpfend an alltägliche Erfahrungen – visualisierungsaktiv gearbeitet, um so den Lernstoff sinnlich erfahrbar zu machen. So soll das Lernen mit dem „ganzen“ Gehirn gefördert werden.

Die Informationen verankern

Der Lernstoff sollte möglichst gut organisiert werden, damit eine sinnvolle Speicherung und das spätere Abrufen erleichtert wird. Informationen können bildlich, akustisch, abstrakt-verbal und motorisch durch Reime, rhythmisches Sprechen, Singen oder auch Tanzen verankert werden. Der Methodenwechsel garantiert eine gesteigerte Aufmerksamkeit und Konzentration.

Die Lernphase kann man komplett wiederholen. Anschließend sind nochmals Entspannungsübungen durchzuführen, um den Lernstoff im Gedächtnis zu fixieren und die Wirkung von Ablenkungen zu mindern.

Übungsphase

Ins aktive Gedächtnis übertragen

Hier geht es darum, den Lernstoff aus dem passiven ins aktive Gedächtnis bzw. in die Lebenswirklichkeit des Lernenden zu übertragen. Dazu bieten sich verschiedene Methoden an wie beispielsweise Diskussionen, wenn in Gruppen gelernt wird, Tests, Übungen aus dem Lehrbuch, Schreiben von Lernkarten usw. Der Kreativität und Flexibilität sind keine Grenzen gesetzt.

Man lernt mit der Methode der Suggestopädie zwar nicht „im Schlaf“, aber erheblich angenehmer, effektiver und bis zu dreimal schneller als mit herkömmlichen Lernmethoden.

Literatur

Rupprecht S. Baur: *Superlearning und Suggestopädie – Grundlagen, Anwendung, Kritik, Perspektiven.* 2. Aufl. Berlin u. a.: Langenscheidt 1991.

Peter Bohow und Hardy Wagner: *Suggestopädie (Superlearning) – Grundlagen und Anwendungsberichte.* 2., verb. und erw. Aufl. Speyer: GABAL-Verl. 1988.

Birgit Bröhm-Offermann: *Suggestopädie. Sanftes Lernen in der Schule.* 3., erw. Aufl. Lichtenau: AOL-Verl. 1994.

Walter Edelmann: *Suggestopädie, Superlearning. Ganzheitliches Lernen – das Lernen der Zukunft?* 3. Aufl. Heidelberg: Asanger 2000.

Werner Metzig und Martin Schuster: *Lernen zu lernen. Lernstrategien wirkungsvoll einsetzen.* Berlin u. a.: Springer 2003.

Katja Riedel: *Persönlichkeitsentfaltung durch Suggestopädie: Suggestopädie im Kontext von Erziehungswissenschaft, Gehirnforschung und Praxis.* 2., unveränd. Aufl. Baltmannsweiler: Schneider-Verl. Hohengehren 2000.

5. E-Learning / Blended-Learning

Viele neue Begriffe

Virtuelle Kommunikationswelten schaffen – ergänzend zu herkömmlichen Wegen – einen weiteren Zugang zu Informationen und Wissen. Ständig neue Begriffe, wie Computer Based Training (CBT), E-Learning, Web Based Training (WBT), Blended-Learning und in jüngster Zeit auch noch M-Learning (Mobiles Lernen) sowie Game Based Learning, zeugen von einer kontinuierlichen Bewegung in der Aus- und Weiterbildungslandschaft.

Definitionen

E-Learning wird allgemein als das Lernen mit elektronischen Medien definiert, zum Beispiel online mit dem Computer über das Internet oder innerhalb eines firmeneigenen Intranets oder aber offline über CD-ROM, DVD oder Video- bzw. Fernsehkanäle. Man kann also grundsätzlich zwischen Online- und Offline-Anwendungen unterscheiden. Im ersten Fall spricht man von Web Based Training (WBT), im zweiten von Computer Based Training (CBT). Beim WBT müssen Unternehmen so genannte Lernportale selber entwickeln oder von Dienstleistern entwickeln lassen, auf welche die Mitarbeiter dann Zugriff haben.

Asynchrones Web Based Training

Das WBT kann zeitlich versetzt als *asynchrone* „Eins-zu-eins-Kommunikation" stattfinden. Das ist vor allem dann der Fall, wenn der Lernstoff in einer E-Mail als Videoaufzeichnung transportiert wird. Diese Lernform ähnelt dem klassischen Frontalunterricht. Kommunikation im Sinne von Rückfragen ist möglich, jedoch zeitversetzt und weitgehend auf den Austausch zwischen Lehrer und Lernendem beschränkt.

Synchrones Web Based Training

Meist findet die Kommunikation aber als *synchrone* „Wenige-zu-wenige-Kommunikation" statt. Hier treffen sich mehrere Personen in einem virtuellen Raum, um textbasiert Informationen auszutauschen.

Denkbar ist aber auch eine *synchrone* „Eins-zu-eins-Kommunikation“, bei welcher der Kommunikationsprozess dem Telefonieren vergleichbar ist, jedoch durch Bilder ergänzt wird. Man nennt dieses auch Teleteaching oder auch Distance Lecturing.

Möglichkeiten des Web Based Training

Das netzbasierte Lernen (WBT) lässt sich durch seine Möglichkeiten der permanenten Aktualisierung, der Interaktion und des Dialogs mit Lehrenden oder anderen Lernenden vom Computer Based Training abgrenzen. Diese Art des Lernens unterliegt aber auch ständiger Weiterentwicklung, deren vorläufiger Höhepunkt das Blended-Learning ist, das weiter unten beschrieben wird.

5.1 Beispiele für E-Learning-Angebote

Beispiele für E-Learning-Portale

Es gibt inzwischen eine Reihe von brauchbaren E-Learning-Portalen für die verschiedensten Zwecke. Die nachfolgende Auflistung gibt nur einen kleinen Einblick in das große Angebot. Da das Internet ein sehr dynamisches Medium ist, kann die Aufzählung nicht viel mehr als ein Schnappschuss sein.

Global Learning

- *Global Learning* (www.global-learning.de), das Portal der Deutschen Telekom, bietet folgende Themenbereiche an:
  - Wirtschaft & Business,
  - Technik & Wissenschaft,
  - IT & Computer,
  - Beruf & Zukunft,
  - Lernen & Lehren,
  - Sprachen & Kultur,
  - Wissen & Nachschlagen.

ed lab

- *ed lab* (www.ed-lab.net) bewegt sich überwiegend in den Themenbereichen
  - Gesundheit & Wellness,
  - IT & Multimedia,
  - Kultur & Kreatives,
  - Management & Business sowie
  - Sprachen.

- Die *Teleakademie der FH Furtwangen* (www.tele-ak.fh-furtwangen.de) stellt diese Kurse kostenlos zur Verfügung: **Teleakademie**
  - Praxiswissen Multimedia,
  - Lehr-Lerntheorien: Behaviorismus und kognitive Lerntheorien,
  - Medienpädagogik: Einführende Betrachtungen, neue Bildungsmedien im strukturellen Wandel.

- *Freetutorials* (www.freetutorials.de) bietet im Bereich Wirtschaft umfangreiche Glossare an. In einigen Fächern wie zum Beispiel **Freetutorials**
  - Buchführung,
  - Datenverarbeitung,
  - VWL,
  - Investition und Finanzierung und
  - Steuerlehre

  sind auch Klausuren vorhanden.

- Internetworkshops bietet auch der GABAL Verlag mit seiner Reihe *book@web* (www.book-at-web.de). Ein medialer Brückenschlag nutzt die Vorteile beider Medien: Das Buch als ideales Medium für lineare Informationen und das Internet mit seinen hypermedialen Kommunikationsmöglichkeiten. Zu jedem book@web-Buch gibt es einen kostenlosen Internetworkshop zum aktiven Training mit interaktiven Übungen, Formularen zum Downloaden, Audios und Videos. Themen sind unter anderem: **book@web**
  - Zeitmanagement,
  - Projektmanagement,
  - Telefonsales,
  - Busiquette – korrektes Verhalten im Job.

5.2 Vor- und Nachteile des E-Learning

Vorteile des E-Learning

Ein Unterschied und gleichzeitig auch der Vorteil gegenüber klassischen Präsenzseminaren besteht darin, dass der Lernende zeit- und ortsunabhängig lernen kann und sein Lerntempo individuell bestimmt. Das reduziert die Ausbildungskosten erheblich, während Reisekosten ganz entfallen. Internetbasierte Lernprogramme ermöglichen zudem die Berücksichtigung des einzelnen Lerners mit Blick auf sein Lernverhalten. Als Folge dieser Individualisierung wird Lernen effektiver und effizienter, erfordert aber zugleich die Initiative und Aktivität des Lernenden.

Aktualisierung mit wenig Aufwand

Die netzbasierten Systeme bieten den Vorteil, dass die Informationen jederzeit aktualisiert und ergänzt werden können. Neue Lerninhalte können also rasch und ohne größeren administrativen Aufwand zur Verfügung gestellt werden.

Individuelle Lernwege

Visualisierende Elemente des Lehrmaterials in Form von Grafiken, Farben, Animationen usw. ergänzen die verbalen Inhalte des Lerninputs. Das Lehrmaterial kann auf verschiedenste Weise vermittelt werden. Texte, Hypertexte, Lehrvideos und Audiosequenzen sind dabei häufig genutzte Medien. Außerdem kann der Lernweg durch inhaltlich abgeschlossene Einzelmodule unter Einbezug des Vorwissens individuell gestaltet werden. Durch die Synchronität ist es ferner möglich, sich mit dem Trainer und den anderen Lernenden per Chat oder E-Mail auszutauschen. Dies motiviert den Lernenden zusätzlich, weil er nicht das Gefühl hat, alleine zu sein, und es ermöglicht die sofortige Reaktion auf Fragen zum Lernstoff.

Das größte Problem im Bereich des IT-Lernens besteht im Ablegen der Prüfungen. Da die Kommunikation zwischen Prüfer und Prüflingen nicht direkt, sondern medial erfolgt, bestehen zahlreiche Möglichkeiten zur Täuschung.

5.3 Blended-Learning

Kombination mit Präsenzlernen

Aufgrund der geschilderten Probleme und anderer Erfahrungen wird das WBT heutzutage mit dem klassischen Präsenzlernen kombiniert. Hierfür hat sich der Begriff „Blended-Learning" eingebürgert, ähnlich dem Mix (engl.: blend) verschiedener Whisky- oder Tabaksorten. Dahinter steht die Erkenntnis, dass WBT in den meisten Fällen die herkömmlichen Weiterbildungsformen nicht vollständig ersetzen kann, sondern ergänzt werden muss.

Trainer werden weiter gebraucht

Lernen benötigt soziale Prozesse. Darum wird die Aneignung von Wissen beim Blended-Learning nie alleine zwischen Mensch und Computer stattfinden, sondern immer im Zusammenspiel mit anderen. Selbst gesteuerte Lernprozesse lassen Trainer, Dozenten und Lehrer keinesfalls überflüssig werden.

Blended-Learning ist also ein integriertes Lernkonzept, das die heute verfügbaren Möglichkeiten der Vernetzung über Internet oder Intranet mit den klassischen Lernmethoden und -medien in einem Lernarrangement nutzt. Auf der Webseite der Expert Web KG (www.expertweb.de) findet der interessierte Leser hierzu beispielhaft weitere Informationen.

Ausgleich von Nachteilen

Mit Blended-Learning lassen sich viele Nachteile einer klassischen Präsenzveranstaltung ausgleichen. Das Präsenzseminar wird durch Vor- und Nachbereitungsphasen aufgewertet, steht aber nach wie vor im Mittelpunkt moderner Weiterbildungskonzepte.

Vorbereitungsphase

In der *Vorbereitungsphase* können die Teilnehmer beispielsweise untereinander Kontakt aufnehmen und sich in speziell eingerichteten virtuellen Classrooms (geschlossene Benutzergruppen) über ihre Erwartungen und bisherigen Erfahrungen mit dem Dozenten austauschen.

Der Dozent kann so bereits zu einem sehr frühen Zeitpunkt die Vorkenntnisse der Teilnehmer ermitteln und steuernd eingreifen, indem er vorab Inhalte zum Beispiel in Form einer Powerpoint-Datei oder einer Audio- bzw. Videosequenz als Download zur Verfügung stellt oder gar kleinere webbasierte Trainingsprogramme für die Teilnehmer zugänglich macht.

Homogener Wissensstand

Zielsetzung dieser Vorbereitungsphase muss es sein, einen möglichst hohen und zugleich homogenen Wissensstand bei allen Teilnehmern zu erreichen. Hierbei können so genannte Pre-Tests eine wertvolle Hilfe für den Dozenten sein.

Präsenzveranstaltung

Die anschließende *Präsenzveranstaltung* erhält nun – je nach Intensität der Vorbereitungsphase – den Charakter eines Workshops, vermittelt vorrangig Handlungskompetenz und dient als Motivations- und Lenkungsphase.

Nachbetreuung

In der dritten Phase eines Blended-Learning-Konzepts erfolgt die *Nachbetreuung* der Teilnehmer. Ziel ist hier, das Reflektieren des Erlernten bzw. die Spiegelung der Erfahrungen aus der Praxis mit dem Dozenten und den anderen Teilnehmern zu ermöglichen. Dies trägt wesentlich zur Sicherung und zum Transfer des Lernstoffes bei. Der Lernerfolg wird transparenter und damit messbarer im Vergleich zu klassischen Qualifizierungskonzepten. Weiterhin können insbesondere im Rahmen der Nachbetreuung kleine themenbezogene Wissensgemeinschaften („Communities") entstehen, die wertvolles Feedback für alle Beteiligten geben und neue Impulse setzen.

Erst Ziele definieren, dann Wege festlegen

Selbstverständlich gelten auch bei Blended-Learning-Konzepten die bewährten Spielregeln für die Entwicklung von bedarfsgerechten Qualifizierungsmaßnahmen. Nach dem Primat der Didaktik sind zuerst die Ziele und Inhalte zu definieren, bevor über Methoden und Medien entschieden wird.

Trainer als Berater, Moderator und Broker

Die Tätigkeit der Trainer, Dozenten und Lehrer wird künftig immer stärker eine beratende und moderierende Rolle haben. Als Begleiter (Tutoren) der informellen und selbst gesteuerten Lernprozesse erhalten sie eine Schlüsselrolle und werden damit zusätzlich zu einer Art „Broker", der Informationen je nach Bedarf und zielgerichtet zur Verfügung stellt und verwaltet.

Literatur

Frank Busch und Thomas B. Mayer: *Der Online-Coach. Wie Trainer virtuelles Lernen optimal fördern können.* Weinheim: Beltz 2002.

Christiane Gierke, Jürgen Schlieszeit und Helmut Windschiegl: *Vom Trainer zum E-Trainer. Neue Chancen für den Trainer von morgen.* Offenbach: GABAL 2003.

Hartmut Häfele und Kornelia Maier-Häfele: *101 e-Learning Seminarmethoden. Methoden und Strategien für die Online- und Blended Learning Seminarpraxis.* Bonn: Managerseminare Verlag 2004.

Peter Littig: *Klug durch E-Learning?* Bielefeld: Bertelsmann 2002.

Helmut Niegemann u. a.: *Kompendium E-Learning.* Berlin: Springer 2004.

Werner Sauter u. a.: *Blended Learning. Effiziente Integration von E-Learning und Präsenztraining.* 2., erw. u. überarb. Aufl. Neuwied: Luchterhand 2004.

TEIL C

Denktechniken

1. Dialektisches Denken

Dialektik in der griechischen Antike

Der Begriff Dialektik wird selbst von Philosophen vielfältig gedeutet und genutzt. Bei den griechischen Philosophen des Altertums wird die Dialektik zunächst als Denkmethode im Zusammenhang mit der logischen Beweisführung eingesetzt. So nutzte sie Sokrates als Kunst der Gesprächsführung im Kontext der Wahrheitssuche. Aristoteles definierte die Dialektik als die Kunst des Widerlegens mit Hilfe der Logik. Auch ihm diente sie insbesondere als Argumentationstechnik zum Zwecke der Beweisführung.

Die Dialektik war eingebettet in die Auseinandersetzungen dieser Zeit, die rhetorisch ausgetragen wurden. Darum entwickelte sie sich zunächst als Hilfsdisziplin der Rhetorik.

1.1 Geschichtlicher Hintergrund

These, Antithese, Synthese

Platon baute die Dialektik aus. In seinen Dialogen wird durch Rede (These) und Gegenrede (Antithese) zum Begriff einer Sache, zur Wahrheit (Synthese), vorgestoßen.

Beispiel für dialektisches Denken

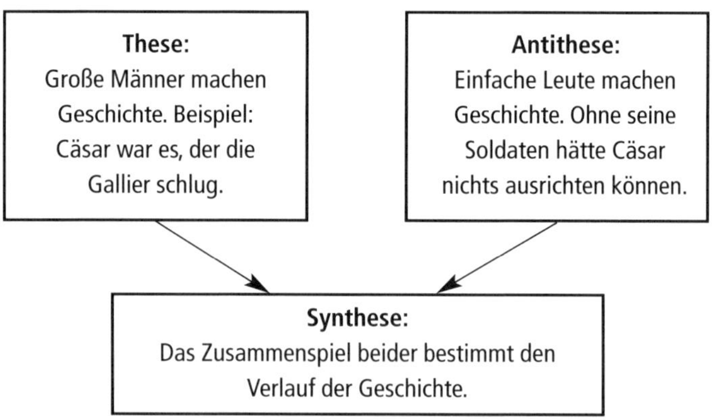

Das dialektische Denken ist Basis für eine Übung, die in Kommunikationsseminaren häufig eingesetzt wird. Danach sollen die Gesprächspartner zunächst einmal zuhören, bevor sie ihr vorschnelles Nein pfeilschnell abschießen, und die Meinung bzw. Idee des Gegenübers mit eigenen Worten wiederholen. Vielleicht lassen sich so These und Antithese gemeinsam in eine Synthese integrieren.

Die PoNeSyn-Methode

Denkbar wäre, dass Sie die Antithese selbst vorwegnehmen, indem Sie nach den Vor- *und* Nachteilen einer Idee fragen. Hierzu bietet sich eine Methode an, die wir die *PoNeSyn-Methode* nennen. Dieses Kunstwort besteht aus den Begriffen „positiv", „negativ" und „Synthese".

Synthese aus positiven und negativen Aspekten

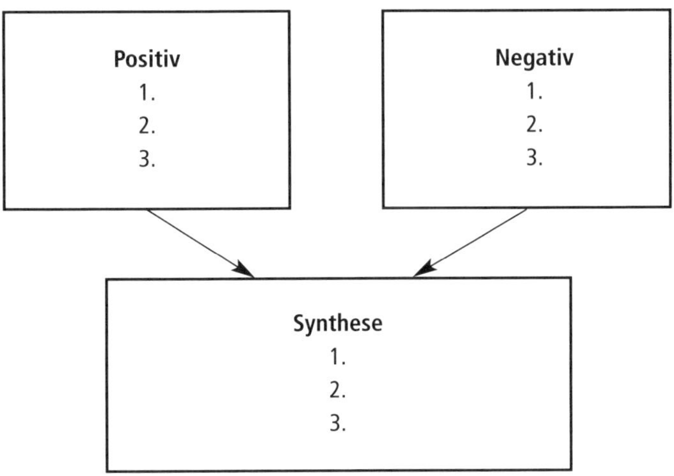

Ein Beispiel

Nehmen wir ein Beispiel: Was halten Sie von der Idee, das Steuersystem radikal zu vereinfachen? Jedes Produkt, jede Dienstleistung und jedes Einkommen wird mit einer Einheitssteuer von 25 Prozent belegt. Ansonsten gibt es keine weiteren Steuern. Überlegen Sie mindestens drei Minuten lang, was für die Idee spricht. Erst dann kommen die Gründe dagegen. Schließlich sollten Sie sich noch drei Minuten Gedanken darüber machen, was bemerkenswert an der Idee ist und wie sich negative und positive Aspekte verknüpfen lassen.

Die Sophisten

Die Sophisten verfeinerten das dialektische Instrumentarium. Die Dialektik diente ihnen als die Kunst, Falsches als Wahres auszugeben, das heißt, durch Sophismen den Schein der Wahrheit zu erzeugen. Die Sophisten lehrten die Kunst

- der Rede *(Rhetorik),*
- des Streitgesprächs *(Eristik)* und
- des Beweises *(Dialektik).*

Ein guter Sophist beherrschte die Stilmittel perfekter Rhetorik und Einwandbehandlung.

In der mittelalterlichen Scholastik (800-1400) hatten religiöse Disputationen die Form eines dialektischen Zwiegesprächs basierend auf Pro und Kontra sowie Ja oder Nein.

Hegel, Marx und Engels

In der klassischen deutschen Philosophie des 18. und 19. Jahrhunderts – hier insbesondere bei Hegel – dient die Dialektik als Erklärungsmodell für die Natur- und Menschheitsgeschichte. Darauf aufbauend integrierten Marx und Engels die historisch-materialistische Sichtweise in die Dialektik und formulierten die Gesetzmäßigkeiten für den Entwicklungsprozess von Natur und Gesellschaft.

1.2 Die Dialektik als Kommunikationstechnik

Faire und unfaire Dialektik

In der heutigen Diskussion wird die Dialektik überwiegend als Technik der Gesprächs- bzw. Verhandlungsführung betrachtet. Mit ihrer Hilfe soll es in einem Gespräch durch den Austausch von Meinungen zu einer Einigung kommen. Man spricht in diesem Zusammenhang auch von fairer und unfairer Dialektik, je nachdem, welchem Zweck sie dient. In diesem Sinne wurde sie bereits im ersten Band dieser vierteiligen Buchreihe dargestellt.

Dialektik in Modellen

Dialektische Rudimente findet man darum auch in einigen Kommunikationsmodellen, die im Band 1 dieser Buchreihe behandelt wurden. Zu erwähnen wäre das *Win-win-Modell* von Thomas Gordon. Hier geht es darum, dass ein Kritikgespräch zwischen einem Vorgesetzten und Mitarbeiter nicht mit einem Gewinner und einem Verlierer endet, sondern beide ohne Blessuren aus dem Gespräch gehen.

Ähnliches findet sich im *Harvard-Verhandlungsmodell,* nach dem sich beide Seiten bemühen, eine Lösung zu finden, die im Idealfall besser ist als die sich widersprechenden Lösungsvorschläge der gegnerischen Parteien. Dieser Gedankengang findet sich auch in der *Mediationspraxis* wieder, bei der es ebenfalls um Vermittlung und Problemlösung geht.

Fünfsatz-Technik

Die im ersten Band dieser Buchreihe vorgestellte *„Fünfsatztechnik“* ist ein dialektischer Idealtypus, in dem immer zwei Gegensätze gegenübergestellt und dann möglichst versöhnt werden. Das gemeinsame Anliegen dieser Kommunikationsmodelle ist, sich in die eventuell ganz andere Denkwelt (Antithese) des Partners hineinzudenken.

→ Ergänzende und vertiefende Informationen hierzu finden Sie in den Kapiteln „Kommunikationsmodell nach Gordon“ (A 4), „Fünfsatztechnik“ (C 6), „Verhandlungstechniken“ (C 7) und „Mediation“ (C 10) des 1. Bandes dieser Buchreihe.

1.3 Die Dialektik als Denktechnik

Probleme lösen durch dialektisches Denken

Im folgenden Abschnitt wird die Dialektik als eine mögliche Denktechnik für eine besondere Art des Erkennens bzw. der Problemlösung vorgestellt. Bei dieser Vorgehensweise geht es darum, durch das Aufeinandertreffen und Überwinden widersprüchlicher Meinungen (These und Antithese) zur Problemlösung (Synthese) zu gelangen.

Dialektische Kreativität

Hegel war der Ansicht, dass These und Antithese sogar eine Einheit bilden. Das, was sich logisch ausschließt, kann dialektisch gesehen zusammengehören. Insofern ist das Denken in Polaritäten ein Instrument, das Ihnen zu einer Art dialektischer Kreativität hilft.

Stellen Sie fest, dass sich zwei Gedanken widersprechen, so sollten Sie einen davon nicht gleich fallen lassen. Beide sollten bis zum Ende durchdacht werden. Oft lösen sie sich in einem übergeordneten Gedanken (Synthese) auf.

Ein Beispiel

Hierzu ein Beispiel. Ein Unternehmen sucht zwei graduierte Elektroingenieure, findet aber keine. Daraufhin stellte der Betriebsleiter zwei Diplom-Ingenieure der entsprechenden Fachrichtung ein. Sein Argument: „ Hätten wir zwei graduierte Ingenieure eingestellt, wären zwei Mitarbeiter gleicher Qualifikation in die Abteilung gekommen. Durch die Kombination eines mehr praktisch und eines mehr theoretisch ausgebildeten Ingenieurs kommen wir in den Genuss einer Gesamtqualifikation, die über der doppelten Qualifikation zweier graduierter Ingenieure liegt. Einzeln erfüllt keiner das Anforderungsprofil, zu zweit wird es übererfüllt. Es kommt jetzt darauf an, beide Mitarbeiter in ein richtiges Verhältnis der Zusammenarbeit zu bringen."

Der Betriebsleiter hat eine dialektische Lösung seines Problems gefunden. Zwei sich widersprechende Möglichkeiten hat er nicht gleich verworfen, sondern sie in einer höheren Einheit zusammengefügt. Er hat das Positive im Negativen durch die Verkoppelung beider Bewerber erkannt.

Für das dialektische Denken stellt jedes Ding eine Einheit aus Gegensätzen dar:

- In der Natur gibt es Sommer und Winter,
- in der Mathematik Plus und Minus,
- in der Wirtschaft Angebot und Nachfrage.

Einheit aus Gegensätzen

Überall finden sich solche Gegensatzpaare, so genannte Polaritäten. Da gibt es aktive und passive Kunden, Gewinn und Verlust, Erzeuger und Verbraucher, Einkauf und Verkauf, Hand- und Kopfarbeit, Erfolge und Niederlagen. Zwischen diesen Gegensätzen bestehen, wie man auf den ersten Blick sieht, Gemeinsamkeiten. Das sind die Beziehungen, die beide Seiten auf einer höheren Ebene als der logischen miteinander verbinden. Diese Ebene zu erkennen und die beiden Seiten in Beziehung zueinander zu bringen, ist Zweck des dialektischen Denkens.

Gegensätzliches bedingt sich

Gegensätzliches bedingt sich. In der Wirtschaft konstituieren Angebot und Nachfrage den Markt. Mann und Frau müssen zusammenfinden, damit neues Leben entsteht. Die Natur braucht Sommer und Winter, damit das Leben der Pflanzen- und Tierwelt funktioniert.

Verbinden statt trennen

Hier werden Gegensätze gleichzeitig erfasst. Sie sind in dieser Gleichzeitigkeit wirksam, gültig und wahr. Es muss gelingen, scheinbare Gegensätze zu verbinden, anstatt sich für eine von beiden Seiten zu entscheiden. Versuchen Sie es einmal mit folgender Übung.

Übung zum dialektischen Denken

Ein Rätsel zum dialektischen Denken

Zwei Väter und deren zwei Söhne besuchen ein Restaurant. Sie bestellen jeder ein Bier und bezahlen anschließend für drei erhaltene Biere. Welche Erklärung haben Sie hierfür?

Dass vier Personen nur drei Biere bezahlen, widerspricht der Logik. Aber wenn Sie dialektisch denken, dann wissen Sie, dass jeder Vater immer auch zugleich Sohn ist. Nun müssten Sie das Rätsel mit den drei Bieren leicht lösen können.

Literatur

Edward DeBono: *Die vier richtigen und fünf falschen Denkmethoden.* Müchen: Heyne 1991.

Rupert Lay: *Dialektik für Manager. Methoden des erfolgreichen Angriffs und der Abwehr.* 20. Aufl. Wien: Signum-Wirtschaftsverlag 2003.

Winfried Prost: *Mit Dialektik überzeugen. Wie Sie Gespräche und Verhandlungen optimieren.* Wiesbaden: Gabler 1996.

Arthur Schopenhauer (hg. von Franco Volpi): *Die Kunst, Recht zu behalten. In achtunddreißig Kunstgriffen dargestellt.* Frankfurt/Main: Insel 1995.

Albert Thiele: *Die Kunst zu überzeugen – Faire und unfaire Dialektik.* 7., überarb. und erw. Aufl. Berlin u. a.: Springer 2002.

2. Logisches Denken

Kurzschlüsse und Vorurteile

Die Welt wird jeden Tag unübersichtlicher und komplizierter. Unsere Fähigkeit, Ereignisse zu beurteilen und richtige Denkschlüsse zu ziehen, hält mit dieser Entwicklung nicht Schritt. Wir denken und urteilen nicht so logisch und sachlich, wie wir selbst annehmen. Täglich verschätzen wir uns, beurteilen Menschen und Vorgänge unangemessen, sitzen unseren eigenen Vorurteilen auf. Dort, wo logische Schlüsse notwendig sind, neigen wir zu gedanklichen Kurzschlüssen.

Durchdacht handeln

Die Bereitschaft und Fähigkeit, folgerichtig, kreativ und zukunftsorientiert zu denken, sind wichtige Merkmale des Mitarbeiters in der Wissensgesellschaft. Probleme und Entscheidungen müssen Sie aus mehreren Perspektiven durchdenken, bevor sie in die Handlungsphase einmünden. Als verantwortlich handelnder Mensch können Sie die Ihnen zugewiesene Aufgabe nicht ohne klare Vorstellungen, ohne festen Standpunkt und ohne gründliches Nachdenken erfüllen.

Es lohnt sich daher, einmal über sein Denken nachzudenken bzw. das Denken zu trainieren. Die folgenden Ausführungen können Ihnen dabei helfen.

2.1 Was ist Denken?

Das Denken ist die höchste Form psychischer Tätigkeit. Es befähigt den Menschen zu sinnvollen, bewussten Handlungen. Ohne das Denken wäre uns die Bearbeitung der Natur und die Gestaltung der Gesellschaft unmöglich.

Denken schafft Ordnung

Mit dem Denken verarbeiten Sie das mannigfaltige unsortierte, sozusagen „bunte“ Material Ihrer Wahrnehmung und Erfahrungen und bringen dieses in einen gedanklichen Zusammenhang. Dazu bedienen Sie sich der Abstraktion und Verallgemeinerung.

Denken und Sprache

Denken und Sprache bilden eine Einheit. Immanuel Kant sagte, dass das Denken „die Erkenntnis durch Begriffe“ bzw. „reden mit sich selbst“ sei. Um das eine zu erreichen, kann man das andere nicht lassen. Beim Denken operieren Sie mit Begriffen, die Sie sprachlich ausdrücken.

2.2 Folgerichtiges Denken

„Das ist doch logisch“, so lautet eine häufig verwendete Redewendung. Daran zeigt sich, dass viele Menschen logisch richtig denken können, ohne jemals bewusst über Logik nachgedacht zu haben.

Alltagslogik reicht nicht mehr aus

Wir Menschen mussten logisch denken lernen, um die Gesetzmäßigkeiten in Natur und Gesellschaft zu erkennen. Lohnt es sich, das logische Denken zu trainieren, wenn der Mensch doch sozusagen „von Natur aus“ logisch denkt? Dieses „spontane logische Denken“ genügt in der Regel für den täglichen Gebrauch. Doch zur Bewältigung vieler Probleme der wissenschaftlich-technischen, der wirtschaftlichen und sozialen Entwicklung reicht es nicht mehr aus.

Vergleich mit dem Erlernen einer Fremdsprache

Ihre spontane Alltagslogik wird, indem Sie logische Regeln anwenden, zu einem bewussten logischen Denken. Dieser Prozess lässt sich mit der Grammatik vergleichen. Sie können eine Fremdsprache erlernen und sich in dieser verständigen, ohne sich in die Grammatik vertieft zu haben. Je besser Sie aber diese beherrschen, umso differenzierter sind Ihre Ausdrucksmöglichkeiten in Wort und Schrift.

Ähnlich verhält es sich mit dem logischen Denken. Es bewusster anzuwenden, bedeutet exakter zu denken.

Sie werden in Ihrer Tätigkeit umso erfolgreicher sein, je mehr Sie in der Lage sind, Ihre Meinungen logisch zu untermauern bzw. falsche Behauptungen logisch zu widerlegen.

Lehre von der Folgerichtigkeit

Das Wort „Logik“ kommt vom griechischen Wort „logos“ und bedeutet so viel wie „Denklehre“ bzw. „Denkvernunft“. Mit ihr können Sie Ihr Denken und das anderer auf seine Widerspruchsfreiheit und Folgerichtigkeit überprüfen sowie aus wahren oder falschen Aussagen korrekte Schlüsse ziehen. Man definiert die Logik daher auch als die „Lehre von der Folgerichtigkeit“.

2.3 Deduktion und Induktion – Die Hauptformen der Logik

Aussagen ableiten

Die beiden Hauptformen der Logik sind die Deduktion und die Induktion. Beim deduktiven Schließen werden von bestimmten, als wahr akzeptierten Aussagen andere Aussagen abgeleitet.

Hierzu ein Beispiel:

Aussage 1: A ist größer als B.
Aussage 2: B ist größer als C.
Schlussfolgerung: A ist größer als C.

Grafisch ließe sich der Zusammenhang so darstellen:

A B C

Inhaltliche Korrektheit prüfen

Sind die Ausgangsaussagen wahr und werden die logischen Ableitungsregeln richtig angewendet, dann sind auch die abgeleiteten Aussagen wahr. Allerdings sagt eine solche Schlussfolgerung nur etwas über die *logische,* aber nichts über die *inhaltliche* Richtigkeit aus.

Dazu dieses Beispiel:

Aussage 1: Alle Affen sind Löwen.
Aussage 2: Alle Löwen sind Elefanten.
Schlussfolgerung: Dann sind alle Affen Elefanten.

Logisch korrekter Unsinn

Weil die Aussagen 1 und 2 nicht wahr sind, ist die Schlussfolgerung natürlich Unsinn, wenngleich sie logisch richtig abgeleitet wurde. Sie können die Begriffe Affe, Löwe und Elefant durch andere Begriffe ersetzen und werden feststellen, dass die in der dritten Zeile formulierte Schlussfolgerung wahr ist, falls die in den bei den ersten Zeilen formulierten Voraussetzungen zutreffen.

Ein weiteres Beispiel:
Aussage 1: Wenn es regnet, wird die Straße nass.
Aussage 2: Hier regnet es.
Schlussfolgerung: Also wird hier die Straße nass.

Bei diesem Beispiel erkennen Sie die Ableitung vom Allgemeinen (wenn es regnet ...) auf das Besondere (*hier* regnet es).

Induktive Schlüsse

In der deduktiven Logik geht es nur um die logische (analytische) Gültigkeit eines Arguments. In der Praxis spielen aber induktive Schlussfolgerungen (vom Besonderen zum Allgemeinen) die größere Rolle. Angenommen, die Aussagen lauten:

Aussage 1: Immer wenn es regnet, wird die Straße nass.
Aussage 2: Die Straße ist nass.
Schlussfolgerung: Also regnet es.

Vorläufiger Charakter

Diese aus wahren Prämissen gezogene Schlussfolgerung könnte allerdings falsch sein. Für die Nässe gibt es eventuell andere Ursachen. Der induktive Schluss hat also lediglich vorläufigen bzw. hypothetischen Charakter.

2.4 Die Gefahr von Denkfehlern

Vom Einzelfall zum Allgemeinen

Bei der induktiven Logik geht es um Schlussfolgerungen von Einzelfällen auf das Allgemeine. Die dabei gewonnenen Aussagen sind nur sehr bedingt wahr.

Hierzu nochmals unser Beispiel „Wenn es regnet, wird die Straße nass“. Angenommen, die Straße wird nun nass (der besondere Einzelfall), so muss es deswegen nicht unbedingt regnen (das Allgemeine). Es kann auch andere Ursachen geben, zum Beispiel einen Wasserrohrbruch, Morgentau usw.

Fehlschlüsse sind häufigste Denkfehler

Induktive Fehlschlüsse sind unsere häufigsten Denkfehler. Sie resultieren nicht aus Denkfaulheit oder bösem Willen. Es ist die Plausibilität, Verallgemeinerbarkeit und „Handlichkeit", die uns in falsche Schlussfolgerungen hineintappen lässt.

Hierzu das berühmte Beispiel der Witwe Bolte von Wilhelm Busch. Sie erinnern sich:

Fehlschluss der Witwe Bolte

„Ihrer Hühner waren drei und ein stolzer Hahn dabei."

Aber Max und Moritz machen dem Geflügel den Garaus und nun schmoren die Tiere in Frau Boltes Bratpfanne. Gerade kommt sie mit dem Sauerkohl aus dem Keller zurück und ...

„Angewurzelt stand sie da, als sie nach der Pfanne sah.
Alle Hühner waren fort. — „Spitz!" — das war ihr erstes Wort.
„Oh du Spitz, du Ungetüm! Aber wart! Ich komme ihm!"
Mit dem Löffel groß und schwer geht es über Spitzen her;
laut ertönt sein Wehgeschrei, denn er fühlt sich schuldenfrei."

Wie wir wissen, ist Spitz tatsächlich schuldenfrei; die Schuldigen sind vielmehr Max und Moritz, die sich die Hühner durch den Kamin aus der Pfanne geangelt haben. Aber infolge ihrer überwältigenden Emotion war Frau Bolte zu keiner ruhigen Überlegung fähig – und Spitz wurde das Opfer ihres voreiligen Denkschlusses.

Ein Beispiel aus dem Alltag

Solche Denkfallen hindern auch Sie oft am logisch folgerichtigen Handeln. Angenommen, Sie wollen ein neues Auto kaufen und schwanken zwischen einem A-Auto und einem B-Auto. Nachdem Sie rund ein Dutzend Tests und Expertenberichte studiert haben, kommen Sie zu dem Urteil, dass das A-Auto das für Ihre Zwecke bessere Gefährt ist.

Auf dem Wege zum Händler treffen Sie einen Bekannten. Als dieser von Ihrer Kaufabsicht erfährt, antwortet dieser entsetzt: „Ein A-Auto? Das darf doch nicht wahr sein! Ein Arbeitskollege hatte ein A-Auto. Ich kann Ihnen sagen! Erst ging die Einspritzpumpe kaputt, dann hatte er Ärger mit der Kupplung, schließlich mit dem Getriebe …"

Einzelfall nicht zu stark gewichten

Zu den vielen positiven Urteilen über das A-Auto kam nun *ein* negatives Votum hinzu. Würden Sie nach einer solchen Schilderung Ihre Kaufentscheidung noch einmal überdenken? Bei vielen Menschen schnappt die Denkfalle zu: Sie kaufen doch lieber ein B-Auto.

Diese Beispiele zeigen, dass der induktive Schluss nicht zwangsläufig wahr ist. Er kann allenthalben als Ausgangshypothese dienen. Erst dadurch, dass Sie möglichst viele verschiedenartige Merkmale eines Sachverhaltes berücksichtigen, gewinnen Sie Gewissheit.

Möglichkeiten der Induktion

Induktionsschlüsse können *aufzählender* oder *ausschaltender* Natur sein:

- Bei der *aufzählenden* Induktion handelt es sich um das Zusammenstellen einzelner Aussagen zum Begründen einer Gesamtaussage.
- Die *ausschaltende* Induktion befasst sich mit dem Erforschen kausaler Zusammenhänge und Ursachen. Es wird dabei in der Weise verfahren, dass – wie es der Name dieser Methode sagt – aus den bekannten möglichen Ursachen für einen gegebenen Sachverhalt möglichst alle ausgeschaltet werden bis auf jene, die tatsächlich die Kausalwirkung erzeugen. Auf das Beispiel der nassen Straße bezogen, bedeutet die ausschaltende Induktion zu prüfen, ob der Regen wirklich die Ursache ist oder aber ein Rohrbruch, vielleicht gar ein vorbeigefahrener Wasserwagen, starker Morgentau, Schneeschmelze oder anderes.

Die Logik ist so etwas wie ein Netzwerk von „Verkehrsregeln" beim Denken. Sie leistet gute Vorarbeiten für eine Lösung und kann vorhandene Lösungen verbessern. Aber mit der Logik allein finden Sie keine neuen Ideen. Das zeigt der nachfolgende Vergleich. Daher müssen Sie sich zugleich um Ihre Kreativität kümmern.

→ Ergänzende und vertiefende Informationen zu Kreativitätstechniken finden Sie im Teil D dieses Buches.

Logisches und kreatives Denken im Vergleich

Logisches und kreatives Denken

Logisches bzw. vertikales Denken	**Kreatives bzw. laterales Denken**
■ sucht nach Lösungen	■ sucht nach Alternativen
■ ist selektiv	■ ist generativ
■ sucht das logisch Richtige	■ sucht das kreativ Andere
■ ist analytisch	■ ist provokativ
■ forscht nach Ursachen	■ sucht nach Wegen
■ geht schrittweise und folgerichtiges vor	■ geht sprunghaft vor
■ schlussfolgert nach dem Beweis	■ „schlussfolgert" vor dem Beweis
■ erfordert Konzentration auf das Wesentliche	■ erfordert Aufmerksamkeit auch für Nebensächlichkeiten
■ vollzieht sich bewusst	■ vollzieht sich ggf. unterbewusst
■ will Resultate	■ will Bewegung
■ untersucht Ideen	■ findet Ideen

nach E. de Bono (in diversen Büchern)

Literatur

Klaus Bayer: Argument und Argumentation. *Logische Grundlagen der Argumentationsanalyse.* Opladen: Westdeutscher Verlag 1999.

Rolf Dietrich, Reinhard Müller und Walter Wenzel: *Logisch denken lernen und trainieren.* 2. Aufl. Lichtenau: Aol-Verlag 2003.

Jürgen Hesse und Hans Schrader: *Testtraining Logik. Eignungs- und Einstellungstests sicher bestehen.* Frankfurt/Main: Eichborn 2002.

Marilyn vos Savant und Leonore Fleischer: *Brain building. Das Supertraining für Gedächtnis, Logik, Kreativität.* 9. Aufl. Reinbek: Rowohlt 2002.

3. Kreatives Denken

Kollektive und individuelle Techniken

Der Themenbereich „Kreativität“ wurde in diesem Buch in drei Kapitel aufgeteilt. Davon wurden zwei unter der Überschrift „Kreativitätstechniken“ im Teil D zusammengefasst. Hierbei handelt es sich um Methoden, die eher *kollektiv* angewendet werden können, zum Beispiel im Rahmen einer Projektgruppe. Die in diesem Kapitel beschriebenen Techniken bzw. Hinweise dienen dagegen eher *individuellen* Zwecken. Sie helfen Ihnen, Ihr kreatives Potenzial zu (re)aktivieren oder zu stimulieren, besonders dann, wenn es um Ideengenerierung geht und das logische Denken nicht weiterhilft.

Alle hier genannten Empfehlungen gelten aber gleichermaßen für die gemeinschaftlich anzuwendenden Techniken, denn ihnen liegen die gleichen Grundprinzipien zugrunde. Dennoch werden sie separat behandelt, da es hier insbesondere um Ihre persönliche Art des Denkens geht. Überschneidungen mit den kollektiv anzuwendenden Methoden sind unvermeidlich.

Acht Grundtechniken

Diese acht Grundtechniken kreativen Denkens helfen Ihnen, Ihre Kreativität zu steigern, nämlich

1. Denkmuster bewusst machen
2. Nicht vorschnell Nein sagen
3. Erstidee erkennen und „zügeln“
4. Umstrukturieren bzw. umformulieren
5. Einzelelemente kombinieren
6. Analogien suchen
7. Denken stimulieren
8. Intuition beteiligen

3.1 Machen Sie sich Ihre Denkmuster bewusst

Ihre gewohnheitsmäßige Wahrnehmung behindert oft den Blick auf die reichen und subtilen Eigenschaften der Dinge, die Ihnen begegnen. Jegliche Art, etwas zu sehen, ist aber nur eine von mehreren Möglichkeiten, die Welt wahrzunehmen. Wenn Sie sich auf Ideensuche begeben, müssen Sie dies im Hinterkopf haben.

Entstehung von Denkschablonen

Die meisten dieser Denkschablonen sind im Laufe Ihres Lebens in der Auseinandersetzung mit Ihrer Umwelt entstanden. Das gilt vor allem für Gewohnheiten, Erfahrungen, Normen und Werturteile. Diese mögen sich in bestimmten Situationen als richtig erwiesen haben. Darum wurden sie zu Automatismen Ihres Verhaltens, ohne dass Sie in einer ähnlichen Situation lange darüber nachdenken müssen, was jetzt wie zu tun sei.

Entlastung des Verstandes

Durch Wiederholung und Gewöhnung „automatisieren“ sich Denkvorgänge. Daraus entstehen Wenn-dann-Gebrauchsanleitungen, die man „Denkmuster“ nennt. Sie lösen einen Handlungsablauf aus, ohne dass Ihr Verstand alle Hirnwindungen aktivieren muss, um Lösungen zu finden. Wenn Ihr einziges Werkzeug eine Schreibmaschine ist, dann werden Sie dazu neigen, jedes Problem für ein Stück Papier zu halten. Das gilt besonders für Intelligenzler, deren Denken sich durch ein großes Beharrungsvermögen auszeichnet.

Wahrnehmung vereinfachen, Handeln erleichtern

Aus Erfahrungen ist man klug geworden, denn der Verstand hat den speziellen Fall gespeichert und ein „Programm“ dazu „geschrieben“. Denkmuster vereinfachen Ihre Wahrnehmung und erleichtern Ihr Handeln. Sie ermöglichen es sogar, vorausschauend zu agieren, noch bevor der Fall X erneut eingetreten ist.

Beispiel

Wie die Musterbildung funktioniert, erkennen Sie an unvollständigen Wörtern:

- .uch
- bel..bt
- Fußba..
- Humme.

Auflösung 1

Sie wissen gleich, was gemeint ist, nämlich

- Buch
- beliebt
- Fußball
- Hummel

Auflösung 2

Aber es könnte auch
- Tuch
- beleibt
- Fußbank
- Hummer

bedeuten.

Denkmuster werden oft durch ein Wort bzw. eine „Etikette" ausgelöst, zum Beispiel Flittchen, Spekulant, Ossi und Wessi. Schnell sind die dazugehörigen Attribute wie „leichtlebig", „gerissen", „undankbar" und „arrogant" zur Hand.

Vorsicht vor falschen Fährten

Sobald Sie glauben oder wissen, wie etwas ist, haben Sie ein Denkmuster gebildet. Dieses wirkt wie ein EDV-Programm. Besonders die durch Erfolge programmierten Denkmuster können gefährlich sein und Sie in anderen Situationen auf eine falsche Fährte führen.

Nehmen wir ein einfaches Beispiel: Springt die Verkehrsampel auf „Rot", dann wird das Denkmuster *Halt!* in Sekundenbruchteilen aktiviert und schon ist der Fuß auf der Bremse. Denn Verkehrsteilnehmer reagieren in Gefahrensituationen in der Regel mit dem Durchtreten der Bremse. Bei Glatteis jedoch könnte dieses Denkmuster gefährlich werden.

Das Gehirn ist beharrlich

Gefahr droht im Arbeitsalltag auch dann, wenn man neue Probleme mit den Methoden von gestern lösen will. Je mehr Denkmuster das Gehirn gebildet hat, umso schwerer fällt es, Informationen auf neue Weise zu betrachten. Alte Muster werden nur schwer gelöscht oder abgewandelt.

Hemmnis für Kreativität

Auch das Bedürfnis nach Struktur hemmt Ihre Kreativität. Besonders unter Zeitdruck wächst unser Bedürfnis nach kognitiver Klarheit und innerer Logik. Infolgedessen „frieren" wir bereits gefällte Urteile ein.

Wenn Sie nun wahrnehmen, ist es Ihr Bestreben, Muster wiederzuerkennen. Das geht so weit, dass Menschen auch dann noch an ihren Einstellungen und Mustern festhalten, wenn sie mit glaubwürdigen, ihren Meinungen widersprechenden Erkenntnissen konfrontiert werden.

Jeder hat sein eigenes Denkmuster

Natürlich benötigen Sie ein grundlegendes Ausgangsmuster, um einen Sachverhalt überhaupt zu begreifen. Dieses bestimmt Ihr Denken und Handeln in einer bestimmten Situation. Darum kann ein und derselbe Sachverhalt bei verschiedenen Menschen unterschiedliche Verhaltensweisen auslösen. Wenn in einer Besprechung lange um eine Entscheidung gerungen wird, dann hat dieses seine Ursache darin, dass jeder Teilnehmer seine Erfahrungen, sprich Denkmuster, zu den anstehenden Sachfragen hat. Es wäre jedem am liebsten, wenn alle das gleiche Denkmuster hätten wie man selbst.

Die Wahrnehmung kritisch hinterfragen

Viele Denkfehler sind auf Unzulänglichkeiten in der Wahrnehmung und selten auf logische Irrtümer zurückzuführen. Erstaunlich ist in diesem Zusammenhang, dass wir der Logik traditionsgemäß einen höheren Stellenwert als der Wahrnehmung beimessen. Statt unsere Wahrnehmung kritisch zu hinterfragen, nehmen wir gern Zuflucht bei logischen Gewissheiten und Wahrheiten. Wenn Sie kreativ denken, dann versuchen Sie, den Denkmustern zu entrinnen, um neue Ideen hervorzubringen. Zumindest sollten Sie versuchen, Sachverhalte aus einem anderen Blickwinkel zu betrachten, um vorhandene Denkmuster anzuregen, sich anders zu strukturieren.

Wenn Sie kreative Blitze produzieren wollen, dann setzt dieses eine gewisse Unschuld Ihrer Wahrnehmung voraus, befreit vom Korsett der überlieferten Meinungen.

3.2 Nicht vorschnell Nein sagen

Alles ist erlaubt

Im kreativen Denkprozess bewegen Sie sich auf einer Art Spielfeld. Hier ist alles erlaubt, was geeignet ist, Ihren Denkapparat auf Hochtouren zu bringen. Hier gelten keine Gesetze. Hier gibt es keine Gebietsgrenzen. Hier werden Fehler toleriert.

Hier gilt das uneingeschränkte Ja im Sinne von „Mal sehen, was dabei herauskommt“. Dieses Spielfeld ist exterritoriales Gebiet, auf dem es keine innere Denkpolizei gibt.

Killerphrasen

Neue Ideen ziehen die Kritiker an wie die offen auf dem Frühstückstisch stehende Marmelade die Wespen. Oft sind es Kollegen und Vorgesetzte, Familienmitglieder oder Freunde, die Ihnen mit Killerphrasen wie diesen das schöpferische Denken erschweren:

- Das ist zu teuer.
- Das haben wir schon immer so gemacht.
- Das ist nun mal so.
- Das geht nicht anders.
- Die Erfahrung zeigt doch, dass …
- Das klingt zu theoretisch.

Kreativität ist etwas, was sich manche Ihrer Mitmenschen gar nicht vorstellen können. Sie sind so sehr an die Mittelmäßigkeit gewöhnt, dass sich gar kein Bild mehr von der geistigen Kraft eines voll leistungsfähigen Gehirns machen können.

Der PFA-Zyklus

Manche nennen das, was sie immer schon falsch gemacht haben, Erfahrung. Andere sprechen von der Praxis im Gegensatz zur Theorie und meinen in Wirklichkeit die Tradition. Vielleicht verpassen auch Sie sich selber ein Denkverbot, weil Sie sich vor Ihrer eigenen Kreativität ängstigen. Möglicherweise trifft auf Sie genau der PFA-Zyklus zu. Dabei stehen die drei Buchstaben PFA für Panik, Freude und Angst.

Dieses sind die drei Stadien des Zyklus:

1. Panik, weil Sie keine guten Ideen haben;
2. Freude, wenn Ihnen endlich eine Idee gekommen ist;
3. Angst, weil Sie sich vor der Meinung anderer oder der Reaktion Ihres Vorgesetzten fürchten.

Kreatives Querdenken

Beim kreativen Querdenken ist die Bewegung wichtiger als das Ziel, zumal man zu Beginn des Denkprozesses noch gar nicht weiß, was am Ende herauskommt. Ein logischer Denker will mit den Kategorieren „ja oder nein“, „richtig oder falsch“ arbeiten.

Beweglich bleiben

Ein kreativer Denker dagegen will bewegen. Es ist besser, falsche Ideen zu haben als gar keine, da alle durch das Nein abgewürgt wurden. Der Kreative braucht nicht bei jedem Einzelschritt Recht zu haben. Wichtig ist, dass er *am Ende* „Recht" behält. Es könnte ja sein, dass zwei verrückte (falsche) Ideen eine sinnvolle neue ergeben. Beim Denken beweglich zu sein, ist genauso wichtig wie die logische Urteilsfähigkeit. Was nützt es, logisch scharfsinnig zu sein, wenn man kreativ stumpfsinnig ist und deshalb seiner Logik gar kein „Beurteilungsfutter" liefern kann?

→ Ergänzende und vertiefende Informationen hierzu finden Sie in den Kapiteln „Dialektisches Denken" (C 1) und „Logisches Denken" (C 2) dieses Buches.

Erst wenn Sie die kreative Tummelwiese verlassen und die Ideenauswahl treffen, darf das Nein gedacht und gesagt werden.

Das Nein hinterfragen

Wenn wir beim Nein angelangt sind, muss gefragt werden: Ist dieses Nein absolut, oder geht es vielleicht doch? Was kann verändert werden, damit aus dem Nein doch noch ein Ja wird?

3.3 Erstidee erkennen und „zügeln"

Nicht gleich zufrieden sein

Wenn Sie sich auf Ideenjagd begeben, finden Sie gegebenenfalls schnell eine Beute und übersehen vor lauter Freude die fettere Beute, die sich daneben oder dahinter befindet. Wenn Sie eine Lösung haben, dann stellen Sie nicht das Denken ein, denn es könnte noch andere und vielleicht bessere Ideen geben. Anders ausgedrückt: Sie freuen sich über den Spatz in der Hand, ohne die Taube auf dem Dach zu sehen. Der Spatz wird zur dominierenden Idee.

Vorsicht vor Sperrideen

Eine solche Erstidee kann zur *Sperridee* werden, indem diese Ihr Denken ebenso dominiert wie eine starke Persönlichkeit eine Gruppe. Die Zufriedenheit mit einer Lösung hält Sie vom weiteren Denkvorgang ab. Sie sollten sich nicht für die erstbeste Idee entscheiden, sondern weitere Möglichkeiten suchen, um zwei oder mehr Varianten in die engere Auswahl zu nehmen.

Sich nicht gefangen nehmen lassen

Wichtig ist, dass Sie sich Ihrer Hauptidee bewusst werden, um sich von ihr nicht gefangen nehmen zu lassen. Wenn Hauptstraßen im Feierabendverkehr verstopft sind, kommt man auf den Nebenstraßen oft schneller vorwärts. Man muss diese Nebenstraßen einfach nur erkennen und bereit sein, den eingefahrenen Pfad zu verlassen.

Der Erstidee entrinnen

Eine Erstidee entwickelt sich schnell zum Denkmuster. Wichtig ist, dass Sie die Hauptidee(n) im Denkprozess erkennen und so lange an die Kette legen, bis sich weitere Einfälle entwickelt haben. Wenn Sie kreativ querdenken wollen, dann müssen Sie Ihren Erstideen entrinnen und sich vor gedanklichen Schnellschlüssen hüten, indem Sie nach anderen Lösungen Ausschau halten. Sie wissen doch, jedes Ding hat mehrere Seiten.

Die Idee optimieren

Wenn Sie heute eine Idee haben, dann kommt Ihnen morgen vielleicht eine bessere, die übermorgen idealerweise sogar in eine noch besserere mündet. Aber „die Beste“ wird Ihnen nie kommen, denn der Vorgang des Optimierens ist unendlich. Es kommt darauf an, die gute Lösung immer wieder durch die bessere zu ersetzen.

3.4 Umstrukturieren bzw. Umformulieren

Der Inspiration auf die Sprünge helfen

Natürlich können Sie, wenn Sie ein Problem haben bzw. wenn „ein Problem Sie hat“, nicht still dasitzen, um auf die Inspiration bzw. Illumination zu warten. Sie können diesen Prozess aus eigenen Kräften bewusst unterstützen, indem Sie sich die „Mechanik“ von Inkubation und Illumination (Bisoziation) zunutze machen. Zu diesem Zweck müssen Sie Denkmuster wechseln.

Wenn dies nicht unbewusst durch eine zufällige Beobachtung oder einen Fehler geschieht, sollte der Wechsel des Denkmusters bewusst „synthetisch“ durchgeführt werden. Das bedeutet, jene Prozesse *bewusst* zu vollziehen, die sich *unbewusst* vor allem in der Phase der Inkubation abspielen. Denkbar wäre also einen Sachverhalt bewusst umzustrukturieren bzw. sich um Zufälle zu bemühen, damit Ihnen Anregungen kommen, die Sie mit anderen Ideen zusammenfügen können. Öffnen Sie sich zum Beispiel Einflüssen, nach denen Sie nicht direkt suchten. Das kann ein Bild, eine Gegebenheit oder ein Zufallswort sein.

Das Denkmuster wechseln

Umstrukturieren bedeutet, Informationen auf eine andere Weise zusammenzufügen. Genau das ist das Grundprinzip des Witzes. Hier werden Teilinformationen, die direkt nichts miteinander zu tun haben, so zusammengefügt, dass ein neuer Sachverhalt entsteht, der Humor bewirkt. Humor ist das Verlassen eines Musters und das Hinüberwechseln in ein anderes. Bei einem Witz zwingt Sie die zweifache Bedeutung eines Wortes oder Satzes dazu, das Denkmuster zu wechseln.

Teilinformationen neu anordnen

Das Prinzip des Umstrukturierens ist das Grundprinzip kreativen Querdenkens. Auch bei den anderen hier aufgeführten Techniken, wie beispielsweise dem Umformulieren oder der assoziativen Stimulierung, werden Teilformationen umstrukturiert oder neu angeordnet.

Das Problem umkehren

Die einfachste Form der Umstrukturierung ist die Umkehrung bzw. Umformulierung eines Problems. Sie können einen Sachverhalt gedanklich einfach auf den Kopf stellen oder zwischen dem Anfang und dem Ende ständig wechseln, um so die Perspektive zwecks Ideenanregung zu ändern.

Ein Beispiel

Was halten Sie von dieser Definition: Ein Zoo ist ein Ort, an dem Tiere hervorragend das Verhalten von Menschen beobachten können. Vielleicht ist auch ein Huhn die Methode eines Eis, ein neues Ei zu erzeugen. Sie denken das Gegenteil von etwas, um so das Denken zu provozieren.

Reformulierungstechnik

In der Gesprächsführung wird die Umformulierung gezielt eingesetzt, um auf den Gesprächspartner einzuwirken. Hierzu ein Beispiel aus der Reformulierungstechnik: Jemand sagt zu Ihnen: „In diesem Unternehmen arbeiten ja nur Idioten". Sie machen ihm die Wirkung seiner Aussage bewusst, indem Sie antworten: „Verstehe ich Sie richtig: Sie sind in diesem Hause der einzig Vernünftige?" Hier wurden Vorder- und Hintergrund verschoben, so wie bei den berühmten Figur-Hintergrund-Darstellungen.

Bumerangtechnik

Ähnlich verhält es sich mit der so genannten Bumerangtechnik eines guten Verkäufers. Dieser Verkäufer bietet einem potenziellen Käufer einen sprachgesteuerten Computer an. Der Angesprochene antwortet: „Ich habe gar keine Zeit, mich mit dieser komplizierten neuen Technik zu beschäftigen". Der Verkäufer antwortet: „Gerade weil Sie keine Zeit haben, will ich Ihnen dieses Gerät vorführen, denn Sie sparen die Zeit, die Sie jetzt noch für das Schreiben benötigen."

Sachverhalte positiv verpacken

Eine andere Möglichkeit des Umformulierens besteht darin, dass man einen negativ behafteten Sachverhalt positiv verpackt. So wird aus einer Giftmüllkippe ein Receyclingpark, aus einem Altersheim eine Seniorenresidenz, aus einer Preiserhöhung eine Gebührenanpassung, aus einem Spion ein Kundschafter, aus einer Werkstatt ein Atelier und aus der Wiedervereinigungssteuer ein Solidaritätszuschlag. Besonders Politiker sind einfallsreich, wenn es darum geht, Negatives positiv auszudrücken.

Es ist auch unerheblich, ob eine Umkehrung tatsächlich das logische Gegenteil ist. Wichtig ist, dass sich die Umkehrung eignet, eine Situation gedanklich zu verändern, um so den Ideenfluss in Gang zu bringen. Dieses kann auch erreicht werden, indem Sie einen Sachverhalt übertreiben, entstellen oder in sein Gegenteil verkehren.

Anspornfragen

Dazu können Sie sich dieser von Alex F. Osborn – dem Begründer des Brainstormings – entwickelten (An-)Spornfragen bedienen:

- *Vergrößern:* Was kann man hinzufügen, um etwas höher, länger, stärker oder schwerer, breiter oder dicker zu machen?
- *Verkleinern:* Was kann man wegnehmen, um etwas niedriger, kürzer, schmaler oder dünner, schwächer oder leichter zu machen?
- *Umgruppieren:* Wie kann man die Gestalt ändern, indem man Teile anders anordnet, die Reihenfolge ändert oder die Wirkung zur Ursache macht?

- *Kombination:* Wie lassen sich Ideen und Pläne mischen oder kombinieren?
- *Umkehren:* Rückwärts statt vorwärts; Inneres nach außen; Oberes nach unten; Anfang an das Ende?
- *Ersetzen:* Andere Methoden, anderes Design, anderer Ort, anderes Material?
- *Adaptieren*: Was ist so ähnlich? Was kann man kopieren? Welche Parallelen lassen sich ziehen?

→ Ergänzende und vertiefende Informationen zu systematisch-analytischen Methoden finden Sie im Kapitel D 2 dieses Buches.

Auch möglich: konventionell statt kreativ

Wenn Sie nächstens nach einer guten Idee suchen, könnten Sie es aber gegebenenfalls auch einmal ganz konventionell versuchen, statt einer kreativen Idee nachzujagen. In einer Zeit, in der Kreativität als Primärtugend gilt, in der sich jeder originell hervorheben möchte, in der das Exotische als kreativ definiert wird, kann auch das Konventionelle wieder funktionieren.

Sie können das nachvollziehen, indem Sie diese Frage beantworten: Welches der folgenden Zeichen sticht Ihnen am meisten ins Auge?

x x o x x

Die Antwort ist klar. Überlegen Sie sich, was Sie tun müssen, um das O zu werden. Ihr Umfeld will vor allem den Gegensatz zum Bisherigen sehen. Das wirklich Kreative benötigt den Kontrast zum Vorhandenen. Fehlt dieser Kontrast, dann verliert das Kreative an Inhalt. Vielleicht erreichen Sie den Kontrast, indem Sie etwas Konventionelles tun.

3.5 Kombinieren von Einzelelementen

An vorhandenen Lösungen ansetzen

Der Kern vieler Ideen liegt im Übernehmen, Hinzufügen oder Verändern schon vorhandener Lösungen. Die Frage, was hinzugefügt oder kombiniert werden kann, führt unausweichlich zu neuen Ideen. Viele Produktinnovationen beruhen auf der neuen Kombination vorhandener Elemente oder dem Hinzufügen neuer. Wer kennt sie nicht, die Wasserwaage mit Laserpointer, Uhren mit Funkempfänger, Billardtische, auf deren Rückseite man Tischtennis spielen kann, und vieles Ähnliches mehr? Alte Dinge können auf viele neue Arten kombiniert werden.

Lösungen als Sprungbrett

Wenn Sie neue Ideen entwickeln wollen, sollten Sie sich zunächst mit den schon vorhandenen vertraut machen. Vielleicht wirkt das wie ein Sprungbrett. Sie können Glück haben, indem Sie eine göttliche Idee befällt. Sie können diese aber auch planvoll herbeiführen, indem Sie Vorhandenes kombinieren.

Die morphologische Methode

Wenn Sie nicht warten wollen, bis Ihnen das Unterbewusstsein intuitiv eine Kombination vorschlägt, dann bietet sich der systematisch-analytische Kombinationsweg mittels der so genannten morphologischen Methode an. Morphologie ist einerseits die Lehre von den Gebilden bzw. Formen einer Sache und andererseits die Lehre vom geordneten Denken. Beide Definitionen sind richtig und stehen gleichberechtigt nebeneinander. Darum eignet sich der Begriff Morphologie auch, um die vom Schweizer Astrophysiker Fritz Zwicky entwickelte Kombinationsmethode als morphologischen Kasten zu bezeichnen.

Tabelle, Kasten oder Matrix

Die dreidimensionale Form des Kastens bzw. die zweidimensionale Form der Tabelle schränkt die Anzahl der Grundelemente auf drei bzw. zwei ein – und damit die dementsprechend möglichen Kombinationen. Wenn Sie stattdessen eine Matrix nutzen, ergeben sich mehr Variationen. Eine morphologische Matrix mit nur sechs Parametern und jeweils zehn Ausprägungen enthält eine Million denkbarer Kombinationen!

Machen Sie gleich einen Versuch mit der morphologischen Methode. Nehmen Sie irgendeinen Gegenstand oder Sachverhalt, den Sie verbessern wollen. In die linke Spalte tragen Sie die Grundelemente ein und in die Spalten daneben deren mögliche Formen. Anschließend markieren Sie jene Formkombinationen, die einen Fortschritt bewirken würden.

Morphologische Tabelle zum Ausfüllen

Grund-elemente	Mögliche Formen bzw. Ausprägungen		

3.6 Analogien suchen

Den Anfang finden

Ein Grundproblem des schöpferischen Denkens besteht darin, überhaupt in Gang zu kommen. Das ist ähnlich einer Diskussionsveranstaltung, in der alle sehnsüchtig auf die erste Wortmeldung warten, um dann auf den fahrenden Zug aufzuspringen.

Analogien bringen das Denken in Gang

Die Analogienbildung ist eine solche Anschubtechnik. Sie ist der erste Gang, der eingelegt wird, um den Denkmotor auf Touren zu bringen. Darum wird die Analogienbildung auch als Erst- bzw. Einstiegsmethode betrachtet. Auch im täglichen Leben, wenn wir ein Problem haben, schauen wir uns nach Analogien um, nach schon vorhandenen Lösungen, die vielleicht auf unser Problem passen, denn man muss ja das Rad nicht jedes Mal neu erfinden. So ersparen wir uns Mühe und gegebenenfalls Kosten.

Bei der Analogienbildung übersetzt oder überträgt man sein Problem in eine Analogie und entwickelt diese weiter, um dann wieder auf das Ausgangsproblem zurückzukommen. Das kann im Kleinen wie im Großen geschehen.

Beispiel Steuerprüfer

Nehmen wir zunächst ein einfaches Beispiel. Sie suchen einen anderen Begriff für den Beruf des Steuerprüfers. Zu diesem Zweck werfen Sie einen Blick in die verschiedenen Systembereiche unserer Gesellschaft, zum Beispiel in das Verkehrssystem, das Rechts- und Gesundheitswesen oder das Militär. Wir könnten diese Bereiche weiter unterteilen, so beispielsweise das Verkehrswesen in die Luft-, und Schifffahrt. Wie werden die Funktionsträger dort benannt? Steward, Pilot, Lotse, Navigator usw. Wie wäre es also mit dem Begriff Steuerlotse? Bei der Unübersichtlichkeit unseres Steuerwesens kein abwegiger Gedanke. Außerdem könnte der Begriff Steuerlotse die Scheu vor der Steuerprüfung nehmen.

Analogie muss lebendig sein

Sie können auch eine Analogie wählen, der ein Ablauf zugrunde liegt, zum Beispiel ein Verkaufsgespräch führen, eine Flugreise antreten oder mit einem Herrn bzw. einer Dame flirten. Greifen Sie nun einzelne Aspekte eines Flirts heraus und prüfen Sie, ob darin Ideen für Ihr Problem stecken. Wichtig ist, dass die Analogie lebendig ist und eine Art Eigenleben hat. Dieses sollte reich an Bildern und Geschehnissen sein, sodass Sie vor Ihrem geistigen Auge eine Art Prozess erleben.

→ Ergänzende und vertiefende Informationen zu intuitionsanregenden Methoden finden Sie im Kapitel D 1 dieses Buches.

3.7 Das Denken stimulieren

Ideen lassen sich überall finden

Denken Sie über etwas nach, ohne eine Lösung zu finden? Dann helfen Sie sich, indem Sie sich das TV-Abendprogramm unter dem Gesichtspunkt anschauen: Welche Idee steckt für mein Problem darin? Mit dieser Fragestellung können Sie auch die Zeitung lesen oder durch ein Warenhaus schlendern. Das Leben ist voll von Ideenspendern. Nutzen Sie diese, indem Sie die

Ideensuche nicht von anderen Tätigkeiten abkoppeln, sondern mit diesen verbinden.

Das Unterbewusstsein hilft mit

Es macht nichts, wenn sich eine Idee nicht sofort einstellt. Einflüsse werden gespeichert und warten auf weitere Einflüsse, aus denen dann unerwartet eine Idee entsteht, die plötzlich aus dem Unterbewusstsein an die bewusste Oberfläche tritt. Ihr Denken kann durch etwas beeinflusst werden, das in keinem Zusammenhang mit der zu bedenkenden Situation steht. Dieser Faktor kann einen Gedankensprung bewirken, der Ihnen eine Idee beschert. Die gute Idee, nach der Sie suchen, kennen Sie aber erst, wenn Sie diese gefunden haben.

Belangloses berücksichtigen

Wenn Sie sich auf Stimulierungssuche begeben, dann muss dies sehr bewusst geschehen, mit eingeschalteten und rotierenden Empfangsantennen. Eine solche offene Geisteshaltung und Empfänglichkeit für Einflüsse lag allen bedeutenden Wissenschaftssprüngen zugrunde. Sie ist eine Voraussetzung für Innovationen in Wirtschaft, Gesellschaft und Verwaltung. Dabei nehmen Sie sich bewusst vor, Dinge in Betracht zu ziehen, die belanglos erscheinen. Solche vorerst belanglosen Einflüsse können sich später als relevant herausstellen. Eine kleine Ursache kann große Folgen haben.

Stimulierung durch Zufallsworte

Begriffe als Stimulus

Wenn Sie sehr schnell eine Idee brauchen, dann nutzen Sie die Technik des Zufallwortes. Es sorgt für Instant-Ideen, vorausgesetzt, es gelingt Ihnen, einen begrifflichen Stimulus erzeugen. Das Verfahren ist denkbar einfach: Sie nehmen einen Versandhauskatalog, ein Lexikon oder eine Illustrierte und legen fest, dass das erste Hauptwort auf Seite 50 links oben oder das dortige Bild als Stimulus dienen soll. Natürlich können Sie auch einen ganzen Satz nehmen und sich davon anregen lassen.

Beziehungen herstellen

Das Zufallswort ist zunächst beziehungslos, aber es kann eine Beziehung herstellen und Ihnen so zu einer Lösung verhelfen. Infolge der Wechselwirkungen im Gehirn kann keine Anregung belanglos bleiben. Die Anregung wird mit dem Problem verknüpft und begründet so einen neuen Ansatzpunkt oder verhilft zu einer neuen Sichtweise. Möglich ist, dass das Zufallswort zu einem weiteren führt, das eher mit dem Problem verbunden werden kann.

Neue Ideen durch Diskontinuität

Wenn Ihnen das Zufallswort nicht gefällt, verwerfen Sie es bitte nicht. Je weiter es von Ihrer Fragestellung weg ist, umso größer die Chance, dass Sie mit seiner Hilfe gedankliche Diskontinuität erzeugen und so neue Ideen entwickeln. Nutzen Sie auch nur *ein* Zufallswort.

Sollte sich das Zufallswort nach einer etwa zehnminütigen Anwendungsphase nicht eignen, Ihr Denken anzuregen, dann suchen Sie kein weiteres, sondern versuchen Sie es besser mit einer der anderen hier beschriebenen Methoden des schöpferischen Denkens.

Mit dem ganzen Gehirn denken

Sie sehen selbst: Diese Methode unterscheidet sich elementar von den herkömmlichen analytischen Denkmethoden, die nach dem Wichtigen und dem Richtigen suchen. Das Zufallswort führt nur selten zu Sofortlösungen, bringt stattdessen aber neue Ideen hervor, die den weiteren Weg zu Lösungen weisen. Auch hier sind gegebenenfalls logisch-analytische Zwischenbearbeitungen notwendig, die mittels Stimulierung angereichert werden. Der Querdenker muss mit der linken Hirnhälfte genauso gut denken wie mit der rechten. Er muss geradeaus, rückwärts, quer, diagonal und im Kreis denken können.

Stimulierung durch kreatives Fragen

Sechs ehrliche Diener

Der englische Schriftsteller und Literatur-Nobelpreisträger Rudyard Kipling (1865-1936) schrieb: „Ich hatte sechs ehrliche Diener. Sie haben mich alles gelehrt, was ich wusste. Ihre Namen waren Wo und Was und Wann und Warum und Wie und Wer." Diesen Hinweis gab er, weil Fragen das Denken zu einer Antwort anregen.

Sich selbst befragen

„Wer fragt, der führt", so lautet eine alte Führungsweisheit. Nutzen Sie diese für Ihre Kreativität. Befragen Sie sich selbst, wenn Sie Ideen und Lösungen suchen. Formulieren Sie offene W-Fragen wie *warum, wie, wodurch* und *was.* Versuchen Sie im

Selbstgespräch eine Antwort zu geben. Diese muss nicht besonders geistreich sein. Sie soll anregen.

Warum-Technik Die Warum-Technik ist ein konkretes Werkzeug, um viele Aspekte eines Problems sichtbar zu machen und Ideen zu entwickeln.

Fünf Schritte Gehen Sie so vor:

1. Formulieren Sie Ihr Problem.
2. Stellen Sie die Frage *warum?*
3. Geben Sie darauf drei Antworten.
4. Aus jeder Antwort werden neue Problemformulierungen generiert.
5. Diese werden nochmals mit *warum?* hinterfragt.

Fragen öffnen Ihr Denken. Nutzen Sie diese Technik. Auch Ihre Kinder sind durch Fragen klüger geworden.

Dialog mit imaginären Personen Dieses Selbstgespräch können Sie auch als inneren Dialog mit imaginären Personen führen. Fragen Sie einen bekannten Maler, einen erfolgreichen Unternehmer, einen beliebten Schauspieler, einen klugen Erfinder, einen Ihnen sympathischen Schriftsteller oder historische Personen wie Goethe, Napoleon, Cäsar usw. Gehen Sie aktiv in den inneren Dialog mit diesen Personen. Stellen Sie Ihre Fragen und versuchen Sie diese aus der Sicht Ihrer „Gesprächspartner“ zu beantworten.

Rückkopplung als Quelle der Kreativität Vielleicht bewirkt dieses eine Rückkopplung, bei der die Antwort auf die Frage zurückwirkt und zu einer anderen Sichtweise des Problems und zu einer neuen Frage führt. Dieser Prozess der Rückkopplung ist eine der Quellen von Kreativität. Ja, sie ist sogar das Geheimnis vieler Vorgänge in Natur und Gesellschaft.

3.8 Die Intuition beteiligen

Querdenken kann man nicht erzwingen. Aber man kann die Voraussetzungen dafür verbessern. Damit auch die Gefühle der Intelligenz, die Intuition, genutzt werden können, muss das angestrengte rationale Denken pausieren. Erst in einem Zustand der Ruhe und Entspannung kann das „unbeaufsichtigte" Gehirn neue Kombinationen ausprobieren. Im Halbschlaf oder beim Spazierengehen werden die strengen Denk-Schemata gelockert, sodass sich die abgespeicherten Informationen spielerisch zu neuen Ideen verbinden können.

Schöpferische Pause

Die Geschichte der Technik und Wissenschaft ist voll von Beispielen erfolgloser Denkprozesse, bis hin zum Zeitpunkt der schöpferischen Pause. Sie ist notwendig wie das Halten an einer Tankstelle, um Treibstoff aufzufüllen. Sie kennen doch die viel zitierte Aussage: „In der Ruhe liegt die Kraft."

Die schöpferische Pause ist eine Kreativitätstechnik, die Sie nicht zu lernen brauchen. Sie pausieren einfach. Aber es ist eine sehr ergebnisträchtige Technik. Doch es gibt keine Garantie dafür, dass Sie nach jeder kreativen Pause eine schöpferische Neun werfen.

→ Ergänzende und vertiefende Informationen zur Intuition als Arbeitstechnik und Entscheidungshilfe finden Sie im Kapitel A 9 dieses Buches.

Gedankenfluss durch Ruhehormon

Wenn Sie sich entspannen, aktiviert sich Ihr Parasympathikus. In diesem Zustand wird Ihre Adrenalinproduktion gedämpft und stattdessen das Ruhehormon Acetylcholin produziert. Hierbei handelt es sich um einen so genannten Neurotransmitter, eine Art Schmierstoff, der die neuronal-elektrische Leitfähigkeit der Millionen von Verbindungssteckern in Ihrem Gehirn, so genannte Synapsen, verbessert. Daraus folgt ein gut fließender Gedankenverkehr, der es isoliert positionierten Ideenelementen im Gehirn ermöglicht, sich mit anderen zu neuen Ideen zu verknüpfen.

Literatur

Hendrik Backerra, Christian Malorny und Wolfgang Schwarz: *Kreativitätstechniken – Kreative Prozesse anstoßen, Innovationen fördern.* 2. Aufl. München: Hanser 2002.

Tony Buzan: *Kopftraining. Anleitung zum kreativen Denken.* 16., völlig überarb., aktual. und erw. Aufl. München: Goldmann 2000.

Edward De Bono: *De Bono's neue Denkschule. Kreativer denken, effektiver arbeiten, mehr erreichen.* Landsberg: mvg-Verlag 2002.

Björn Gemmer: *Kreativität – fit in 30 Minuten.* Offenbach: GABAL 2001.

Helmut Schlicksupp: *30 Minuten für mehr Kreativität.* Offenbach: GABAL 1999.

Walter Simon: *Lust aufs Neue.* 2. Aufl. Offenbach: GABAL 2001.

4. Systemisches Denken

Wenn Sie lernen, systemisch zu denken, fördert das zugleich Ihre Kreativität, da beides in enger Beziehung zueinander steht. Der kreative Denker überspringt Grenzen eines Systems, um sich in anderen Revieren nach Brauchbarem umzuschauen. Er bringt Systemelemente zusammen und formt diese zu einem neuen System. Die Fähigkeit, Beziehungen zwischen Systemen und Teilsystemen bzw. Systemelementen herzustellen, ist eine der Grundvoraussetzungen kreativen Denkens. Die Wissensexplosion und der informationstechnologische Fortschritt im 21. Jahrhundert beruhen auf solchen Verknüpfungen.

4.1 Mit System systemisch Denken

Systemisch ist nicht systematisch

Der Begriff „Systemisches Denken" verbreitet sich immer mehr. Damit ist etwas anderes gemeint als das, was man umgangssprachlich *systematisch* nennt. Systematisch zu denken bedeutet, analytisch und linear Schritt für Schritt vorzugehen. Hier wird für Ereignisse und Veränderungen nach *einer* Ursache gesucht. Die Ausgangsprämisse lautet: Wenn ... – dann ... Bei einem Gewerkschafter kann das zu dieser Aussage führen: „Preissteigerungen müssen Lohnerhöhungen nach sich ziehen." Der Arbeitgebervertreter hält dem entgegen: „Um die höheren Lohnkosten bezahlen zu können, müssen wir die Preise für unsere Produkte erhöhen."

Wechselwirkungen beachten

Im Gegensatz dazu richtet das systemische Denken sein besonderes Augenmerk auf *nichtlineare* Abläufe und betrachtet diese ganzheitlich mit all ihren Wechsel- und Rückwirkungen. Der systemisch denkende Zeitgenosse antwortet dem Gewerkschafter und dem Arbeitgebervertreter: Preissteigerungen bewirken Lohnerhöhungen, und Lohnerhöhungen führen zu

Preissteigerungen und diese führen wieder zu Lohnerhöhungen usw.

Aber es gibt auch für das systemische Denken eine Art Systematik, indem Sie sich bemühen, Sachverhalte mehrdimensional, dynamisch-prozesshaft, ganzheitlich und zugleich detailliert zu betrachten. Anders ausgedrückt: Sie versuchen, geradeaus, im Kreis, um die Ecke, im Vieleck und im Netz zu denken.

Vier Empfehlungen

Beachten Sie dabei diese vier Empfehlungen:
1. Denken Sie in Wirkungszusammenhängen statt in Kausalketten.
2. Berücksichtigen Sie Neben- und Fernwirkungen von Entscheidungen.
3. Klären Sie Zielzusammenhänge und Zielhierarchien.
4. Beachten Sie die Eigendynamik des Systems.

Überlegen Sie doch bitte für einen kurzen Moment, welche Veränderungen das Fernsehen, das Telefon, das Flugzeug und der Computer in der gesamten Lebensweise der Menschheit bewirkten. Welche Wirkungszusammenhänge, welche Nah- und Fernwirkungen sehen Sie? Welche Entwicklungsmöglichkeiten erkennen Sie?

4.2 Erkenne das Ganze und seine Teile

Der Körper als System

Sie, lieber Leser, sind in Ihrer körperlichen, seelischen und geistigen Zusammengehörigkeit ein System. Ihr Körper besteht aus vielen Teilsystemen, zum Beispiel dem Herz-Kreislauf-System oder dem Hormonsystem, die sich ihrerseits aus Teilsystemen zusammensetzen. Zum Herz-Kreislauf-System gehören zum Beispiel die Lunge, das Herz, die Arterien und Venen. Alle haben lebenswichtige Teilaufgaben. Zugleich benötigt das eine System das andere.

Das Unternehmen als System

Als Berufstätiger arbeiten Sie in einem Unternehmen, das aus mehreren Abteilungen besteht, so beispielsweise der Logistik, der Produktion und dem Vertrieb. Sie lesen möglicherweise

Zahlen oder Sachverhalte aus Bilanzen oder von Anzeigegeräten ab, ohne zu wissen, was die Anzeige letztendlich genau bedeutet. Sie wissen aber, dass sie so arbeiten müssen, dass die Zahlen oder der Zeiger immer in dem von der Betriebsanweisung vorgesehenen Bereich stehen müssen. Sie reagieren in der Regel nur auf Ihre Teilaufgabe, oft ohne das Ganze zu kennen. Auf das, was außerhalb Ihres Bereiches passiert, können Sie nur sehr begrenzt reagieren. Trotzdem funktioniert das Ganze – ebenso wie die Branche, zu der Ihr Unternehmen gehört. Diese wiederum ist ein Element der nationalen Volkswirtschaft, die ihrerseits zur europäischen Wirtschaftsgemeinschaft und globalen Weltwirtschaft gehört.

Abgrenzung ist vom Blickwinkel abhängig

Unsere Welt besteht aus unendlich vielen miteinander verbundenen, aufeinander einwirkenden Systemen. Die uns Menschen umgebende Realität ist ein Geflecht von Systemen. Was wir im Einzelfall als System bezeichnen, hängt von unserem Interesse bzw. unserem Blickwinkel bzw. unserer Eingrenzung ab. Das wird deutlich an der Wissenschaft, die es mit der Erforschung von Systemen zu tun hat und diese darum eingrenzt.

Beispiel Wissenschaft

So erforscht zum Beispiel die Biologie die Struktur und das Verhalten organischer Systeme; die Soziologie die Struktur, Bewegung und Entwicklung gesellschaftlicher Gebilde; die Volkswirtschaft analog das Wirtschaftssystem. Die Philosophie bemüht sich um die Gesamtschau. Wenn Sie durch eine Kamera mit Zoomlinse blicken, können Sie je nach Interesse die Bildausschnitte immer mehr detaillieren. Ebenso verhält es sich mit dem systemischen Denken.

Definition

Ganz allgemein kann man ein System so definieren: „Ein System ist ein aus Teilen bestehendes Ganzes."

Da auch ein Haufen Steine ein aus Teilen bestehendes Ganzes ist, müssen wir die Definition erweitern, denn unser Interesse gilt sozialen Systemen, die untereinander in Verbindung stehen und sich durch Verknüpfung und Einwirkung entwickeln und verändern. Viele Systeme können nur dank des Vorhandenseins eines anderen Systems existieren. Wenn sich dieses verändert, muss sich das andere System mit verändern, sonst geht es unter. Dieses Schicksal droht jenen Unternehmen, die sich veränderten Wettbewerbsbedingungen nicht anpassen. Bewegung kann also ansteckend wirken.

Wenn man diesen Gedankengang in die Definition einbezieht, dann könnte sie so lauten:

Ein System ist eine Ganzheit, die aus dynamischen, untereinander in Verbindung stehenden und sich beeinflussenden Teilen besteht.

Gegenseitige Beeinflussung

Die Eigenschaften eines Teils werden vom System als Ganzem bestimmt, ebenso wie das Ganze von den Teilen geprägt wird. Das Verhalten von Mitarbeitern gegenüber Kunden hängt unter anderem von der ganzen Unternehmenskultur ab, die ihrerseits von den Verhaltensweisen der Mitarbeiter beeinflusst wird.

Analysieren und integrieren

Für das systemische Denken folgt hieraus, Sachverhalte sowohl *analysierend* als auch *integrierend* zu betrachten. Das stufenweise Umschalten von oben nach unten hat *analysierenden* Charakter, zum Beispiel

Unternehmen ▸ Abteilung ▸ Mitarbeiter

während das Umdenken von unten nach oben integrierend ist, beispielsweise

Mitarbeiter ▸ Abteilung ▸ Unternehmen.

Systemisches Denken bedeutet, dass es jedoch auch noch andere Möglichkeiten der Systembestimmung und -abgrenzung gibt, zum Beispiel

Unternehmen ▸ Vertrieb ▸ Produktion ▸ Einkauf ▸ Verwaltung

oder

Aktionäre ▸ Geschäftsführung ▸ leitende Angestellte ▸ kaufmännische und ▸ gewerbliche Mitarbeiter sowie ▸ Lieferanten.

Es kommt also immer auf die Sichtweise und das spezielle Erkenntnisinteresse an.

4.3 Erkenne die Verbindung zwischen dem Ganzen und seinen Teilen

Kein Zusammenleben ohne Ordnung

Wenn die Teile des Systems aufeinander einwirken, dann muss zwischen ihnen eine Verbindung bestehen. So ist zum Beispiel die Zugehörigkeit zu einer speziellen Gruppe von bestimmten Voraussetzungen abhängig. Wer Mitglied einer Gewerkschaft werden will, muss Arbeitnehmer sein. Die Mitgliedschaft setzt gewisse Handlungen, aber auch Unterlassungen voraus. Ohne diese Ordnung wäre soziales Zusammenleben unmöglich. Nichts ist aus sich heraus allein verständlich, sondern immer nur im Kontext des Ganzen.

Netzwerk statt Kausalkette

Die Verbindung zwischen dem Ganzen und seinen Teilen kann *monokausal* bzw. *linear* ein, etwa in dieser Form: Kugel A trifft auf Kugel B, diese auf Kugel C usw. Oft sind es aber mehrere Ursachen. An die Stelle der Kausalkette muss darum die Vorstellung eines *Netzwerkes* treten: Firma A senkt die Preise, um größere Mengen abzusetzen. Daraufhin senkt auch das Unternehmen B seine Preise, während die Firma C mit einem Mehr an Qualität ihre Marktposition zu behaupten versucht. Unternehmen D reagiert mit einer Werbeoffensive, um seinen Bekanntheitsgrad und damit Umsatzanteile zu erhöhen.

Da diese Unternehmen vielleicht schon lange im Wettbewerb stehen, ist nicht eindeutig, wer den ersten Zug wagte. Denn das Verhalten von A ist vielleicht nur die Reaktion auf das Verhalten der anderen. Innerhalb dieses Netzwerkes ist es fraglich, ob es dem Unternehmen A gelingt, seine Marktanteile auszuweiten.

Das hier skizzierte Vierersystem ist nicht nur die Addition von vier Einzelunternehmen, sondern ein neues System mit neuen

Eigenschaften und eigener Dynamik. Infolge der Verknüpfung entsteht ein Regelkreis mit *positiven* oder auch *negativen Rückwirkungen.* Bei großen Netzwerken – zum Beispiel einer Branche oder einer ganzen Volkswirtschaft – beeinflussen sich ganze Regelkreise, sodass die Ursachenbestimmung kaum noch möglich und der Auslöser nicht mehr zu verorten ist.

Offene und geschlossene Systeme

Die Einwirkung auf die Teilsysteme bzw. Systemelemente kann von innen oder auch von außen erfolgen. Zu diesem Zweck wird zwischen offenen und geschlossenen Systemen unterschieden. Ein biologisches oder soziales System ist immer ein offenes. Nur ein mechanisches Maschinensystem kann man sich – von der Energiezufuhr und den Emissionen einmal abgesehen – als geschlossenes System vorstellen.

Der Begriff des geschlossenen Systems ist relativ, denn es gibt praktisch kein materielles System, das isoliert besteht. Systemisches Denken muss von der Annahme offener Systeme ausgehen, um den ganzheitlichen Anspruch einzulösen. Sie können jedoch Ihre Systemdefinition so einrichten, dass Sie es gedanklich mit einem geschlossenen System zu tun haben, um dieses besser untersuchen zu können.

4.4 Erkenne das Ganze in seinem Verhältnis zur Systemumwelt

System vor der Analyse abgrenzen

Soziale Systeme existieren nicht isoliert, sondern in einer Umwelt mit anderen Systemen. Wenn Sie jedoch ein System analysieren wollen – zum Beispiel eine Abteilung im Unternehmen –, kann es sinnvoll sein, es gedanklich von anderen Systemen bzw. von seiner Umwelt zunächst abzugrenzen. Was als System und dessen Umwelt gilt, entscheidet der Betrachter je nachdem, für welche Art von Austauschbeziehungen zwischen dem System und seiner Umwelt er sich interessiert.

Wenn, wie gesagt, das System und seine Teile voneinander abhängig sind, dann muss das auch für das Verhältnis zwischen dem System und seiner Umwelt gelten. Beide stehen in einem aktiven Austauschverhältnis und beeinflussen sich wechselseitig. Das Unternehmen nimmt Energie und Material aus seiner Umwelt (Input), um daraus Produkte herzustellen. Diese Produkte gehen zurück in die Umwelt (Output). Abfälle gehen zurück in die ökologische Umwelt und verändern diese in einem Ausmaß, das den Austauschprozess zwischen Mensch und Natur immer mehr gefährdet, ja sogar systemzerstörend wirken kann.

Man muss also mit der Möglichkeit rechnen, dass ein System so auf seine Umwelt einwirkt, dass es später in dieser Umwelt nicht mehr existieren kann. Auch manche Manager wirken so auf ihre Unternehmen ein, dass diesen der Exitus droht.

Möglichkeiten der Reaktion

Auf ein solches Ereignis kann ein offenes System auf diese Weisen reagieren:
1. Es kann die Wirkung „neutralisieren".
2. Es löst sich ganz oder teilweise auf.
3. Es wandelt seine Struktur.

4.5 Erkenne die Ordnung des Systems

Ordnung schafft Orientierung

Die Welt der Systeme ist nicht nur monströs. In Systemen gibt es Regelmäßigkeiten, aus denen sich Ordnungsmuster bilden. Diese prägen Struktur und Verhalten des Systems. Sie erlauben oder verbieten ein bestimmtes Verhalten, stecken Spielräume ab, schränken Freiheit ein und ermöglichen Orientierung. Ohne Ordnung wäre soziales Leben und unternehmerisches Handeln unmöglich. Ein Unternehmen bedarf der ordnenden Gestaltung – materiell und geistig-sinnhaft.

Strukturen erhalten das System

Besonders dort, wo Menschen zusammenleben, wird der Zusammenhalt erst durch Rollen, Normen und Strukturen wirksam. Menschen erwarten, dass auf ihre eigenen Handlungen nicht mit unendlich vielen möglichen Handlungen reagiert wird, sondern mit den erwarteten. Vereine, Familien, Unternehmen, Parteien, Schulen und Universitäten, Behörden, Kirchen, ja selbst die Mafia – sie alle haben Strukturen, Regeln, Aufgaben und Ziele, ohne die der Organisationszweck nicht erreicht wird.

Komplexität reduzieren

Soziale Systeme bewegen sich auf einem hohen Ordnungsniveau. Diese Ordnung kann von außen in das System eingebracht werden, zum Beispiel durch Richterspruch oder päpstliches Dogma. Um ein System – beispielsweise ein Unternehmen – plan- und beherrschbar zu machen, versucht das Management, dessen Komplexität zu reduzieren, indem es Dienstvorschriften, Organisationspläne, Führungsrichtlinien usw. erlässt. Damit sollen, so die Erwartung der oberen Führungscrew, Abläufe und Verhaltensweisen standardisiert werden, um so Ordnung zu bewirken.

Zu viele Regeln können schaden

Das hat Vor- und Nachteile. So sinnvoll es ist, Komplexität zu reduzieren, um Ordnung und Transparenz zu schaffen – zum Beispiel im Straßenverkehr –, so sehr können Richtlinien ein System zugrunde richten. Werden einem System die Flügel beschnitten, dann wird ihm damit die notwendige Anpassungsflexibilität genommen.

Die Folgen der Überregulierung beispielsweise in Form der Bürokratisierung sind gravierend. Sobald der Dienst nach Vorschrift verrichtet wird, läuft fast nichts mehr. Bekannt sind die Klagen über die deutsche Gesetzesflut, die dafür sorgt, dass Investitionsvorhaben im Bürokratiedickicht ersticken. Am schlimmsten sind die Folgen im Bereich der deutschen Finanzverwaltung. Die sich aus der Vielzahl der Regeln ergebende Unübersichtlichkeit des Steuerrechts machte den Beruf des Steuerberaters notwendig.

4.6 Erkenne und nutze die Lenkungsmöglichkeiten des Systems

Homöostatische Balance

Im Gegensatz zu stabilen mechanischen Systemen verfügen biologische und soziale Systeme über die Fähigkeit zur homöostatischen Balance. Das bedeutet, dass sie in der Lage sind, ihre Strukturen trotz wechselnder Umwelteinflüsse zu erhalten.

Wie aber steuert sich ein System und balanciert sein Gleichgewicht? Die beste Antwort hierauf gibt die Kybernetik. Man könnte sie als die Wissenschaft von den Eigenschaften und Gesetzmäßigkeiten der Regelung und Informationsverarbeitung in dynamischen Systemen definieren.

Systemkomponenten

Die elementaren Komponenten eines kybernetischen Systems sind

- das System als Träger der Prozesse,
- die Information und
- die Regelung.

Dementsprechend untersucht die Kybernetik solche Systeme, in denen Rückkopplung infolge von Informationsverarbeitung auftritt. Ihr zentrales Anliegen ist dabei, die zusammenhängenden Teile so miteinander in Beziehung zu bringen, dass ein gewollter, gleich bleibender Zustand erreicht wird.

Lenken durch Steuerung

Die Kybernetik unterscheidet den Vorgang der Lenkung in *Steuerung* und *Regelung*. *Steuerung* bedeutet, auf ein System wie mit einem Lenkrad so einzuwirken, dass es sich in einer bestimmten Art verhält oder eine gewünschte Richtung einschlägt.

Lenken durch Regelung

Im Gegensatz dazu ist die *Regelung* eher reaktiver Natur, denn hier wird über Rückkopplung etwas angepasst bzw. im Regelkreis korrigiert. Die Regelung setzt voraus, dass Informationen, Sollwerte und Regelungsmechanismen vorhanden sind.

Beispiele für Rückkopplung

Tritt eine Abweichung von den Sollwerten ein, werden die Informationen darüber an ein Steuerungszentrum weitergeleitet. Das kann der Thermostat am Heizkörper, das Immunsystem des menschlichen Körpers, der Autopilot im Flugzeug oder die Aktienbörse sein. Hier wird aufgrund der vorliegenden Information die Rückkopplung bzw. Regelung vorgenommen. Dabei handelt es sich selten nur um einen einzigen Rückkopplungsvorgang, sondern um ein vernetztes System von Rückkopplungskreisen.

Wie wichtig Rückkopplung ist, zeigt die Wirtschaft. Sie bricht zusammen, wenn nicht ständig Zahlungen neue Zahlungen ermöglichen, die neue Geschäfte erlauben.

Rückkopplung in der Wirtschaft

Rückkopplung ist das Grundprinzip marktwirtschaftlicher Vorgänge, und zwar auf der Grundlage der einfachen „Spielregel" von Angebot und Nachfrage. Gleichwohl birgt aber jedes Laisser-faire der Marktwirtschaft zugleich Systemgefahren in sich, die es dem Regierungssystem ratsam erscheinen lassen, durch Zins-, Geld- und Steuerpolitik in den Systemprozess des Marktes einzugreifen. Intensität und Umfang der Lenkung sind abhängig vom Charakter und von der Vernetzung der Teilsysteme im Gesamtsystem.

Zwar verfügen Systeme über die Fähigkeit zum Gleichgewicht, aber es gibt Situationen, bei denen die Steuerungsstrukturen und Kontrollressourcen nicht mehr ausreichen, um das System in der Balance zu halten. Auch hier sind rettende Eingriffe notwendig oder aber das System geht unter, so wie es dem sozialistischen Weltsystem nach 1989 erging.

Anpassung durch Eingriffe ins System

Auch die Eingriffe der Politik in das Gesundheitswesen verfolgen letztendlich den Zweck, das Gesamtsystem an die veränderten Randbedingungen anzupassen. Möglich ist auch, dass ein Element aus der Systemstruktur herausgelöst oder gar aufgegeben wird, um die übrigen Teilsysteme zu erhalten.

4.7 Erkenne und nutze die Entwicklungsmöglichkeiten des Systems

Besonderheiten der Sozialsysteme

Ein technisches System kann sich aus sich heraus (noch) nicht entwickeln. Biologische Systeme sind anpassungsfähig, denn sie müssen überleben. Auch soziale Systeme wollen überleben und entwickeln sich deshalb. Das gilt im besonderen Maße für Unternehmen. Im Gegensatz zu biologischen Systemen sind Organisationen bewusst entwicklungsfähig. Sie sind schöpferisch, formulieren Ziele und verhalten sich entsprechend. In ihnen kann entschieden werden, was gewollt ist und wie es erreicht werden soll. Sie können über sich selbst nachdenken, sich beurteilen und verändern, ja sie können sich sogar infrage stellen. Sozialsysteme sind kein Evolutionsergebnis, sondern Produkte menschlichen Handelns.

Das lernende Unternehmen

Entwicklung ist notwendig. Darum müssen Unternehmen und Organisationen offen sein für Neuerungen und Veränderungen. Das setzt voraus, dass sie lernwillig und -fähig sind. Damit wird der Weg zum lernenden Unternehmen eingeschlagen. Nicht der Einzelne lernt, sondern die Organisation in ihrer Gesamtheit. Auch hier gilt die Erkenntnis, wonach das (Lern)ergebnis mehr ist als die Summe der einzelnen Teile.

Das Lernen lernen

Lernen ist aber kein einmaliger Ausbildungsakt. Auch Institutionen müssen das Lernen lernen. Das bedeutet, dass sie Experimente unterstützen, Risiken eingehen, Fehler tolerieren, Konflikte zulassen und lernen, damit konstruktiv umzugehen.

Veränderungen beachten

Kenntnisse über den aktuellen Ist-Zustand eines Systems reichen in der Regel nicht. Man muss auch etwas über die Veränderungen im Zeitablauf wissen. Da diese selten in Form mathematischer Funktionen vorliegen, sollte man sich mit Tendenzbeschreibungen begnügen, indem man Veränderungen als Folge von Veränderungen feststellt.

4.8 Einige Werkzeuge für das systemische Denken

Mögliche Techniken

Für komplexe Entscheidungen, bei denen viele Aspekte zu berücksichtigen sind, gibt es einige brauchbare Techniken, die sich eignen, um Vernetzungen und Abhängigkeiten zu erkennen und darzustellen. Zu nennen wären die Szenariotechnik, Entscheidungsbewertungstabellen und der „Papiercomputer".

→ Ergänzende und vertiefende Informationen hierzu finden Sie im Kapitel „Problemlösungs-, Planungs- und Entscheidungstechniken" im dritten Band dieser Buchreihe.

Vernetzungsdiagramm

Hier beschränke ich mich auf das Vernetzungsdiagramm, und damit auf eine einfache und leicht zu handhabende Technik. In ein Vernetzungsdiagramm werden ursächliche und wechselseitige Beziehungen zwischen einem Ziel und den einwirkenden Faktoren eingezeichnet, um das Wirkungsgefüge zwischen den

Systemelementen sichtbar zu machen. Die Beziehungen zwischen dem Ziel und den einwirkenden Faktoren können positiv oder auch negativ, stark oder schwach sein. Positive Auswirkungen von Systemelementen werden mit einem Pluszeichen an den Pfeilspitzen gekennzeichnet, negative mit einem Minuszeichen. Plus und Minus sind aber keine Wertungen, sondern kennzeichnen lediglich die Art der Beziehung zwischen den Systemelementen.

Beispiel: Kauf einer Wohnung

Angenommen, Sie wollen in der Kommune, in der Sie leben, in möglichst zentraler Lage eine Eigentumswohnung kaufen. Der zentrale Standort ist Ihr wichtigstes Interesse, also Ihre Zielvorgabe. Welche Auswirkungen haben die relevanten Standortfaktoren (zum Beispiel Preis, Lärm, Verkehrsanbindungen usw.) auf dieses Ziel?

Vernetzungsdiagramm

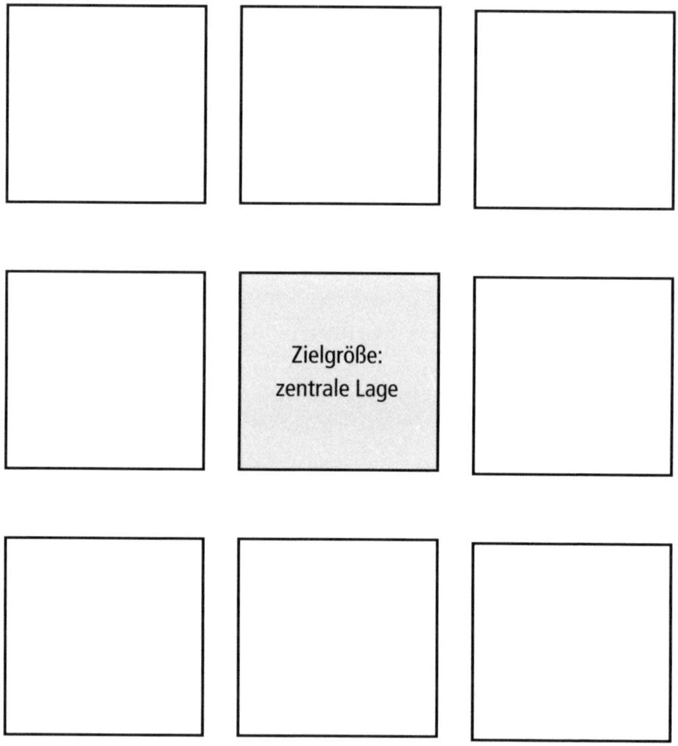

Finden Sie weitere Standortfaktoren und tragen Sie diese in die Felder des Vernetzungsdiagramms ein. Anschließend zeichnen Sie die Beziehungspfeile ein und kennzeichnen diese mit einem Plus- oder Minuszeichen. Sie können die Pfeile unterschiedlich dick oder dünn oder auch mit unterschiedlichen Farben zeichnen, um die Intensität anzudeuten. Der besseren Übersicht wegen sollten Sie sich auf die direkten Beziehungen und Rückkopplungen zwischen den aufgeführten Systemelementen beschränken.

Literatur

Fritjof Capra: *Das neue Denken. Die Entstehung eines ganzheitlichen Weltbildes im Spannungsfeld zwischen Naturwissenschaften und Mystik.* München: Droemer-Knaur 1998.

Martin Lehner und Falko E. P. Wilms: *Systemisch denken – klipp und klar.* Zürich: Verlag Industrielle Organisation 2002.

Hans Ulrich und Gilbert J. B. Probst: *Anleitung zum ganzheitlichen Denken und Handeln. Ein Brevier für Führungskräfte.* Bern: Haupt 1995.

Frederic Vester: *Die Kunst vernetzt zu denken. Ideen und Werkzeuge für einen neuen Umgang mit Komplexität.* 3. Aufl. München: Dt. Taschenbuch-Verl. 2002.

Klaus Volkamer u. a.: *Intuition, Kreativität und ganzheitliches Denken. Neue Wege zum bewussten Handeln.* Frankfurt/Main: Suhrkamp 1996.

TEIL D

Kreativitäts-techniken

1. Intuitionsanregende Kreativitätsmethoden

Es existieren zahlreiche Kreativitätstechniken. Sie beruhen letztlich auf wenigen Denkprinzipien. Es sind diejenigen, die Sie bereits im Kapitel „Kreatives Denken" (C 3) kennen lernten bzw. die in diesem Kapitel unter dem Aspekt der kollektiven Anwendung vorgestellt werden.

Zwei Hauptgruppen

Die gemeinschaftlich anzuwendenden Kreativitätstechniken kann man in zwei Hauptgruppen einteilen, und zwar in

1. die intuitionsanregenden Methoden und
2. die systematisch-analytischen Methoden.

Den *intuitionsanregenden* Methoden liegt das Prinzip der gedanklichen Assoziation, der Stimulierung von außen, der Analogien- und Synthesebildung zugrunde.

Bei den *systematisch-analytischen* Methoden werden Einzelelemente eines Gegenstandes oder Sachverhaltes systematisch erfasst, geordnet, gegliedert, variiert und gegebenenfalls neu kombiniert.

Gemeinschaftlich anwendbare Kreativitätstechniken

Systematisch-analytische Methoden	Intuitionsanregende Methoden
■ Umstrukturieren, umformulieren oder neu kombinieren	■ Brainstorming
■ Morphologischer Kasten	■ Brainwriting (Methode 635)
■ Merkmalsliste	■ Delphi-Methode
	■ Bionik
	■ Synektik
	■ Reizworttechnik

Nur wenige Techniken werden praktiziert

Obwohl es über hundert Kreativitätstechniken gibt, werden in der Praxis von Unternehmen und Organisationen nur wenige verwendet – und das, obwohl Unternehmen den Kreativitätstechniken eine hohe Bedeutung beimessen. Die am häufigsten genutzte Methode in Deutschland ist das Brainstorming.

Verwendung von Kreativitätstechniken

Technik der Ideenfindung	**relative Anwendungshäufigkeit**
Brainstorming	67,6 %
Synektik	8,3 %
Morphologischer Kasten	8,3 %
Brainwriting	2,8 %
Sonstige Methoden	13,0 %
Gesamt	100 %

Quelle: Michael Knieß nach einer empirischen Untersuchung von Uebele (1988): Kreatives Arbeiten, dtv, S.44

1.1 Brainstorming

Das Brainstorming (engl.: brain = Gehirn; engl.: storm = Sturm) ist eine systematische Methode zur Ideenfindung. Sie eignet sich insbesondere zur Ideenproduktion bei Problemen, die klar definiert sind wie beispielsweise bei der Frage: „Was können wir tun, um die Fehlzeiten in unserem Unternehmen abzubauen?“

Der Entwickler

Der Amerikaner Alex F. Osborn entwickelte das Brainstorming Ende der 1930er Jahre. Heute ist sie die bekannteste und am häufigsten angewandte Kreativitätsmethode.

Varianten

Es gibt viele Varianten von Osborns Brainstorming-Methode. Ein Brainstorming können Sie in einer Gruppe, gegebenenfalls aber auch allein anwenden. Beim Solo-Brainstorming werden Impulse über Reizwörter, Bilder, Stimmungen usw. ausgelöst. Vorteilhaft ist, dass sowohl die „Gruppenarbeitsprobleme“

entfallen als auch die Zeit- und Ortsgebundenheit. Nachteilig ist der Verlust an Anregungen durch die Gruppenarbeit.

Anonymes Brainstorming

Eine Variante des Solo-Brainstormings ist das anonyme Brainstorming. Hier sammelt der Gruppenleiter schon vor der Sitzung Ideen, welche die Teilnehmer in Einzelarbeit entwickelten. Diese werden später vorgelesen, um so weitere Ideen zu generieren. Diese Methode eignet sich insbesondere für konfliktträchtige Probleme und die Arbeit mit sehr großen Gruppen.

Die Regeln

Vor dem ersten Gruppentreffen beschäftigt sich jeder Beteiligte zunächst allein mit dem Problem. Während der folgenden Gruppensitzung notiert der Moderator die Ideen der Teilnehmer am Flipchart. Anschließend befassen sich die Gruppenmitglieder gemeinsam mit der Ideensammlung und wählen die besten Ideen aus.

Im Folgenden werden die Grundregeln des klassischen Gruppen-Brainstormings skizziert.

Keine Kritik

Nichts abwürgen

Jede Kritik muss bis zu einem späteren Zeitpunkt zurückgehalten werden. Jeder sagt, was ihm gerade einfällt. Einfälle dürfen nicht abgewürgt werden, kaum nachdem sie genannt wurden. Kritik, Wertung und Urteil bleiben zunächst ausgeschaltet. Das gilt insbesondere für Killerphrasen wie „Geht nicht!“, „Hatten wir schon!“, „Ist zu teuer!“ usw.

Spontane Ideenproduktion am laufenden Band

Alles aussprechen

Ungehemmte Spontaneität ist das Geheimnis erfolgreicher Brainstorming-Sitzungen. Für alle Ideen gibt es „Grünes Licht“, auch für fantastische Einfälle. Ausgefallene und unsinnige Ideen können andere Gruppenmitglieder anregen, auf neue Lösungen zu kommen. Zwei „verrückte“ Ideen ergeben gegebenenfalls eine sinnvolle. Als Teilnehmer eines Brainstormings sollten Sie Ihren Gedanken freien Lauf lassen. Als Moderator sollten Sie entsprechend auf Ihre Teilnehmer einwirken.

Quantität geht vor Qualität

Je umfangreicher die Anzahl der Einfälle, desto wahrscheinlicher werden gute Lösungen erreicht. Gute Ideen sind oft das Ergebnis umfangreicher Sammellisten mit möglichen Lösungen. Wer ein Gramm Gold gewinnen will, muss eine Tonne Erz fördern.

Ideen weiterentwickeln oder kombinieren

Jede Idee hat einen Wert

Das Aufgreifen von Ideen anderer Teilnehmer ist erwünscht. Durch deren Weiterentwicklung und Neukombination können weitere Ideen entstehen. Insofern hat jede Idee einen Wert.

Besser streichen als strecken

Kombinationsideen verbinden auseinander liegende Einfälle. Die Idee eines Teilnehmers hängt sich an die eines anderen an, ergänzt oder optimiert diese. Das Sich-Anhängen an die Ideen anderer ist wie ein Mitfahren per Anhalter und kann eine Kettenreaktion von Ideen bewirken. Denken Sie daran, dass es leichter ist, eine umfangreiche Liste von Einfällen zusammenzustreichen, als eine kurze Liste zu strecken.

Alle Ideen sichtbar protokollieren

Es ist wichtig, alle Ideen sichtbar am Flipchart oder einer Tafel zu protokollieren. So erhält das Unterbewusstsein der Teilnehmer die Möglichkeit, sich innerlich mit den Ideen zu beschäftigen. Nur so wird der Assoziationsmechanismus ausgelöst, der die oben beschrieben Kombinationsideen hervorbringen kann.

Ablauf

Nur Stichworte nennen

Zu Beginn des Brainstormings erklären Sie, falls Sie Moderator sind, das Problem und die Regeln. Die vier bis maximal zehn Teilnehmer entwickeln nun innerhalb von etwa 20 bis 30 Minuten Ideen zum vorliegenden Problem. Diese sollten jedoch nicht ausführlich erläutert, sondern als Stichworte in die Runde geworfen werden. Als Moderator schreiben Sie diese an die Tafel oder auf das Flipchart.

In der Anfangsphase werden schnell viele, zumeist nahe liegende oder konventionelle Ideen genannt. Das legt sich jedoch nach fünf bis zehn Minuten. Jetzt darf die Sitzung jedoch nicht abgebrochen werden. Erst in der Anschlussphase, wenn die Gruppendynamik und Spontaneität steigt, entwickeln sich originellere Lösungsvorschläge.

Pause machen, dann Ideen bewerten

Dem folgt die Bewertung, möglichst nach einer Pause. Anders als bei der Ideenfindung darf nun kritisch bewertet werden. Die „ersponnenen" Ideen sind auf ihre Brauchbarkeit zu untersuchen. Das kann mittels einer Punktebewertung geschehen. So wird eine Rangfolge ermittelt und später abgearbeitet.

1.2 Brainwriting (Methode 635)

Auch das Brainwriting (engl.: write = schreiben) soll die Ideenfindung anstoßen. Es funktioniert ähnlich wie das Brainstorming, jedoch werden die Ideen schriftlich eingebracht und weiterentwickelt. Die von Bernd Rohrbach entwickelte Methode 635 ist die bekannteste Technik des Brainwritings.

Regeln

Ideen verknüpfen und weiterentwickeln

Diese Methode setzt noch stärker als das Brainstorming auf das Verknüpfen und Weiterentwickeln von Ideen. Zu diesem Zweck sollen *6* Teilnehmer je *3* Lösungsvorschläge notieren, wozu sie *5* Minuten Zeit haben – daher auch der Name 635. Die Teilnehmer werden also zeitlich unter einen gewissen Druck gesetzt. Das empfinden manche als Ideenblockade, andererseits können hier Vorschläge nicht zerredet werden, wie das beim Brainstorming entgegen dessen Regeln oft der Fall ist. Auch die Aufgabe der aktivierenden Moderation fällt weg. Bei einer vorgegebenen Zahl von sechs Teilnehmern ist die Gesamtdauer auf 30 Minuten beschränkt.

Ablauf

So funktioniert es

Jeder der sechs Teilnehmer bekommt ein Papier, auf dem die Aufgabe beschrieben ist, zum Beispiel „Wie motivieren wir unsere Mitarbeiter für das betriebliche Vorschlagswesen?" In den nächsten fünf Minuten schreibt jeder drei Lösungsvorschläge zur formulierten Frage und reicht das Blatt im Uhrzeigersinn an seinen Nachbarn weiter. So erhält jeder Teilnehmer seinerseits ein Blatt, auf dem bereits drei Vorschläge notiert sind. Darunter schreibt er in den nächsten fünf Minuten drei weitere Ideen, wobei ein Anknüpfen an die vorhandenen Ideen und deren Weiterentwicklung erwünscht ist.

108 Ideen in 30 Minuten

Die Sitzung ist beendet, wenn jeder Teilnehmer jedes Blatt beschrieben hat. Auf diesem Wege entstehen in 30 Minuten 108 Ideen. Die Praxis sieht jedoch meist etwas anders aus. Denn oft werden schon in der ersten Runde ähnliche Ideen genannt. Des Weiteren werden nicht von jedem Teilnehmer drei Ideen eingetragen und auch die benötigte Zeit nimmt zu, je länger die Liste wird.

Anschließend erfolgt die Auswertung ähnlich wie beim Brainstorming.

Arbeitsblatt zur Methode 635

Problem		
1.1	1.2	1.3
2.1	2.2	2.3
3.1	3.2	3.3
4.1	4.2	4.3
5.1	5.2	5.3
6.1	6.2	6.3

1.3 Reizworttechnik

Diese Methode erscheint auf den ersten Blick etwas konfus, da Reizwort und Problematik scheinbar überhaupt nichts miteinander zu tun haben und man sich die Frage stellt, wie man auf diese Weise auf hilfreiche Lösungsansätze kommen soll.

Das Denken in andere Bahnen lenken

Sie trägt aber dazu bei, das eigene Denken in ganz andere Bahnen zu lenken und so Kreativität anzuregen und zu fördern. Die Reizworttechnik ist eine der freiesten Kreativitätstechniken. Wenn Sie schnell eine Idee brauchen, dann nutzen Sie diese Technik. Es sorgt für Instant-Ideen, vorausgesetzt, es gelingt Ihnen, einen begrifflichen Stimulus erzeugen. Das Verfahren ist denkbar einfach.

Regeln

Sie nehmen einen Versandhauskatalog, ein Lexikon oder eine Illustrierte, schlagen einfach eine Seite auf und tippen ohne hinzusehen auf einen Begriff oder ein Bild, das als Stimulus dienen soll. Natürlich können Sie auch einen ganzen Satz nehmen und sich davon anregen lassen.

Um die Ecke denken

Dieses Wort ist zunächst beziehungslos, aber das Gehirn kann eine Beziehung herstellen und Ihnen so zu einer Lösung verhelfen. Infolge der Wechselwirkungen im Gehirn kann keine Anregung belanglos bleiben. Das erfordert ein Denken „um die Ecke“ herum. Auch hier wirkt das im Kapitel „Kreatives Denken“ (C 3) angedeutete Syntheseprinzip. Die Anregung wird mit dem Problem verknüpft und begründet so einen neuen Ansatzpunkt oder verhilft zu einer neuen Sichtweise. Möglich ist, dass das Zufallswort zu einem weiteren führt, das eher mit dem Problem verbunden werden kann.

Funktionen und Eigenschaften einbeziehen

Das Zufallswort können Sie mit Bindegliedern versehen. Das sind Funktionen oder Eigenschaften, die sich aus dem Wort ergeben. Sie werden ebenfalls zu Stimulierung genutzt. Das Wort „Vater“ kann zum Beispiel unter anderem folgende Begriffe implizieren: Kinder, Ehefrau, Erziehung, Fürsorge, Liebe, Strenge usw.

Mit Hilfe des Reizwortes sollen Ideen zu einem Problem gewonnen werden. Da diese Reizwörter in keinem Zusammenhang zur genannten Aufgabe stehen, ist es möglich, die gewohnten Gedankenbahnen zu verlassen und durch Analogien und Abstraktionen vielfältige Lösungsanregungen zu finden.

Vielfältige Anregungen finden

Das Zufallswort führt selten zu Sofortlösungen, sondern bringt neue Ideen hervor, die den weiteren Weg zu Lösungen weisen. Auch hier sind eventuell logisch-analytische Zwischenbearbeitungen notwendig, die mittels Stimulierung angereichert werden. Als Querdenker müssen Sie mit der logischen linken Hirnhälfte genauso gut denken wie mit der kreativen rechten. Sie müssen geradeaus, rückwärts, quer und im Kreis denken können.

Ideen analytisch bearbeiten

Ablauf

Eine mit der Reizworttechnik arbeitende Gruppe umfasst vier bis zehn Teilnehmer. Die Gruppe einigt sich auf einen oder mehrere Begriffe (Reizwörter), die per Zufall ausgewählt werden. Dazu kann eine beliebige Seite in einem Wörterbuch oder einer Zeitschrift aufgeschlagen werden. Ohne hinzusehen, wird auf einen Begriff getippt, der als Reizwort dient. Das kann wiederholt werden, bis eine Liste von Begriffen vorliegt. Diese werden auf Karten geschrieben und dann wie eine Spielkarte gezogen. Als Moderator sollten Sie beachten, dass die Teilnehmer beim Sammeln der Wörter die Fragestellung noch nicht kennen.

Die Vorbereitungen

Wenn Ihnen das Zufallswort nicht gefällt, verwerfen Sie es bitte nicht. Bleiben Sie dabei. Je weiter es von Ihrer Fragestellung entfernt ist, umso größer die Chance, dass Sie mit seiner Hilfe gedankliche Diskontinuität erzeugen und so neue Ideen entwickeln. Nutzen Sie möglichst auch nur *ein* Zufallswort.

Das Reizwort nicht verwerfen

Als Moderator müssen Sie nun für eine Verbindung zwischen dem Problem und dem Reizwort sorgen. Dabei helfen Fragen wie „Was hat das Reizwort mit unserem Problem gemeinsam?", „Bestehen Ähnlichkeiten zwischen Problem und Reizwort?" usw. Die Antworten, die sich auf Eigenschaften, Merkmale, Nutzungsmöglichkeiten beziehen, werden nun analysiert und die Ergebnisse am Flipchart protokolliert.

Ergebnisse protokollieren

Wenn es nicht klappt

Sollte sich das Zufallswort nach einer etwa zehnminütigen Anwendungsphase nicht eignen, Ihr Denken anzuregen, dann suchen Sie kein weiteres, sondern versuchen es besser mit einer der anderen hier beschriebenen Methoden des schöpferischen Denkens.

1.4 Delphi-Methode

Experten schriftlich befragen

Die Delphi-Methode ist ein systematisches Verfahren, bei dem mehrere Experten mehrfach per Fragebogen befragt werden, insbesondere bei zukunftsbezogenen, komplexen Problemen. Sie wird eingesetzt, wenn die zu befragenden Experten zeitlich nicht an einem Ort versammelt werden können. Die Befragung erfolgt mehrstufig, bis ein gemeinsames Gruppenurteil gefunden wird.

Nicht mehr als 50 Fragen

Die Delphi-Methode verläuft etwa so: In der Vorbereitungsphase werden Fragebögen formuliert. Sie beinhalten nicht mehr als 50 Fragen und werden an ausgesuchte Experten versandt. Die Fragen sind möglichst präzise formuliert, um Missverständnisse zu vermeiden.

Drei bis vier Runden

Die eingehenden Antworten werden ausgewertet. Auf der Basis der dabei gewonnenen Erfahrungen wird der Fragebogen dann in seine Endfassung gebracht und an einen weiteren ausgesuchten Empfängerkreis von Experten verschickt. Das kann sich mehrfach mit einem modifizierten Fragebogen wiederholen. Nach der dritten oder vierten Runde erfolgt die abschließende Ergebnisanalyse.

1.5 Synektik

Für qualifizierte Teilnehmer

Die Synektik wurde von dem Amerikaner William Gordon in den vierziger Jahren des 20. Jahrhunderts entwickelt. Das Wort Synektik ist vom griechischen Wort „synektikos“ (= zusammenfassend) abgeleitet. Sie gilt als Ideenfindungsmethode für kreative und intellektuell qualifizierte Personen. Sie ist jedoch sehr zeitaufwendig und trainingsintensiv. Darum bedarf sie einer intensiven Vorabschulung.

Blockaden abbauen, Analogien finden

Die Synektik ist abhängig von der Fähigkeit der Teilnehmer, Denkblockaden und Hemmungen abzubauen und Analogien zu bilden. Die Qualifikationen gelten insbesondere für den Moderator. Häufig findet die Synektik erst dann Verwendung, wenn andere Techniken nicht den gewünschten Erfolg gebracht haben. Dann aber konnten mit dieser Methode beeindruckende Erfolge erzielt werden.

Ablauf

Abstand vom Bekannten gewinnen

Ähnlich wie die Reizworttechnik nutzt die Synektik problemfremde Reizwörter und überträgt diese auf eine Aufgabenstellung. Mit Hilfe von Analogien gewinnt man Abstand und kann sich gedanklich von bekannten Lösungen und Vorstellungen trennen. Dadurch wird es möglich, die Lösung des Problems unvoreingenommen und ohne Scheu anzugehen.

Als Moderator setzen Sie sich mit einer Gruppe von vier bis acht Teilnehmern zusammen. Je nach Problemstellung kann eine Synektiksitzung eine Stunde bis zu einem Tag dauern.

Zehn Stufen

Von dem Muster der klassischen Sitzung können Sie beliebig abweichen, das heißt, einzelne Elemente können besonders gewichtet oder weggelassen werden. Ansonsten durchläuft eine Synektiksitzung diese zehn Stufen:

1. *Formulierung des Problems.* Als Moderator erklären Sie zunächst die Regeln und führen die Gruppe an das Problem heran. Sie geben alle nötigen Informationen und beantworten Verständnisfragen.

2. *Brainstorming.* In einem kurzen Brainstorming nennen die Teilnehmer alle Lösungsvorschläge, die ihnen einfallen. Das bewirkt einen unbelasteten Einstieg in die Synektiksitzung.

3. *Neuformulierung des Problems.* Durch das Brainstorming entstehen häufig neue Aspekte. Damit Ihre Gruppe allerdings

ein einheitliches Bild vom Problem hat und von der gleichen Fragestellung ausgeht, kann es sinnvoll sein, diese neu zu definieren.

Lösungen aus anderen Bereichen

4. *Bildung direkter Analogien.* Jetzt stellen Sie die Frage: „Wie lösen andere Bereiche ein solches Problem?" In der Regel geben Sie als Moderator den Bereich vor, häufig aber wird die Natur gewählt, weil sie viele Lösungswege bietet. Man kann sich jedoch auch in anderen Lebensbereichen umschauen, zum Beispiel in Musik, Technik, Wirtschaft, Sport, Literatur usw. Die Antworten werden gesammelt und eine oder einige für die Weiterarbeit ausgewählt.

Sich selbst hineinversetzen

5. *Bildung persönlicher Analogien (Identifikation).* Die ausgewählte Antwort aus dem vorherigen Punkt bildet den Ausgangspunkt für eine persönliche Analogie. Ihre Teilnehmer versuchen sich in das Objekt, den technischen Vorgang usw. hineinzuversetzen und Antworten auf Fragen zu finden wie beispielsweise „Wie würde es mir damit ergehen?", „Wie verhalte ich mich als …?", „Wie wäre mir zumute als …?" Wieder wird ein Vorschlag zur Weiterarbeit ausgewählt.

6. *Bildung symbolischer Analogien.* Die ausgewählte persönliche Analogie wird in eine symbolische Analogie umgesetzt, das heißt, es wird nach ungewöhnlichen Vergleichen mit Formen, Bildern, Klängen, Wortspielereien und Paradoxien (trockener Regen, stabile Zerbrechlichkeit, Minuswachstum usw.) gesucht. Auch hier entscheidet sich die Gruppe für eine Lösung.

Neue Analogie aus einem fremden Bereich

7. *Bildung einer neuen direkten Analogie.* Zur ausgewählten Lösung aus dem vorherigen Punkt werden nun erneut Analogien aus einem ganz fremden Bereich gesucht. Es empfiehlt sich, ein anderes Thema als im Punkt „Bildung direkter Analogien" zu nehmen. Hier sollten eine bis drei Ideen festgehalten werden.

8. *Analyse der Lösungen.* Für jede ausgewählte Lösung werden alle ihre Merkmale, Eigenschaften, Funktionen aufgelistet.

Was zeichnet die Lösung aus? Wie funktioniert sie? Hier ist es empfehlenswert, eine Pause einzulegen, denn beim nächsten Schritt wird von den Teilnehmern und vom Moderator ein Höchstmaß an Fantasie und Konzentration verlangt. An diesem Punkt hat sich die Gruppe sehr weit vom eigentlichen Problem entfernt und muss jetzt dorthin wieder zurückfinden.

9. *Force Fit (erzwungene Einigung).* Dies ist die zentrale Phase der Sitzung. Hier versucht Ihre Gruppe, die Verbindung zwischen den aufgelisteten Merkmalen, Funktionen, Eigenschaften aus dem vorherigen Punkt (Analyse der Lösungen) mit dem Ausgangsproblem in Verbindung zu bringen. „Was bedeuten diese Merkmale in Hinblick auf das Problem?" Die Gruppe muss jetzt zu brauchbaren Ideen für das eigentliche Problem kommen, da sonst die Sitzung in eine Spielerei mit nur absurden und nutzlosen Ideen verfällt.

Lösung für das Ausgangsproblem finden

10. *Formulierung von Lösungsansätzen.* Die entwickelten Lösungen werden nun auf Realisierbarkeit untersucht, sorgfältig bewertet, protokolliert und anschließend im Detail ausgearbeitet.

Lösungen untersuchen

Ein Beispiel

(in Anlehnung an Hentze/Müller/Schlicksupp: Praxis der Managementtechniken, München/Wien 1990)

1. *Problemdefinition*
   Wie können wir dafür sorgen, dass Autofahrer den Sicherheitsgurt anlegen?

2. *Brainstorming*
   - Warnschilder,
   - Geldbuße,
   - Warntöne,
   - Wegfahrsperre,
   - automatisches Anlegen,
   - Appelle,
   - Verkehrserziehung.

3. *Umformulieren der Fragestellung*
   Kann vorgenommen werden, muss aber nicht.

4. *Bildung direkter Analogien*

Analogie aus der Fauna

   Ausgewählter Bereich: Fauna – Wie reagiert die Tierwelt auf Gefahr?
   - Drohgebärde und Gebrüll des Gorillas, um Angreifer abzuschrecken;
   - Vogelschrei, um andere Vögel zu warnen;
   - Igel rollt sich ein;
   - Wespe sticht;
   - Antilope rennt weg;
   - Elefanten stellen sich schützend um ihre Jungen (wird hier ausgewählt)

5. *Bildung persönlicher Analogien (Identifikation)*

Sich hineinversetzen

   - Wie fühle ich mich als Elefantenbaby umringt von „den Großen"?
   - Was macht die Herde mit mir?
   - Was geht draußen vor sich?
   - Ich stehe hinter einer Mauer.
   - Habe Angst vor dem Ungewissen.
   - Wo sind meine Spielkameraden?
   - Jetzt gibt es kein Weglaufen und Herumtollen. (wird ausgewählt)

6. *Bildung symbolischer Analogien /Paradoxien*

Symbole

   - Ausweglose Flucht;
   - Hausarrest;
   - Leibwächter;
   - Mutterleib;
   - Schutzhaft (ausgewählt).

7. *Bildung einer neuen direkten Analogie*

Neue Analogien

   Ausgewählter Bereich: Technik
   - Babylaufstall;
   - Hundeleine (ausgewählt);
   - Sicherheitsgurt (ausgewählt);
   - Verkehrsampel (ausgewählt).

8. *Analyse der Lösungen*
   - Hundeleine = feste Verbindung zwischen Herr und Hund
   - Sicherheitsgurt = Wagen startet erst, wenn Schloss einrastet
   - Verkehrsampel = Signale durch Farben

Lösungen untersuchen

9. *Force Fit (erzwungene Einigung)*
   - Hundeleine = Helm mit Kette am Arbeitsanzug befestigen
   - Sicherheitsgurt = Sender im Helm, der Sperre zur Anlage öffnet
   - Ampel = grüner Kopf mit Helm, roter Kopf ohne Helm

Ergebnisse

10. *Formulierung von Lösungsansätzen*
    Alle drei Vorschläge sollen ausgearbeitet werden.

1.6 Bionik

Von der Natur lernen

Die Bionik ist eine Subvariante der Synektik. Der Begriff wurde aus den Wörtern Biologie und Technik gebildet. Bei dieser Methode werden technische Probleme durch die intensive Beobachtung von Naturprinzipien gelöst, indem Sie zum Beispiel Strukturen, Eigenschaften und Mechanismen von Pflanzen und Tieren analysieren und übertragen. Die Erkenntnisse helfen idealerweise, technische und organisatorische Aufgaben zu lösen. Das bekannteste Beispiel ist die Klette, die als Vorlage für den Klettverschluss diente.

Beispiel Flaschenverschluss

Angenommen, Sie wollen einen neuartigen Flaschenverschluss konstruieren. Die Natur bietet Ihnen viele Gedankenanstöße. Schauen Sie sich Ihren Körper genau an (Mund, Schließmuskel). Werfen Sie einen Blick in die Tierwelt (Froschmaul, Krokodilgebiss). Auch die Flora bietet potenzielle Lösungen (Fleisch fressende Pflanzen, Löwenzahn). Selbst im Wasser werden Sie fündig (Muscheln, Kiemen, Walfischfontäne). Die Geologie bietet unter anderem Vulkane und Geysire als Lösungen.

Viele Lösungen der Natur dienen als Vorlage für entsprechende technische Lösungen.

Beispiele:
- Haut des Haifisches für Schwimmkleidung oder Schiffsrümpfe,
- Blattstruktur für die Flügel-Oberfläche von Flugzeugen,
- die chemische Zusammensetzung von Seide für feste Klebstoffe.

Bisoziation als Variante

Variante der Bionik

Die Bisoziation ist eine Variante der Bionik. Bei dieser Methode sollen bildhafte Vergleiche entstehen. Die Methode besteht aus mehreren Phasen, die durchlaufen werden müssen, um zu einer Lösung zu kommen. Zunächst muss – wie bei allen Methoden – das Problem genau definiert werden. Dann wird nach Ähnlichkeiten, nach Analogien gesucht.

Eine Analogie ist eine Entsprechung, eine Gleichheit von Verhältnissen. Analogien werden benutzt, um etwas bildhaft zu beschreiben. Will man erklären, wie eine Kamera funktioniert, vergleicht man sie möglicherweise mit dem menschlichen Auge. Versucht man zu beschreiben, wie sich das Motorengeräusch eines Rolls Royce anhört, vergleicht man es vielleicht mit einem schnurrenden Kätzchen.

Ähnliches einbeziehen

Andere Bereiche müssen also gedanklich einbezogen werden. Sie denken bei Ihrer Problemstellung an das, was ähnlich ist. Möchte man ein zusammenklappbares Bett entwickeln, so kann man sich sowohl von einem Klappstuhl wie auch vom Flügel eines Vogels inspirieren lassen. Die dort vom Menschen oder von der Natur geschaffenen Lösungen werden dann mit dem eigenen Problem in Verbindung gebracht und nach Bedarf modifiziert.

Ein Beispiel

Beispiel Geldautomat

Es hat sich herausgestellt, dass für Geldautomaten die geheimen Codes als Sicherheitssperre nicht ausreichen. Wie kann man garantieren, dass ausschließlich berechtigte Personen Geld aus dem Automaten holen können?

- *Modelle aus der Natur:* Bienen, Wespen, Termiten und Ameisen erkennen fremde Eindringlinge. Spinnen unterscheiden auch, ob sich eine Beutetier oder ein paarungswilliges Männchen am oder im Netz befindet. Viele Blut saugende Insekten wissen, wann sie sich auf einen potenziellen Wirt fallen lassen sollen.

- *Analyse der Vorbilder aus der Natur:* Woran und wie unterscheiden die Tiere? Sehen sie schärfer? Merken sie sich Gerüche oder bestimmte Bewegungsabfolgen? Erfassen sie Temperaturen oder chemische Substanzen?

Funktion verstehen

- *Ableiten der Erkenntnisse von der Natur auf das zu lösende Problem:* Kann man Geldautomaten so bauen, dass sie unverwechselbare Merkmale von Menschen erkennen? Was ist zu tun, wenn ein Konto rechtmäßig von mehreren Personen benutzt werden soll? Die Lösungsansätze werden dann bewertet und auf ihre Realisierbarkeit hin untersucht.

Ideen übertragen

Literatur

Hendrik Backerra, Christian Malorny und Wolfgang Schwarz: *Kreativitätstechniken – Kreative Prozesse anstoßen, Innovationen fördern.* 2. Aufl. München: Hanser 2002.

James M. Higgins und Gerold G. Wiese: *Innovationsmanagement. Kreativitätstechniken für den unternehmerischen Erfolg.* Berlin u. a.: Springer Verlag 1996.

Hedwig Kellner: *Die besten Kreativitätstechniken in 7 Tagen.* Landsberg: mvg-Verl. 1999.

Ruth Pink: *Bewusst kreativ – Ausbrechen aus der Routine. Die besten Kreativitätstechniken für mehr Erfolg im Beruf.* Regensburg u. a.: Fit for Business 2000.

Walter Simon: *Lust aufs Neue.* 2. Aufl. Offenbach: GABAL 2001.

2. Systematisch-analytische Methoden

Zu den systematisch-analytischen Methoden gehören die morphologische Analyse, die Merkmalsliste sowie die Kombinations- bzw. Umstrukturierungstechniken. Diese Kreativitätsmethoden können mit den Techniken und Methoden kombiniert werden, die im Abschnitt „Intuitionsanregende Kreativitätsmethoden" (D 1) und im Kapitel „Kreatives Denken" (C 3) skizziert wurden.

2.1 Morphologische Analyse

Der Begriff

Wenn Sie nicht warten wollen, bis Ihnen das Unterbewusstsein intuitiv eine Lösung für ein Problem vorschlägt, dann bietet sich der systematisch-analytische Kombinationsweg mittels der so genannten morphologischen Methode an. Morphologie ist einerseits die Lehre von den Gebilden bzw. Formen einer Sache und andererseits die Lehre vom geordneten Denken. Beide Definitionen sind richtig und stehen gleichberechtigt nebeneinander. Darum eignet sich der Begriff Morphologie auch, um die vom Schweizer Astrophysiker Fritz Zwicky entwickelte Kombinationsmethode als Morphologischen Kasten zu bezeichnen.

Zerlegung in Einzelteile

Ziel dieses mehrdimensionalen Klassifikationsverfahrens ist es, ein Problem auf analytischem Weg in seine Einzelteile zu zerlegen. Dann können alle Arten von Lösungen in geordneter Form beschrieben werden.

Das dominante Prinzip der morphologischen Analyse ist das der systematischen Variation.

Wegen ihrer Systematik bietet die morphologische Analyse einen hohen Grad an Vollständigkeit. Bei Problemen, die ein strukturiertes und logisches Vorgehen verlangen – beispielsweise bei der Verbesserung von bestehenden Produkten, Neuentwicklung usw. –, ist sie die beste Methode.

Hoher Grad an Vollständigkeit

Die morphologische Analyse wird auch als Morphologischer Kasten bezeichnet. Die dreidimensionale Form eines Kastens schränkt aber die Anzahl der Parameter auf drei und dementsprechend die möglichen Kombinationen ein. Wenn Sie stattdessen eine Matrix nutzen, ergeben sich mehr Variationen. Eine morphologische Matrix mit nur sechs Parametern und jeweils zehn Ausprägungen enthält eine Millionen denkbarer Lösungen!

→ Ergänzende und vertiefende Informationen hierzu finden Sie im Kapitel „Kreatives Denken" (C 3) dieses Buches.

Ablauf

Das für Einzel- und Gruppenarbeit geeignete Vorgehen umfasst diese fünf Schritte:

Fünf Schritte

1. Analyse und Definition des Problems
2. Zerlegung des Problems in seine Parameter bzw. Komponenten, welche die Problemlösung beeinflussen
3. Für jedes Merkmal werden extensionale Aspekte gesucht. Beide werden zu einer Matrix, dem Morphologischen Kasten, zusammengeführt. Es müssen mindestens drei Ausprägungen pro Parameter bestehen.
4. Kombination der vorhandenen Lösungsalternativen durch Linienzüge
5. Nach der Kriterienauflistung wird eine optimale Alternative ausgewählt und realisiert.

Ein Beispiel

Am besten erkläre ich diese Methode an einem Beispiel. Werfen Sie bitte einen Blick auf die nachstehende Tabelle „BWL-Studium". In der linken Spalte finden Sie die von mir gewählten Grundelemente (Parameter), in den rechts daneben stehenden Spalten deren mögliche Ausprägungen. Statt einer Hochschule

Das Beispiel „BWL-Studium"

könnte auch eine Kaffeemaschine oder dieses Buch einer morphologischen Optimierungsanalyse unterzogen werden.

Grund-elemente	Mögliche Formen bzw. Ausprägungen					
Einstiegs-voraussetzungen	Fachschule	Abitur	Herausragende Berufsleistungen	Eingangs-prüfung	Praxiserfahrung	Referenzen, Bürgen
Studenten	Deutsche	EG-Ausländer	Sonstige Länder	Senioren	Gaststudenten	Mitarbeiter aus Unternehmen
Studieninhalte	Unternehmens-gründung	Personalwesen	Finanzen	Informatik	Logistik, Vertrieb	Qualität
Studienaufbau	Orientierungs-studium	Grundstudium	Auslands-semester	Hauptstudium	postgraduelles Aufbaustudium	Praktikum, Exkursion
Lehrkräfte	Professoren	Lehrbeauftragte	Gastreferenten	Tutoren	Betriebsräte, Manager	Studenten mit Eigenbeiträgen
Prüfungen	studienbeglei-tende Noten-kumulation	schriftliche Hausarbeit mit anschl. Referat	Projektarbeit	hochschul-internes Assess-ment-Center	Klausuren	mündliche Prüfungen
Abschluss	MBA	Diplom	Promotion	Ausbilder-eignungs-prüfung	von der IHK anerkannte Prüfungen	Qualitätsaudito oder ähnliche Abschlüsse
Zusätzliche Angebote	Projekt-management	gutachterliche Tätigkeit	Unternehmens-beratung	Mitarbeiter-Training	Verlagstätigkeit	Internet-Provider
Infrastruktur	Bibliothek	Mensa	Parkhaus	Seelsorge	Sprachlabor	EDV-Labor
Studiendauer	1 Jahr	2 Jahre	3 Jahre	4 Jahre	5 Jahre	keine Vorgabe
Organisation	staatlich	private GmbH	halbstaatlich	Stiftung	Verein	Genossenschaf

Machen Sie gleich einen Versuch mit der morphologischen Methode. Nehmen Sie irgendeinen Gegenstand oder Sachverhalt, den Sie verbessern wollen. In die linke Spalte tragen Sie die Grundelemente ein und in die Spalten daneben deren möglichen Formen. Anschließend nehmen Sie einen Stift und verbinden jene Formen miteinander, die, wenn man sie so kombinieren würde, einen Fortschritt bewirken.

Anwendungsmöglichkeiten

Der Morphologische Kasten eignet sich hervorragend zur Findung von Ideen für Such- und Forschungsprobleme, so zum Beispiel zum Zwecke der Produktentwicklung, Materialsubstitution, Organisationsinnovation, Werbestrategie, Standortbestimmung.

2.2 Merkmalsliste

Die von Robert P. Crawford von der University of Nebraska entwickelte Merkmalsliste (Attribute Listing) hat gewisse Ähnlichkeiten mit der morphogischen Analyse. Der Anwendungsbereich ist jedoch enger. Auch stellt das Instrument geringere Anforderungen an seine Teilnehmer als die morphologische Analyse.

Den Ist-Zustand variieren

Mit der Merkmalsliste wird versucht, weiterführende Ansätze für eine Verbesserung aufzuzeigen. Sie eignet sich darum gut für die Verbesserungs und Weiterentwicklung von bereits bestehenden Produkten oder Angeboten. Das geschieht, indem Sie einen Gegenstand bzw. eine Dienstleistung in seine bzw. ihre Grundelemente auflösen. Anschließend wird der Ist-Zustand beschrieben und dann nach Variationsmöglichkeiten gesucht.

Vier Schritte

Das sind die Einzelschritte:
1. Zerlegung des Produkts/eines Sachverhalts in seine Einzelmerkmale
2. Beschreibung des Ist-Zustandes
3. Systematische Suche der Variationsmöglichkeiten
4. Auswahl der interessantesten Variationen

Auch hierzu ein Beispiel. Angenommen, es wäre möglich, den menschlichen Körper zu optimieren, um die Verletzungsgefahr beim Motorrad- und Autofahren zu mindern. Was würden Sie verändern?

Merkmal	**jetzige Lösung / Form**	**mögliche andere Gestaltung**
Kopf	oben auf dem Leib	
Augen	im Gesicht, 2 nach vorn nebeneinander stehend	
Nase	im Gesicht zwischen Augen und Mund mit 2 Öffnungen	
Mund	im Gesicht oberhalb des Kinns, unterhalb der Nase	
Arme	links und rechts neben dem Leib	
Hände	an den Armen mit jeweils 5 Fingern	
Beine	unterhalb des Leibes nebeneinander stehend	
Füße	am Ende der Beine	

2.3 Kombinations-Checklisten

Bestehendes verbessern

Kombinations-Checklisten sind die einfachste Form einer Kreativitätstechnik und treten in vielerlei Form auf. Sie eignen sich besonders, wenn Ideen, Angebote oder Produkte schon vorliegen und Neuerungen oder Verbesserungen anstehen. Die Kombinations-Checkliste besteht meist aus einer Reihe von Fragen, die Sie beantworten. Diese Antworten helfen Ihnen, neue Lösungen zu finden.

Zumeist haben diese Frage die Verbform (zum Beispiel anpassen, modifizieren, verändern) und Adjektivform (beispielsweise billiger, größer, leichter) verbunden mit Substantiven (wie Form, Gestalt, Material).

Mögliche Fragen

Anhand dieser Liste können Sie Anhaltspunkte finden, wo Veränderungen stattfinden könnten, um zu einem verbesserten Produkt zu gelangen. Fragen Sie beispielsweise danach, ob es möglich ist, den Gegenstand bzw. Zusammenhang zu

- *adaptieren* – was ist so ähnlich, welche Parallelen lassen sich ziehen, was kann imitiert (kopiert) werden?
- *modifizieren* – was kann verändert bzw. hinzugefügt werden (Farbe, Bewegung, Klang, Geruch, Form, Größe usw.)?
- *maximieren* – ist irgendeine Vergrößerung oder Ausweitung möglich, zum Beispiel höher, länger, dicker, mehr Zeit, mehr Kraft, verdoppeln, multiplizieren?
- *minimieren* – was kann man weglassen, verkleinern, komprimieren, kondensieren, vertiefen, kürzen, aufhellen, aufspalten?
- *substituieren* – durch was kann man ersetzen (anderes Material, anderes Verfahren, andere Kraftquellen, anderer Platz, andere Stellung)?
- *rearrangieren* – kann man Komponenten austauschen? Kann man Reihenfolgen verändern? Kann man Ursachen und Folgen transportieren?
- *kombinieren* – kann man Elemente, Systeme, Konzeptionen, Ideen, Absichten kombinieren?
- *umkehren* – ist eine Vertauschung von Extremen, eine umgekehrte Rangfolge möglich? Kann man es rückwärts machen? Wie ist es mit dem Gegenteil?
- *anders verwenden* – gibt es andere Verwendungsmöglichkeiten für ein Produkt oder Verfahren?

Denken in Gang bringen

Wichtig ist, die Situation gedanklich zu verändern, um so Ihren Ideenfluss in Gang zu bringen. Dieses kann erreicht werden, indem Sie einen Sachverhalt übertreiben, entstellen oder in sein Gegenteil verkehren. Dabei ist es unerheblich, ob eine Maximierung oder Umkehrung tatsächlich das logische Gegenteil bzw. logisch konsistent ist.

Literatur

Hendrik Backerra, Christian Malorny und Wolfgang Schwarz: *Kreativitätstechniken – Kreative Prozesse anstoßen, Innovationen fördern.* 2. Aufl. München: Hanser 2002.

James M. Higgins und Gerold G. Wiese: *Innovationsmanagement. Kreativitätstechniken für den unternehmerischen Erfolg.* Berlin u. a.: Springer Verlag 1996.

Hedwig Kellner: *Die besten Kreativitätstechniken in 7 Tagen.* Landsberg: mvg-Verl. 1999.

Ruth Pink: *Bewusst kreativ – Ausbrechen aus der Routine. Die besten Kreativitätstechniken für mehr Erfolg im Beruf.* Regensburg u. a.: Fit for Business 2000.

Walter Simon: *Lust aufs Neue.* 2. Aufl. Offenbach: GABAL 2001.

TEIL E

Stressbewältigungs-methoden

1. Stressbewältigung

Stress – ein Alltagsphänomen

In unserer modernen Gesellschaft, in der das Individuum immer mehr von Leistungsdruck, Konkurrenzkampf und Egoismus bedrängt wird, erleben und erleiden wir fast täglich Stress. Die meisten Menschen empfinden ihn als einen Zustand der physischen und psychischen Überforderung, im Extremfall sogar als Angst. Wir haben das Gefühl, nicht die notwendige Kraft aufbringen zu können, die wir benötigen, um einer individuellen Belastung mentaler oder physischer Natur oder einer extremen Anforderung des Alltags standhalten zu können.

Reaktionen des Körpers

Im Stress-Zustand kommt es aufgrund plötzlicher Anspannung zu einer Bereitstellung zusätzlicher Energie. Ihr Organismus konzentriert sich auf die Bewältigung dieser extremen und außergewöhnlichen Situation. Als Folge hiervon reagieren Sie mit einem schnelleren Herzschlag, steigendem Blutdruck und unwillkürlicher Muskelanspannung. Zusätzlich kommt es zur Ausschüttung von Stresshormonen, zum Beispiel Adrenalin.

Definition

Darum definiert der Begründer der Stressforschung und Schöpfer des Begriffs Stress, der österreichische Biochemiker Hans Selye (1907 bis 1982), diesen Zustand so: „Stress ist die unspezifische Reaktion des Körpers auf jede Anforderung, die an ihn gestellt wird."

Eustress und Distress

Diese Reaktion kann positiver, aber auch negativer Art sein. Aus diesem Grunde unterscheidet die moderne Stressforschung zwei verschiedene Erscheinungsformen, und zwar

- den *Eustress,* der zur Gesunderhaltung unseres Organismus wichtig ist und der Ihnen die nötige Motivation liefert, sich den täglichen Herausforderungen zu stellen und Probleme zu bewältigen, und
- den *Distress,* der entsteht, wenn Sie sich vor schwierigen Aufgaben stehen sehen und das Gefühl der Überforderung und zum Teil auch der Bedrohung haben. Diese Art von Stress bringt Ihr inneres Gleichgewicht durcheinander und

kann langfristig zu psychosomatischen Krankheiten führen. Darum sind Strategien und Methoden so wichtig, die dem Stress und seinen Folgen entgegenwirken und Ihnen helfen, ihn zu bewältigen.

1.1 Stressursachen

Stressauslöser

Stressauslöser, so genannte Stressoren, gibt es viele, zum Beispiel der Leistungs- und Zeitdruck, Konkurrenzkämpfe sowie private Extrembelastungen wie Schmerzen, Tod eines geliebten Menschen, Einsamkeit, Depression und Konflikte. Da die beruflichen und privaten Stressfaktoren immer mehr zunehmen, wird die Stressbewältigung für alle Menschen immer wichtiger.

Ein gestresster Mensch muss seine Stressoren sowie seine individuellen Wesensschwächen, die den Stress begünstigen, erkennen und ihnen entgegenwirken.

Stress wird subjektiv empfunden

Das ist die Basis einer erfolgreichen individuellen Stressbewältigung. Hierbei ist aber zu bedenken, dass Stressfaktoren sehr unterschiedlich sein können. Das, was den einen an den Rand der Verzweiflung bringt, lässt den anderen völlig unberührt und ist für ihn belanglos. Weil Stressfaktoren höchst subjektiv empfunden werden, ist es schwer, sie eindeutig abzugrenzen.

1.2 Stressbewältigung

Signale erkennen und deuten

Stress bewältigen heißt, bewusst und unbewusst auf jede Art von Stress – ganz gleich ob Eustress oder Distress – richtig zu reagieren. Voraussetzung hierfür ist, dass Sie Körpersignale, die eine Stresssituation anzeigen, erkennen und richtig deuten.

Überwiegend wird nur der Distress negativ empfunden, während der Eustress in Form von Freizeitaktivitäten kaum als Belastung empfunden wird.

Es gibt verschiedene Mittel, um den physischen und psychischen Belastungen des Alltags zu entfliehen bzw. ihnen effektiv entgegenzuwirken. Sie alle verfolgen das Ziel, dem gestressten Menschen die notwendige Entspannung und Erholung zu bieten, die er benötigt, um Stresserlebnisse zu verarbeiten und Stressbelastungen zu bewältigen.

Bekannte Methoden

Zu den wohl bekanntesten Stressbewältigungsmethoden zählen autogenes Training (E 2), Yoga (E 3) und Meditation (E 4). Diesen Themen ist jeweils ein eigenes Kapitel in diesem Buch gewidmet.

Wieder Ruhe gewinnen

Alle Methoden können Ihren Körper nach dem „Erleben“ von Stress und der daraus resultierenden physischen und mentalen Anspannung und Belastung wieder in den Ruhezustand versetzen. Sie wirken so einer dauerhaften Beanspruchung oder gar Gefährdung Ihrer Gesundheit entgegen.

Beschwerden verschiedener Ebenen können gelindert oder sogar ausgeräumt werden:

Emotionale Ebene

- *emotionale* Ebene:
  - Angst,
  - Nervosität,
  - Gereiztheit,
  - Panik,
  - Schreckhaftigkeit,

Kognitive Ebene

- *kognitive* Ebene:
  - Gedächtnisstörungen,
  - Konzentrationsmangel,
  - Realitätsflucht,
  - Alpträume,

Muskuläre Ebene

- *muskuläre* Ebene:
  - Zittern,
  - Rücken- und Kopfschmerzen,
  - Faustballen,
  - Stottern,
  - Zähneknirschen,

- *vegetativ-hormonelle* Ebene:
  - Herz-Kreislaufbeschwerden,
  - Schlafstörungen,
  - Infektionsanfälligkeit.

Vegetativ-hormonelle Ebene

Langfristig betrachtet lässt sich feststellen, dass effektive Stressbewältigung eine positivere Lebenseinstellung des Menschen fördert, ihm hilft, den Alltag leichter zu meistern und wesentlich zur Gesunderhaltung seines Organismus beiträgt.

Positive Effekte

Literatur

Antony Fedrigotti: *30 Minuten für erfolgreiche Stressbewältigung.* 3. Aufl. Offenbach: GABAL 2002.

Barbara Hipp: *Stressbewältigung – fit in 30 Minuten.* Offenbach: GABAL 2001.

Dirk Konnertz und Christiane Sauer: *Entspannen – fit in 30 Minuten.* Offenbach: GABAL 2002.

Angelika Wagner-Link: *Verhaltenstraining zur Stressbewältigung. Arbeitsbuch für Therapeuten und Trainer.* Stuttgart: Pfeiffer bei Klett-Cotta 1999.

2. Autogenes Training

Psychosomatische Störungen sind weit verbreitet

Sind Sie stressgeplagt? Leiden Sie an Nervosität? Plagen Sie körperlich-funktionelle Störungen? Nur wenige Menschen können diese Fragen mit einem eindeutigen Nein beantworten. Wer weiß schon, dass zwei Drittel aller organischen Leiden seelisch bedingt sind oder aber durch den Einfluss seelischer Vorgänge verschlimmert werden? Man spricht in diesem Zusammenhang von so genannten „psychosomatischen Störungen“ (Psychosomatik ist die Lehre von den körperlichen Auswirkungen seelischer Ereignisse). Schon in ihrer alltäglichsten Form – zum Beispiel als Magenweh oder Verstopfung – können diese Auswirkungen die Leistungsfähigkeit und Lebensfreude beeinträchtigen.

Körperliche Abläufe positiv beeinflussen

Doch wenn die Seele körperliche Abläufe negativ beeinflusst, dann muss sie dies doch umgekehrt auch positiv können! Dies ist Annahme und Ziel des autogenen Trainings. Der Begründer dieser Methode positiver Selbstbeeinflussung, Prof. Dr. Johannes Heinrich Schultz (1884 bis 1970), schrieb, dass sie „zur Steigerung von Gesundem, von Leistung, Selbstbeherrschung, Erholung usw. oder zur Verminderung und gegebenenfalls Beseitigung von Ungesundem“ dient. Da Körper und Seele eine Einheit bilden, ist dies auch tatsächlich möglich.

Entspannte Konzentration

Das autogene Training zählt heute zu den wichtigsten und verbreitetsten Heilverfahren der Psychotherapie. Die Bedeutung dieser Methode liegt darin, dass sie vom „Patienten“ selbst durchgeführt wird, und zwar durch entspannte Konzentration. Darum nannte Prof. Schultz das autogene Training im Untertitel „konzentrative Selbstentspannung“. Damit ist nicht das aktive Konzentrieren gemeint, wie es zum Beispiel zum Lösen einer Mathematikaufgabe notwendig ist. Hier geht es um die passive Form geistiger Aufmerksamkeit, um Betrachtung, Kontemplation.

Stellen Sie sich einmal vor, Sie sind ganz auf eine Sache eingestellt ohne sich dabei zwanghaft konzentrieren zu müssen, beispielsweise beim Musikhören oder vergnüglichen Lesen. Genau das geschieht beim autogenen Training.

2.1 Das autogene Training – eine Methode der Selbsthypnose

Selbstentspannung und Hypnose liegen eng beieinander. Für Prof. Schultz war die Hypnose (Heilschlaf) Ausgangspunkt seiner Forschungsarbeit.

Große Effekte durch Hypnose

Die Hypnose ist ein Zustand starker passiver Konzentration des Hypnotisierten, der dabei weder vollkommen wach noch eingeschlafen ist. Er befindet sich in einer Art „dritten Zustands“, der für therapeutische Beeinflussungen besonders geeignet ist. Diese Effekte können sehr tief greifen. Man beobachtet mitunter, dass bei Suggestion starker Hitze die typischen Phänomene eines Sonnenbrandes auf der Haut des Hypnotisierten auftreten.

Bessere Durchblutung des Körpers

Unter Hypnose befindet sich der Körper in einem als behaglich wahrgenommenen Ruhezustand. Die Aufmerksamkeit ist fast vollständig von der Außenwelt abgezogen und auf das nun sehr wache und lebhafte Innenleben, die Gedanken, Gefühle und Fantasien gerichtet. Das Körperempfinden ist verändert. Es entsteht das Gefühl von Schwere und Wärme, hervorgerufen durch Entspannung der Muskulatur und Erweiterung aller Blutgefäße. Es stellt sich eine bessere Durchblutung des ganzen Körpers ein, was auch zu der Bezeichnung „Heilschlaf“ für die Hypnose führte.

Mit dem autogenen Training können Sie nun lernen, durch Konzentration und Übung genau so Einfluss auf Ihr Körpergeschehen zu erlangen, wie es sonst nur in der ärztlichen Hypnose dem Hypnotiseur möglich ist.

Erholsame Gefühle schaffen

Durch autogene Suggestion verschaffen Sie sich das zutiefst erholsame Ruhe-, Schwere- und Wärmegefühl. Mit entsprechender Übung und Erfahrung können Sie sich sogar selbst suggestive Befehle erteilen, die Sie nach dem autogenen Training unbewusst ausführen.

Eine gelungene Selbsthypnose ist ein wohltuendes, erholsames und beruhigendes Schöpfen aus der jedem zugänglichen und nie versiegenden Quelle von Gesundheit und Kreativität: der inneren Sammlung.

2.2 Worauf es beim autogenen Training ankommt

Entspannung ist das Kernziel

Das Kernziel des autogenen Trainings besteht darin, sich selbsttätig sowie schnell, tief und erholsam zu entspannen. Wie macht man das?

Willkürliche und unwillkürliche Steuerung

Um diese Frage zu beantworten, ist ein Blick auf die Funktionsweise des Organismus notwendig. Hier wird – vereinfacht ausgedrückt – zwischen einem willkürlichen und einem unwillkürlichen Steuerungsbereich unterschieden. Die körperliche Motorik wird – wie zum Beispiel beim Gehen oder Kauen – weitgehend willkürlich gesteuert. Herzschlag, Kreislauf und Verdauung dagegen kontrolliert das autonome, vegetative Nervensystem gewöhnlich völlig unwillkürlich.

Den Organismus willentlich beeinflussen

Ziel der Grundstufe des autogenen Trainings ist es, den Organismus zur Ruhe zu bringen. Da nervöse Störungen innerhalb des unwillkürlichen, vegetativen Nervensystems auftreten, kommt es darauf an, die Ruhe insbesondere in jene Körperbereiche zu bringen, die Ihrem Willen in aller Regel nicht zugänglich sind. Es kommt darauf an, *willentlich* den selbstständig (autonom) arbeitenden Teil des Organismus zu beeinflussen.

Pulsfrequenz verlangsamen

Dass dies möglich ist, sehen wir am Beispiel indischer Yogis, die ihren Herzschlag über Wochen hinweg verlangsamen können. Vergleichsweise leicht zu einem solch drastischen Eingriff in die Funktion der inneren Organe ist es, den Puls auf eine ruhige Frequenz zu bringen. Um dies zu erreichen, bedienen Sie sich der Wirkungsweise Ihres Nervensystems. Wie Sie wissen und schon erlebt haben, spielen sich psychische Abläufe – beispielsweise Gedanken, Gefühle und Vorstellungen – nicht nur im Gehirn ab, sondern sind immer mit körperlichen Reaktionen verbunden. Stellen Sie sich einmal vor, Sie beißen in eine Zitrone ... Ihre Speicheldrüsen reagieren schon allein aufgrund der Vorstellung.

Körperliche Reaktionen

Auch beim autogenen Training sind gedankliche Vorstellungen zwangsläufig mit körperlichen Reaktionen verbunden. So tritt bei der Wärmeübung („Der rechte Arm ist ganz warm!") eine gewollte Reaktion ein: Die Blutgefäße erweitern sich, wodurch eine bessere Durchblutung eintritt, auch wenn Sie die Wärme zunächst noch gar nicht empfinden. Es handelt sich bei der autogenen Selbstentspannung um einen Prozess, bei dem organische Abläufe positiven, körperbezogenen Gedanken folgen.

2.3 Die Übungen

Beeinflusste Körperbereiche

Jede Übung beeinflusst ein bestimmtes Gebiet oder Organsystem Ihres Körpers, nämlich

- die Muskeln,
- die Blutgefäße,
- die Atmung,
- das Herz,
- die Bauchorgane und
- den Kopf.

Sieben Formulierungen

Die Konzentration auf diese Körperregionen bzw. Organsysteme erfolgt durch folgende innere Formulierungen oder Vorstellungen:

1. Ich bin ganz ruhig! (Einstieg)
2. Der rechte Arm ist ganz schwer! (Muskeln)
3. Der rechte Arm ist ganz warm! (Blutgefäße)
4. Die Atmung ist ganz ruhig! (Atmung)
5. Das Herz schlägt ganz ruhig und kräftig! (Herz)
6. Das Sonnengeflecht ist strömend warm! (Bauchorgane)
7. Die Stirn ist angenehm kühl! (Kopf)

Nicht verkrampfen

Hier sei nochmals darauf hingewiesen, diese Übungen nicht angestrengt und angespannt zu betreiben. Versuchen Sie, die Formulierungen und entsprechenden gedanklichen Vorstellungen so zu verinnerlichen, als hingen Sie Ihren Lieblingsgedanken nach. Natürlich ist es nicht zu vermeiden, dass sich beim Üben auch andere Gedanken einstellen. Kämpfen Sie gegen diese nicht krampfhaft an, sondern versuchen Sie, stets geduldig zu Ihren Übungsformeln zurückzukehren.

Positive Effekte erst nach sechs Wochen

Es heißt: „Ohne Fleiß kein Preis." Dieses Sprichwort gilt auch für das autogene Training. Erst nach etwa sechs Wochen intensiven Übens stellen sich die ersten positiven Effekte des Training voll ein. Das setzt zweimaliges Üben pro Tag voraus, am besten am gleichen Ort, zur selben Zeit oder in der gleichen Situation des Tagesablaufs. Es empfiehlt sich, einmal liegend und einmal sitzend – weil häufiger gebraucht – zu trainieren.

Grundlehrgang besuchen

Ursprünglich wurde jede Einzelübung so lange trainiert, bis die Empfindung wahrgenommen wurde. Erst dann kam die nächste. Heute werden alle sechs Schritte ganzheitlich geübt. Es empfiehlt sich in jedem Falle, einen Grundlehrgang unter ärztlicher Anleitung zu besuchen. Dieser dauert etwa sechs bis acht Stunden. Außerdem hat das Gruppenerlebnis einen pädagogischen oder gar therapeutischen Verstärkereffekt.

Welche Formulierung man letztendlich bei welcher körperlichen Einflussnahme wählt, ergibt sich aus der persönlichen Übungserfahrung. In diesem Text werden die von Prof. Schultz empfohlenen Formeln verwendet. An ihnen erkennen Sie, dass der Übungsaufbau vom Einfachen zum Komplizierten voranschreitet.

Entspannen wie ein Droschkenkutscher

Schon vor dem Üben sollten Sie versuchen, die Muskeln in eine entspannungsfördernde Stellung zu bringen. Prof. H. Schultz nannte als Beispiel den Droschkenkutscher, der während der Wartezeiten ohne jede Muskelspannung in seinem Knochengerüst hing.

Nun zu den einzelnen Übungen.

Übung 1: Ich bin ganz ruhig!

Formel dient der Einstimmung

Dies ist die Einstiegsformel. Sie wurde bewusst an den Anfang gestellt, um so die Voraussetzung für alle weiteren konzentrativen Schritte zu schaffen. Mit dieser Formel – sie ist keine eigentliche Übung – stimmen Sie sich auf das Ziel des autogenen Trainings, Ruhe und Entspannung, ein.

Zur Ruhe finden

Gedanklich schließen Sie einen Kreis um sich, sperren die Alltagsprobleme aus und stellen sich eine Zeit lang außerhalb des Geschehens. Störende Gedanken lassen Sie wie Wolken am Himmel vorbeiziehen, ohne ihnen besondere Aufmerksamkeit zu widmen. Geräusche und Lärm können Sie als Übungsverstärker nutzen. Denken Sie: „Lärm macht mich noch ruhiger!" Intensivieren Sie das Ruheerlebnis, indem Sie sich einen sehr ruhigen Ort vorstellen oder sich an einen solchen erinnern.

Etwa zwei Minuten lang konzentrieren Sie sich auf die Formel „Ich bin ganz ruhig!" Horchen und sehen Sie in sich hinein, fühlen Sie sich gelöst und entspannt. Ist dann eine gewisse Ruhe eingetreten, beginnen die eigentlichen Übungen.

Übung 2: Der rechte Arm ist ganz schwer!

Muskeln entspannen

So lautet die erste Übung. Sie bewirkt, dass sich die Bewegungsmuskeln entspannen. Konzentrieren Sie sich etwa zwei Minuten lang auf diese Formel. Stellen Sie sich vor, Ihr rechter Arm (bei Linkshändern der linke Arm) wäre aus Blei und würde schwerer und schwerer. Die nun einsetzende Entspannung der Armmuskeln kann an einem Elektromyograph (EMG) abgelesen werden. Jeder kennt dieses Gefühl, das auch kurz vor dem Einschlafen durch charakteristische Zuckungen signalisiert wird.

Schweregefühl breitet sich aus

Im Verlauf des Trainings breitet sich das Schweregefühl automatisch auf andere Körperbereiche aus. Erweitern Sie dann Ihre Vorsatzformel auf „Beide Arme sind ganz schwer!" und später „Beide Arme und beide Beine sind ganz schwer!"

Übung 3: Der rechte Arm ist ganz warm!

Diese Formel zielt auf das Entspannen der Blutgefäße. Stellen Sie sich vor, wie ein warmer Strom vom rechten Schultergelenk (bei Linkshändern vom linken) in den Oberarm fließt, von dort auch in den Ellbogen, dann in die Hand und schließlich in die Finger. Auch diese Übung dauert wie alle anderen etwa zwei Minuten.

Bessere Durchblutung

Ihnen ist bekannt, dass bestimmte Gemütsregungen die Durchblutung beeinflussen. In einer peinlichen Situation erröten Sie (Blutstau), Schreckmomente sind mit Erblassen verbunden (Blutleere). Auf prinzipiell ähnliche Weise lernen Sie beim autogenen Training, einen besseren Blutdurchlauf herbeizuführen.

Bessere Versorgung mit Sauerstoff

Wie der Gesamtorganismus, so wird auch der Blutkreislauf durch das Nervensystem gesteuert. Die Blutgefäße regulieren Blutmenge und Blutdruck, indem sie sich erweitern oder verengen. Eine Erweiterung führt zu besserer Durchblutung – und damit zu besserer Sauerstoffversorgung –, die sich in den betreffenden Körperbereichen als Wärmeempfinden bemerkbar macht. Darum lautet die Formel: „Der rechte Arm ist ganz warm!“

Übung 4: Die Atmung ist ganz ruhig!

Das ist die Konzentrationsformel, mit der Sie sich von Ihren Gliedmaßen lösen, um mit der Aufmerksamkeit ins Körperinnere zu gehen. Mit dieser Organübung nehmen Sie einen „Eingriff“ bei sich selbst vor. Sie verstärken das Ruheerlebnis und vertiefen meist auch das Schwere- und Wärmegefühl.

Passiv atmen

Im Gegensatz zu atemgymnastischen Übungen wird beim autogenen Training die Atmung passiv empfunden. Sie sollen Ihren Atemrhythmus spüren, sich ihm ohne Beeinflussung überlassen. Um diese passive Einstellung zum Atem zu betonen, empfahl Prof. Schultz die zusätzliche Formel: „Es atmet mich!“

Das angestrebte Übungsempfinden beschrieb er so: „Die Atmung soll aus der Ruheentspannung heraus den Übenden vollkommen tragen und nehmen. Er soll sich der Atmung hingeben wie beim Schwimmen auf leicht bewegtem Wasser.“

Übung 5: Das Herz schlägt ruhig und kräftig!

Sich in die Herzgegend hineindenken

Mit dieser Übung wenden Sie sich gedanklich dem Herzschlag zu. Versuchen Sie, sich in Ihre Herzgegend hineinzudenken. Je bildhafter Sie sich den pulsierenden Herzmuskel vorstellen, ein Gefühl für die kraftvollen Pumpbewegungen entwickeln oder den Rhythmus der Doppelschläge in Ihrer Brust hören können, desto schneller tritt der Erfolg dieser Übung ein.

Die Formel hat einen außerordentlich günstigen Einfluss auf den gesamten Kreislauf. Oft hilft die Vorstellung einer gleichmäßig laufenden Dampfmaschine, um diese Übung zu meistern.

Übung 6: Das Sonnengeflecht ist strömend warm!

Mit dieser Übung werden die Organe des Bauchraums besser durchblutet und entspannt.

Das Sonnengeflecht (plexus solaris) ist ein wichtiges Steuerzentrum des vegetativen Nervensystems. Man bezeichnet es auch als „Lebensnervenknoten". Es liegt in der Mitte zwischen Nabel und unterem Ende des Brustbeins, vor der Hauptschlagader Aorta.

„In sich gehen"

Während der Übung stellen Sie sich vor, wie Sie diesem Nerven-Schaltzentrum mit seiner millionenfachen „Verkabelung" die Steuerung Ihrer Bauchorgane überlassen. Das ähnelt dem meditativen „Zur-Mitte-" oder „In-sich-Gehen" und knüpft an altertümliche Vorstellungen vom Sonnengeflecht als „Sitz der Seele" an. Darin liegt ein Körnchen Wahrheit, denn insbesondere im Bauch tritt die psychosomatische Wechselwirkung von Leib und Seele zutage. Die Sprache zeigt es: Ärger „schlägt einem auf den Magen", vor Wut „läuft einem die Galle über", eine Sache „geht jemandem an die Nieren" u. Ä.

Am Ziel

Mit dem Gelingen dieser Übung haben Sie das Ziel des autogenen Trainings, den Zustand einer von Ihnen selbst herbeigeführten konzentrativen Entspannung, erreicht. Bei normal verlaufendem Übungsgang müssten Sie nun mit schwerem, strömend warmem, ruhig atmendem und durchpulstem Körper daliegen oder sitzen.

Übung 7: Die Stirn ist angenehm kühl!

Kühler Kopf, warmer Körper

Hierbei handelt es sich um eine Verstärkerformel. Mit einem kühlen Kopf empfinden Sie Ihren schweren und warmen Körper noch intensiver. So wie die Wärmeübungen die Blutgefäße erweitern, bewirkt diese Formel eine leichte Gefäßverengung. Die daraus entstehende Blutleere wirkt angenehm abkühlend.

Diese Übung gelingt häufig dann am besten, wenn Sie sich vorstellen, wie ein zarter Lufthauch über Ihre Stirn hinwegstreicht. Vermeiden Sie aber Formulierungen, um das Kälteempfinden zu beschleunigen oder zu verstärken. Es wäre Ihnen nicht zuträglich.

Hilfe gegen Kopfschmerzen

Die Kühleübung hilft in vielen Fällen gegen Kopfschmerzen, die zu etwa 70 Prozent gefäßbedingt sind. Wem es gelingt, Körperwärme und Stirnkühle zu konzentrieren, für den gilt das Sprichwort: „Kühler Kopf und Füße warm, macht den besten Doktor arm!"

Das Zurücknehmen

Klare Wachheit erreichen

Das Zurücknehmen der Übungen muss genauso sorgfältig trainiert werden wie diese selbst. Genau genommen nehmen Sie nur die Schwere- bzw. Muskelübung zurück. Damit erreichen Sie einen Zustand der klaren Wachheit nach Abschluss der Übungen.

Es ist das Gleiche, als ob Sie sich nach dem morgendlichen Aufstehen räkeln und strecken (das können Sie auch nach dem autogenen Training tun). In beiden Fällen verschaffen Sie Ihren Muskeln die für den Tag notwendige Spannkraft. Das Zurücknehmen unterbleibt, ebenso wie die Stirnkühle, in einem Falle: Wenn Sie nach dem autogenen Training schlafen wollen.

Drei Schritte

Angenommen, Sie erlernen das autogene Training ganzheitlich, indem Sie also alle Übungen von Beginn an trainieren, dann beenden Sie den Trainingsdurchgang in folgender Reihenfolge:

1. Schritt: „Arme fest!" (Arme beugen und strecken, sich räkeln)
2. Schritt: „Tief atmen!" (tief ein- und ausatmen)
3. Schritt: „Augen auf!" (Augen öffnen)

Diese Ausführungen ersetzen keinen Kursus, dessen Teilnahme Ihnen an dieser Stelle nochmals empfohlen wird. Sie ersetzen auch keine vertiefenden Literaturstudien über spezifische Anwendungsmöglichkeiten des autogenen Trainings.

Literatur

Marita Hennig: *Autogenes Training – Ruhe und Kraft im Alltag. Komplettes Übungsprogramm für Anfänger und Fortgeschrittene.* Mit Audio-CD. München: Knaur 2003.

Günther und Maria Krapf: *Autogenes Training.* 6., überarb. Aufl. Berlin u. a.: Springer Verl. 2004.

Dietrich Langen: *Autogenes Training. 3 x täglich abschalten, loslassen, erholen.* 4. Aufl. München: Gräfe & Unzer 2001.

Johannes H. Schultz: *Das Original-Übungsheft für das autogene Training.* 23. Aufl. Stuttgart: Trias 2000.

Johannes H. Schultz: *Das autogene Training. Konzentrative Selbstentspannung. Versuch einer klinisch-praktischen Darstellung.* 20. Aufl. Stuttgart: Thieme 2003.

Klaus Thomas: *Praxis des Autogenen Trainings. Selbsthypnose nach I. H. Schultz.* 7. Aufl. Stuttgart: Trias u. a. 1989.

3. Yoga

Nicht nur Übungen für den Körper

Immer mehr Menschen in der westlichen Welt praktizieren Yoga. Das liegt zum einen Teil am steigenden Gesundheitsbewusstsein, andererseits aber am zunehmenden Bedürfnis nach psychischer Selbstverwirklichung. Insofern ist Yoga ein Mittel zu mehr Gesundheit, Ruhe und Klarheit im Geist, mehr Achtsamkeit gegenüber sich selbst und anderen sowie gleichzeitig ein Weg zur Selbstfindung. Es geht also weit über eine große Anzahl akrobatischer Körperhaltungen hinaus.

Methode der Geistesschulung

Yoga entwickelte sich schon früh zu einer Methode der Geistesschulung. Der Begriff „Yoga" wurde aber auch schon vor zweitausend Jahren für eine Fülle von Techniken und Methoden der Konzentration, Verinnerlichung, der (Wieder-) Herstellung der wahren Wesensidentität des Menschen und der Verbindung mit etwas Höherem gleichgesetzt.

Bedeutung des Wortes

Das Wort entstammt einer alten indischen Sprache, dem Sanskrit. Darin verstand man unter „Yoga" ursprünglich das „Anschirren", „Anjochen" oder „Zusammenführen" von Zugtieren vor einen Wagen. Als die Inder begannen, die menschliche Natur zu ergründen, erkannten sie, dass auch die menschlichen Sinne und Triebe – gleich Zugtieren – an den „Wagen" des Geistes „angejocht" werden müssen, um den Menschen zu vervollkommnen.

In seiner reinen, klassischen Form ist Yoga von nicht-religiöser sondern universaler Spiritualität. Das Yoga als psychologische „Wissenschaft" ist neutral. Sein Erkenntnisweg kann sowohl von Gläubigen wie auch Atheisten und Skeptikern beschritten werden.

Wiederbelebung im 20. Jahrhundert

Anfang des 20. Jahrhunderts erfuhr das Yoga eine ungeahnte Wiederbelebung. In Europa tauchte der körperbetonte Hatha-Yoga um 1930 auf. Ungefähr von 1969 an wurde das Yoga zu einer populären Methode, allerdings mit dem Akzent auf

Gesundheit und Fitness und weniger auf Spiritualität. Es wurde als eine Übungsfolge genutzt, mit der die Menschen ihren Stress zu bewältigen versuchten. Erst in den späten 90er Jahren setzte sich im Yoga wieder mehr der Aspekt der Selbstfindung, der Selbstverwirklichung und der Spiritualität durch. Dennoch: Yoga beruht auf natürlichen Prinzipien, die medizinisch einfach zu erklären sind. Esoterische Deutungen, wie sie sich in vielen Yogabüchern finden, erübrigen sich daher eigentlich.

Yoga richtet sich an alle

Yoga richtet sich an alle Menschen, junge und alte, gesunde und kranke, an alle, die interessiert sind und es kennen lernen möchten. Aber man lernt es nicht aus Büchern, sondern muss es ausprobieren und anwenden.

3.1 Die Ziele und Anwendungsbereiche

Vielfältige Effekte

Yoga kann Ihnen mehr Lebensfreude sowie Wohlbefinden schenken und Ihnen eine Ermutigung zu mehr Selbstverantwortung und gegebenenfalls eine hilfreiche Unterstützung auf Ihrem spirituellen Weg sein. Sie können Verspannungen abbauen, Ihre mentale Lebensqualität und geistige Flexibilität erhöhen.

Mit Yoga können Sie mehr Gesundheit und innere Ausgeglichenheit, Beweglichkeit, mehr innere Ruhe, Vitalität und Kraft erlangen.

Wirkungen auf den Körper

Mit seinen Bewegungen und Haltungen wirkt es positiv auf den *Körper*, indem es die Muskulatur kräftigt und dehnt, die richtige Körperhaltung fördert und einen harmonisierenden Einfluss auf das gesamte Nerven-, Drüsen- und Kreislaufsystem ausübt.

Wirkungen auf den Geist

Die Art und Weise der Übungen wirkt auf den *Geist* und trägt dazu bei, Stress abzubauen, die Konzentrationsfähigkeit zu steigern und zu innerer Ruhe und Klarheit zu finden.

Wirkungen auf die Seele Die Wirkungen auf die *Seele* – vor allem bei einem ganzheitlich praktizierten Yoga – helfen, die vielfältigen Aspekte und Schichten Ihres Wesens zu erkennen. Dadurch lernen Sie, sich selbst und auch andere Menschen besser zu verstehen.

Um diese Ziele zu erreichen, müssen Sie in diesen vier Bereichen regelmäßig üben:

Zur Ruhe finden

1. *Entspannung:* Körperliche und geistige Anspannungen lösen sich. Ihr ganzer Körper kommt zur Ruhe. Dadurch erfahren Sie eine positive, stärkende Wirkung auf das Nervensystem. Körperliche Entspannung führt nach und nach auch zur mentalen Entspannung. Sie ist eine wichtige Voraussetzung für die Durchführung und Wirkung der Yogaübungen. Daher wird Entspannung am Beginn und am Ende jeder Übungsstunde sowie auch zwischen den Übungen durchgeführt.

Den Organismus kräftigen

2. *Körperhaltungen:* Mit ihnen wirken Sie systematisch auf Ihren ganzen Körper ein. Ihre Muskeln und Bänder werden gedehnt und gestreckt; Wirbelsäule und Gelenke bleiben beweglich; Ihr Kreislauf wird aktiviert und der Stoffwechsel angeregt. In den Körperhaltungen nehmen Sie Ihren Körper bewusst wahr, lernen ihn besser kennen und – indem Sie Ihre Aufmerksamkeit nach innen lenken – kräftigen und regenerieren Sie den ganzen Organismus.

Mehr Körperbewusstsein

3. *Atemübungen:* Sie beleben den Körper und beruhigen den Geist. Sie spüren hier Ihre natürliche Atmung, beobachten den Atem und lernen, ihn zu lenken und rhythmisieren. So erreichen Sie mehr Körperbewusstsein.

Mehr Klarheit und Geisteskraft

4. *Meditation* klärt die Gedanken und sammelt den Geist. Sie lernen, sich für einen kurzen Moment vom Alltag zu lösen. Meditation schenkt Ihnen wachsende Klarheit, Geisteskraft und Konzentration.

→ Ergänzende und vertiefende Informationen zum Thema „Meditation“ finden Sie im Kapitel E 4 dieses Buches.

3.2 Die Anwendungen

Harmonie zwischen Körper, Atem und Geist

Die Praxis besteht aus Körperhaltungen *(Asanas)*, Atemübungen *(Pranayamas)* und Übungen zur Konzentration und Meditation. Auf diesen Übungsebenen lernen Sie, die harmonische Verbindung von Körper, Atem und Geist herzustellen. Durch Asanas lernen Sie, ein Gespür für den Zustand Ihres Körpers zu entwickeln und auf Ihren Körper zu hören. Asanas werden stets in Koordination mit der Atmung durchgeführt. Körperbewegung und Atem sind synchronisiert.

Asanas

Hatha-Yoga

Das am häufigsten praktizierte Yoga ist das Hatha-Yoga mit seinen diversen Körperübungen und der Atemtechnik. Sie zielen auf die Beherrschung des Körpers und der Seele, womit letztendlich ein ausgeglichener Gemütszustand gemeint ist. Das soll unter anderem die organische Gesundheit bewirken und die Stärkung der Wirbelsäule. Yoga bietet gute Übungen für die Wirbelsäule, gegen Rundrücken und generell für eine gute Haltung.

Wirbelsäule entspannen und kräftigen

Die Wirbelsäule ist der bevorzugte Bereich, den das Hatha-Yoga anspricht. Sie beherbergt die Leiterbahnen des zentralen und vegetativen Nervensystems, das sich wie ein Kabelstrang durch sie hindurch zieht. Von hier aus zweigen die Nerven hin zu jedem Teil des Körpers ab und stellen so die Verbindung zum Gehirn her. Durch Streck- und Beugeübungen wird Ihr Körper nun über die Wirbelsäule entspannt und gekräftigt. Das reguliert zugleich wichtige Körperfunktionen.

Muskeln ohne Anspannung strecken

Diese Übungen sind den Streckbewegungen der Raubkatzen abgeschaut, die idealtypisch Geschmeidigkeit und Entspannungsfähigkeit verkörpern. Das Prinzip des Yoga besteht darin, die Muskeln zu strecken, ohne sie anzuspannen. Die Bewegungen sind langsam und bedächtig auszuführen. Wenn Sie Schmerz empfinden, halten Sie sofort inne. Verharren Sie so lange in einer Stellung, bis es Ihnen unbequem wird.

Es gibt dutzende Körper- und spezielle Atmungsübungen, mit denen auf unterschiedliche Körperregionen und -funktionen eingewirkt werden soll. Manche sind zu Übungsprogrammen gebündelt. Zu erwähnen wären hier die „*Fünf Tibeter*", bei denen es sich um eine Yogavariante handelt. Der Name stammt von einem Buch, das monatelang die Bestsellerlisten anführte.

Die Fünf Tibeter

Die Fünf Tibeter umfassen die nachstehend beschriebenen fünf Übungen. Diese praktizieren Sie in der ersten Übungswoche dreimal täglich. Sie können dann die Anzahl der Wiederholungen jeder einzelnen Übung sukzessive bis auf 21 erhöhen, vorausgesetzt, Sie fühlen sich wohl dabei.

Kreisel

Auf die Atmung achten

Bei dieser Übung stehen Sie mit den Füßen hüftbreit auseinander aufrecht. Ihre Arme strecken Sie parallel zum Boden aus, Ihre flache Hand zeigt nach unten. Sie halten die Finger eng zusammen. Nun drehen Sie den Körper von links nach rechts, ohne die Stelle zu verlassen, auf der Sie sich befinden. Bleiben Sie hier stehen. Den Blick richten Sie auf einen Punkt vor Ihnen und halten ihn dort so lange wie möglich, selbst beim Drehen. Beachten und empfinden Sie dabei Ihre Atmung.

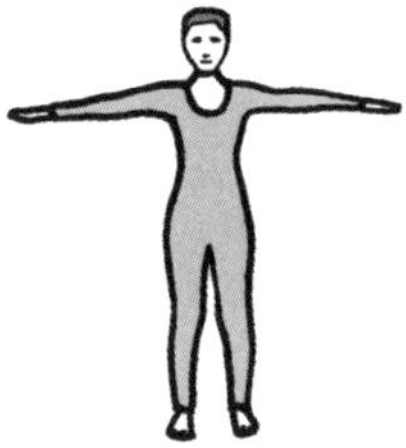

Kerze

Alle Muskeln sind angespannt

Sie legen sich flach auf den Boden, am besten auf einer Decke oder Matte. Ihre Arme befinden sich ausgestreckt an den Körperseiten. Die Handflächen berühren den Boden. Die Finger halten Sie eng zusammen. Nun heben Sie den Kopf und ziehen dabei das Kinn an die Brust. Zugleich heben Sie Ihre Beine in die senkrechte Kerzenstellung. Die Schultern müssen aber vollständig auf dem Boden bleiben. Alle Muskeln sind nun angespannt.

Nach einer bis zwei Minuten senken Sie Kopf und Beine wieder langsam zum Boden. Sie atmen tief ein, wenn Sie Kopf und Beine heben, und atmen vollständig aus, wenn Sie Kopf und

Beine senken. Auch hier können Sie bis auf 21 Wiederholungen steigern.

Halbmond

Hier knien Sie mit aufrechtem Körper auf dem Boden. Ihre Fußzehen sind aufgestellt, die Füße sind beckenbreit positioniert. Ihre Hände legen Sie seitlich von hinten an die Gesäßbacken. Kopf und Nacken neigen Sie zunächst nach vorne und ziehen das Kinn an die Brust. Den Kopf und den Nacken legen Sie nun behutsam nach hinten. Zugleich beugen Sie die Wirbelsäule nach hinten. Mit den Armen und Händen stützen Sie sich an den Gesäßbacken.

Aufmerksamkeit nach innen

Kehren Sie nun in die Ausgangsposition zurück. Atmen Sie beim Beugen tief ein und beim Zurückkehren in die aufrechte Stellung hörbar aus. Schließen Sie dabei die Augen. Das steigert Ihre Aufmerksamkeit nach innen. Auch hier können Sie sich bis auf 21 Wiederholungen steigern.

Brücke

Tief ein- und ausatmen

Setzen Sie sich auf den Boden. Ihre Beine strecken Sie beckenbreit und gerade nach vorne aus. Den Körper aufrecht, die Füße senkrecht. Die Handflächen legen Sie neben das Gesäß auf den Boden. Ihr Kinn ist wieder nach vorne gegen die Brust gerichtet. Sie atmen nun tief aus. Lassen Sie dabei Ihren Kopf nach hinten sinken und heben Sie gleichzeitig Ihren Körper. Beugen Sie Ihre Knie. Dabei bleiben Ihre Arme gestreckt. Während Sie Ihren Körper anheben, atmen Sie tief ein. Wenn Sie in die sitzende Stellung zurückkehren, atmen Sie vollständig aus. Auch hier sind 21 Wiederholungen möglich.

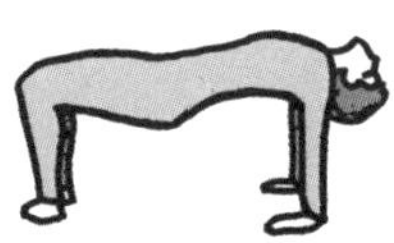

Berg

Ihr Gesicht ist dem Boden zugewandt. Sie stützen sich mit den Handflächen auf dem Boden ab. Auch Ihre Füße berühren flach den Boden. Halten Sie Arme und Beine gestreckt, biegen Sie die

Wirbelsäule durch und ziehen Sie den Kopf langsam – soweit wie möglich – in Richtung Beine nach oben. Den Körper so

abbiegen und anheben, dass sich ein umgedrehtes „V“ ergibt. Ziehen Sie das Kinn an die Brust und kehren Sie dann in die Ausgangsstellung zurück. Sie atmen tief aus, wenn Sie den Kopf zurückbiegen, und tief ein, wenn Sie den Körper nach hinten abbiegen. Beim Zurückkehren in die Ausgangsstellung atmen Sie wieder aus. Wie bei den anderen Übungen sind auch hier 21 Wiederholungen möglich.

Pranayamas

Atemübungen mit vielen guten Wirkungen

Yogaübungen finden immer in Verbindung mit der „richtigen“ Atmung statt, im Yoga-System als „Pranayama“ bezeichnet. Es gibt viele Atemübungen. Ihr Sinn und Zweck ist das Entwickeln von Atembewusstsein, die Gesunderhaltung des Körpers und somit eine Steigerung der Vitalität sowie die Erlangung innerer Ruhe und geistiger Klarheit. Atemübungen sind eine gute Vorbereitung für Konzentrations- und Meditationsübungen.

Nicht flach und hektisch atmen

Atmung verschafft Ihnen in jedem Moment Ihres Lebens die nötige Lebensenergie. Richtig atmen beruhigt Herz und Seele, erfrischt den Geist, reinigt das Blut usw. Das setzt voraus, dass Sie gekonnt ein- und ausatmen und den eingeatmeten Sauerstoff in die Zwerchfellgegend lenken und so den Bauch beim Einatmen aufblasen. Die meisten Menschen machen es umgekehrt nach dem Motto „Brust raus, Bauch rein“. Da sie falsch, nämlich zu flach und hektisch atmen, wird nur wenig Sauerstoff gebunden. Das führt zu einem Verlust an Spannkraft und einer Minderung der Abwehrkräfte.

Durch die Nase einatmen

Richtiges Atmen im Sinne der Yogalehre soll stets durch die Nase erfolgen. Zwischen zwei Übungen sollen Sie sich ganz auf Ihre Atmung und somit auf das Ausdehnen von Brustkorb und Bauch sowie die damit einhergehende Entspannung konzentrieren.

Die gekonnte Yoga-Atmung belebt den Körper des Menschen und hilft ihm, Geist und Verstand zu kontrollieren. Als Folge dessen fühlt er sich ruhig und erfrischt; in Verbindung mit den Yoga-Haltungen kann man so den Zustand der totalen Entspannung und inneren Ruhe erreichen und somit den Stress physisch und psychisch besser bewältigen.

Viele Übungsmöglichkeiten

Yogaübungen werden sitzend, stehend oder liegend gemacht. Die bekanntesten Übungen sind die Kerze, der Bogen, der Fisch, der Pflug, der Lotussitz und der Kopfstand. Die genaue Beschreibung dieser Übungen und ihrer Wirkungen auf den Körper sprengen den Rahmen dieses Buches. Der interessierte Leser findet am Ende des Kapitels weiterführende Literaturhinweise.

3.3 Anwendungsregeln

Diese Regeln helfen Ihnen, das Hatha-Yoga sachgerecht anzuwenden:

- Machen Sie regelmäßig Yoga.
- Gehen Sie langsam in die Stellungen hinein.
- Verharren Sie so lange in der Endstellung, bis es Ihnen unbequem wird.
- Gehen Sie langsam aus der Stellung heraus.
- Vermeiden Sie ruckartige und schmerzhafte Bewegungen.
- Konzentrieren Sie sich völlig auf die Übung, die Sie gerade durchführen.
- Ruhen Sie sich zwischen den Übungen ein bis zwei Minuten aus.
- Atmen Sie normal während des Übens.

Nun sind Sie an der Reihe. Yoga lernt man so wie das Schwimmen und Radfahren. Die wohltuende Wirkung motiviert Sie fast automatisch zum Wiederholen.

Literatur

Ursula Karven: *Yoga für die Seele.* 6. Aufl. Reinbek: Wunderlich 2004.

Peter Kelder: *Die Fünf Tibeter.* Frankfurt/Main: Fischer-Taschenbuch-Verl. 2004.

F. Jürgen Schell: *Yoga – Schlüssel zur Stressbewältigung.* Petersberg: Via Nova 1998.

Anna Trökes. *Das große Yogabuch. Das moderne Standardwerk zum Hatha-Yoga.* 4. Aufl. München: Gräfe und Unzer 2004.

Harry Waesse: *Yoga für Anfänger.* 6. Aufl. München: Gräfe & Unzer 2003.

Selvarajan Yesudian und Elisabeth Haich: *Sport und Yoga.* 35. Aufl. Ergolding: Drei-Eichen-Verlag 2001.

4. Meditation

Hilfe für Rastlose

Für viele Menschen hört der Stress nie auf, sie finden weder tagsüber noch abends zur Ruhe. Die Sorgen des Alltags kreisen wieder und wieder im Kopf. Ängste und Anspannung nehmen die Luft zum Atmen. Abschalten und loslassen ist unmöglich. Hier kann die Meditation helfen.

Zahlreiche Angebote

Meditation ist ein Oberbegriff für eine Vielzahl von höchst unterschiedlichen Methoden. Die Techniken, Ziele und Zusammenhänge, mit und in denen meditiert wird, sind sehr breit gefächert. So gibt es Sitzmeditationen (zum Beispiel Yoga und Zen) und Bewegungsmeditationen (Tai Chi, Qigong, Drehtanz der Derwische), solche mit und ohne Gegenstände. Manche Arten der Meditation zielen auf Entspannung, andere auf mystisch-spirituelle Erleuchtung (Sufi, Herzgebet der Ostkirchen; Kontemplation). Einige haben einen religiösen, andere einen kommerziellen Zusammenhang, so die „Transzendentale Meditation“ oder die so genannte „Dynamische Meditation“ nach Osho.

Eine Definition ist schwierig

Das Wort Meditation stammt vom lateinischen „meditari“ und bedeutet „nachsinnen“. Darauf aufbauend lässt sich aber keine Definition ableiten. Alle Definitionsansätze sind so allgemein, dass auch das Schäfchen-Zählen beim Einschlafen darunter fällt. Der Definitionsversuch wird unter anderem dadurch erschwert, dass Meditation eine höchst individuelle Angelegenheit ist. Jeder Meditierende macht seine eigenen Erfahrungen. Welche Methode die „richtige“ ist, muss jeder für sich durch Ausprobieren verschiedener Meditationsvarianten herausfinden. Es kommt auf die Entdeckung der eigenen Innenwelt an – und hierbei helfen kein Buch und keine Theorie.

Nachgewiesene Wirkungen

In verschiedenen medizinischen Studien wurden diese Wirkungen der Meditation nachgewiesen:

1. Tiefe körperliche Entspannung mit verringerter Stoffwechselaktivität,

2. Umschaltung des vegetativen Nervensystems auf Ruhe und Erholung,
3. Senkung des Blutdrucks und damit Verringerung des Herzinfarktrisikos.

Die Hauptwirkungen betreffen den seelisch-geistigen Bereich.

Meditation bietet dem Menschen die Möglichkeit, Körper und Seele von den Belastungen und Einflüssen des Alltags zu regenerieren und eine Art inneres Gleichgewicht zu erlangen.

Durch stete Übung entwickeln sich
- mentale Harmonie,
- gesteigerte Konzentration,
- Zufriedenheit und
- geistige Leistungsfähigkeit.

Daraus resultiert auch eine länger anhaltende Klarheit des Denkens.

Individuelle Erfahrungen

Die Meditation strebt außerdem einen Bewusstseinszustand an, der den Geist von Gedanken und Sorgen befreit, indem sie die äußere Welt vorübergehend abwehrt. Hierbei hat jedes Individuum seine eigenen Vorstellungen von dem geeigneten Weg zum Seelenfrieden. Folglich hat jeder Mensch auch seine individuellen Meditationsgewohnheiten, die ihm die Entspannung ermöglichen, genauso wie Menschen auch unterschiedlich intensiven Belastungen ausgesetzt sind und daher auch einen unterschiedlichen Bedarf an Relaxation und Stressbewältigung haben.

Vergleichbar mit anderen Techniken

Dennoch ist die Stress reduzierende Wirkung von regelmäßigen Meditationsübungen wissenschaftlich bewiesen worden. Aber sie ist nicht wirksamer als andere auf Selbstregulation zielende Mentaltechniken wie zum Beispiel autogenes Training und Yoga. Außerdem treten die positiven Wirkungen nur nach einem längeren Zeitraum des Anwendens ein.

4.1 Zwei Grundformen der Meditation

Zwei Gruppen

Man kann die Hauptpraktiken der Meditation in zwei Gruppen einteilen, nämlich in solche, die auf *Konzentration* zielen und jene, die *Achtsamkeit* bezwecken.

Aufmerksamkeitsbasierte Meditation

Bei der *aufmerksamkeitsbasierten* Meditation richtet sich das Bewusstsein intensiv auf ein Objekt (enger Fokus). „Sitzen Sie einfach nur da, ohne auf etwas Spezielles zu achten. Versuchen Sie, einfach nur vollkommen unvoreingenommen zu bleiben, egal was im Bewusstseinsfeld auftaucht. Lassen Sie alles auftauchen und wieder verschwinden. Es berührt Sie überhaupt nicht. Sie sind nichts weiter als der auf das Sein zentrierte Beobachter eines regen Kommens und Gehens." (Kabat-Zinn,1994)

Hier erfolgt keine Wahrnehmungseinschränkung bzw. Gedankenkontrolle. Alles, Bilder, Gedanken, Vorstellungen, Fantasien, dürfen in den „Mindspace" einfließen und sich entwickeln, vermengen und verflüchtigen. Sie sind Betrachter dieses Vorganges ohne Intervention.

Konzentrative Meditation

Im Gegensatz dazu steht die *konzentrative* Meditation, bei der Sie die Aufmerksamkeit auf einen bestimmten, jedoch real nicht vorhandenen bzw. nicht sichtbaren Punkt richten. Diese Imagination kann sich beispielsweise auf eine brennende Kerze, einen Wasserfall, ein Körperorgan oder eine Farbe richten. Alle anderen in das Bewusstsein einströmenden Gedanken sollen so verbannt werden.

Nichts denken

Hier wird der Unterschied zwischen dem Beobachter und dem Beobachteten herausgestellt. Alle zusätzlichen Bewusstseinsinhalte sollen verschwinden, um aus diesem Zustand der mentalen Leere heraus den Zustand des Nirwanas zu erreichen. Vereinfacht gesagt, es geht darum, *nichts* zu denken. Idealtypisch hierfür ist die buddhistische Zen-Meditation als ein Zustand jenseits des Denkens, sozusagen „reines" Bewusstsein ohne Inhalt.

Diese beiden Entspannungstechniken bzw. Philosophien ergänzen sich in gewisser Weise: Beide wollen dem Menschen helfen, innere Ausgeglichenheit zu finden, beide lassen sich nicht von heute auf morgen vollständig erlernen, da es den Menschen in unserer heutigen Gesellschaft immer schwerer fällt, das eigene Ich zur Ruhe kommen zu lassen und den Alltag zu bewältigen.

Körperhaltungen und Laute Ebenso wie beim Yoga wird die Meditation meist in verschiedenen Körperhaltungen ausgeführt, oft begleitet von Tönen bzw. Lauten (Mantras).

4.2 Formenvielfalt der Meditation

Die Möglichkeiten zur Meditation sind vielfältig. Manche meditieren beim Joggen, beim Betrachten eines Bildes, beim Anhören eines Musikstückes oder beim Lesen. Jeder kann die für sich angemessene Form finden.

Beten

Innerliche Ruhe Die am meisten verbreitete Form der Meditation ist das Gebet. Die Konzentration auf den Text und den Inhalt eines Gebets bewirkt in Ihnen innerliche Ruhe. Die Atmung wird gleichmäßiger, der Kopf wird klarer und der Körper insgesamt entspannter.

Nähe zu Gott In vielen östlichen Religionen – wie dem Buddhismus oder dem Hinduismus – ist die Meditation fester Bestandteil des religiösen und spirituellen Lebens. Sie dient vor allem dem Ziel, mit dem All eins zu werden. Im Christentum stellt das kontemplative Gebet die meditative Nähe zu Gott her.

Textmeditation

Was berührt Sie? Das Gebet steht in enger Nähe zur Textmeditation. Hier wird ein Text als Auslöser für meditative Wahrnehmungsempfindungen genutzt. Es kann ein Text aus einem Meditationsbuch oder ein Bibeltext sein, natürlich auch ein Text oder ein Gedicht, welches Ihnen besonders am Herzen liegt. Lesen Sie den Text erst einmal ganz, und das sehr langsam. Finden Sie etwas, das auf Sie ganz besonders zutrifft, das Sie besonders berührt?

Wie wirkt der folgende Text auf Sie?

Achte auf deine Gedanken, denn sie werden Worte.
Achte auf deine Worte, denn sie werden Handlungen.
Achte auf deine Handlungen, denn sie werden Gewohnheiten.
Achte auf deine Gewohnheiten, denn sie werden dein Charakter.
Achte auf deinen Charakter, denn er wird dein Schicksal.
(Talmud)

Bildmeditation

Wirkung auf das Gemüt

Bilder können stark auf das Gemüt von Menschen wirken. Man denke nur an die Bedeutung von Heiligenbildern, insbesondere Ikonen. Aber auch abstrakte Kunst eignet sich zur meditativen Stimulierung. Die Größe des Bildes sollte so gewählt sein, dass Sie es von Ihrem Meditationsplatz aus gut sehen können, ohne es in die Hand nehmen zu müssen. So können Sie ruhiger und entspannter sitzen.

Lassen Sie den Inhalt des Bildes, seine Formen, Symbole und Farben auf sich wirken. Betrachten Sie es als Ganzes und in Details, schaffen Sie eine Beziehung zwischen dem Bild und sich selbst. Treten Sie in das Bild ein und werden Sie ein Teil von ihm.

Musikmeditation

Gedanken nicht festhalten

Viele Musikstücke wirken beruhigend und entspannend. Schließen Sie die Augen und lauschen Sie der Musik. Lassen Sie Ihre Gedanken kommen und gehen, halten Sie sie nicht fest, verfolgen Sie sie nicht. Hören Sie die Musik so intensiv, dass Sie sich in ihr auflösen. Die Musik beginnt, durch Sie hindurchzufließen.

Tonmeditation

Wahrnehmung schärfen

Selbst ein Spaziergang in der freien Natur eignet sich zum Meditieren. Lauschen Sie dem Vogelgezwitscher, dem Rascheln der Blätter, dem Plätschern des Wassers und dem eigenen Atmen. Versuchen Sie, alle leisen Geräusche wahrzunehmen. Betrachten Sie ergänzend die feine Gestalt eines Blattes, das Grün der Landschaft. Schärfen Sie langsam Ihre Wahrnehmung.

Atemmeditation

Atmen ist mehr als Luftholen

Bewusste Atmung wirkt beruhigend. Atmung ist also nicht nur ein körperlich notwendiger Vorgang der Lebenserhaltung. Im Meditationskontext ist das Ausatmen nicht nur ein Herauslassen und das Einatmen nicht nur ein Einziehen von Luft.

Vielmehr wird das *Ausatmen* in seiner *ersten* Phase bewusst erfahren als ein Sich-Loslassen von allen wesenswidrigen Körperhaltungen, von allem Ärger und Stress, und in der *zweiten* Phase als ein Sich-Niederlassen im Beckenraum als einem Raum ursprünglichen und tiefen Grundvertrauens. Im *Einatmen* wiederum empfängt der Mensch neue Lebenskraft und Lebensgestalt, basierend auf seiner Freiheit zu schöpferischer Neugestaltung.

Viergliedriger Rhythmus

So können Sie sich im viergliedrigen Rhythmus des Atmens – sofern Sie die Übung häufig wiederholen – ständig aufs Neue aus Ihren alten Denkmustern und Fehlhaltungen lösen, um so die „mentale Neugeburt" einzuleiten: ausatmen – ausatmen – Pause – einatmen.

In der Stille ankommen

Bei jeder dieser Meditationen müssen Sie zunächst in der Stille ankommen. Das ist nicht ganz leicht in Anbetracht der Hektik und Anspannung des Alltags. Versuchen Sie darum, zunächst alle Störfaktoren auszuschalten, setzen Sie sich bewusst und aufrecht an einen Ort Ihrer Wahl. Atmen Sie bewusst, tief und langsam durch die Nase ein und durch den Mund wieder aus. Das Atmen hilft Ihnen, Ihre Gedanken loszulassen. Lassen Sie aufkommende Gedanken wie die Wolken am Himmel vorüberziehen. Versuchen Sie nicht, krampfhaft an nichts zu denken.

Nicht verkrampfen

Meditieren Sie erst, wenn Sie innerlich zur Ruhe gekommen sind. Jetzt können Sie auswählen, ob Sie Ihre innere Reise mit Inhalt füllen oder aber einfach nur in der zweckfreien Stille verharren wollen. Auch die inhaltslose, absichtslose Stille tut Ihnen gut, besonders dann, wenn Sie sonst ständig Leistung erbringen müssen. Versuchen Sie nicht krampfhaft, ein spirituelles oder besonderes inneres Erlebnis zu haben. Der Weg ist das Ziel.

Ein Tipp, wenn Sie in einem Innenraum meditieren möchten: Betrachten Sie beim Meditieren einen „neutralen“ Gegenstand, wie zum Beispiel eine Schale mit Wasser oder einen Stein.

4.3 Ein Übungsvorschlag

Äußere Reize ausschalten

Unabhängig von den Unterschieden gibt es Regeln bzw. Methoden, die es Ihnen ermöglichen, die Meditation für Entspannungszwecke und psychische Harmoniezustände zu nutzen. Planen Sie 20 Minuten Meditationszeit ein. Suchen Sie sich einen ruhigen Platz in einem gut durchlüfteten Raum. Reize von außen sollten möglichst ausgeschaltet werden. Falten Sie eine Decke zusammen. Sie dient Ihnen als Sitzgelegenheit.

Die richtige Körperhaltung

Lassen Sie sich im Schneidersitz auf der Decke nieder. Ist das zu beschwerlich, setzen Sie sich auf einen Stuhl, ohne sich mit dem Rücken anzulehnen. Die Hände liegen auf den Knien oder als Schalen mit den Handflächen nach oben. Wichtig ist die aufrechte Haltung des Rückens. Ohr, Schulter und Hüfte bilden eine Senkrechte.

Die methodischen Bestandteile der Meditation sind

- Körperhaltung,
- Atemtechnik und
- Aufmerksamkeitssteuerung.

Nach innen schauen

Der Meditierende richtet nun die Wahrnehmung auf seine inneren Vorgänge. Er schaut sich selbst an und empfindet sein Innenleben.

Ruhe finden

1. *Ruhe:* Ähnlich wie beim autogenen Training muss der Körper zunächst zur Ruhe kommen. Hierbei helfen einige tiefe Atemzüge. Die Augen sind geschlossen. Sie versuchen Ihren Körper zu empfinden.

Atmung spüren

2. *Atmung:* Sie geben sich der Atmung hin und spüren, wie „es Sie automatisch ein- und ausatmet“. Ihr Bewusstsein richtet sich auf die Nasenlöcher und das Zwerchfell.

Gedanken ziehen lassen

3. *Gedanken:* Lassen Sie sich von störenden Gedanken, die sich in Ihr Bewusstsein einschleichen, nicht mitnehmen. Sie ziehen vorüber wie die Wolken am Himmel.

Inneres beobachten

4. *Innere Ruhe:* Sie beobachten, was innerlich geschieht, und empfinden sich als seiend im Hier und Jetzt.

Negatives loslassen

5. *Sich leeren:* Alles, was Sie loswerden wollen, lassen Sie jetzt gedanklich los. Das Negative fließt von Ihnen weg.

Das Gute einlassen

6. *Sich öffnen:* Sie öffnen sich für das Gute, das in Sie einströmen soll, und erleben innerlich den Zufluss.

Zurück ans Tagwerk

7. *Zurückkehren:* Nun besinnen Sie sich wieder auf die Situation, in der Sie sich jetzt befinden. Sie nehmen die erlebten Empfindungen und inneren Bilder mit in den Tag, um aus ihnen mental schöpfen zu können. Freudig gehen Sie nun wieder an Ihr Tagwerk.

Mantras

Manche Meditationen – zum Beispiel die Transzendentale Meditation – arbeiten mit so genannten Mantras. Das sind Kunstwörter oder Silben, die man spricht, um hypnoide Wirkungen auszulösen bzw. energetische Potenziale zu aktivieren. Das bekannteste Mantra ist das vibrierende „*Om*".

Positive Effekte

Nach regelmäßiger meditativer Übung stellt sich ein grundsätzliches Gefühl der Entspannung, der Ruhe und der Gelassenheit ein. Wer meditiert, fühlt sich nicht mehr so gehetzt und gedrängt, Umweltreize sind weniger belastend, und der Umgang mit Stress wird erleichtert. Wegen der größeren inneren Ruhe verbessern sich die Reaktions- und die Konzentrationsfähigkeit.

Literatur

Anselm Grün: *Anleitungen zur Meditation. Einführung in die Meditation, Fastenmeditation, Gebärdenmeditation, Schweigemeditation, Jesusgebet.* Münsterschwarzach: Vier-Türme-Verl. 1995.

Anselm Grün: *Herzensruhe. Im Einklang mit sich selber sein.* Freiburg: Herder 2000.
Jon Kabat-Zinn: *Gesund durch Meditation.* München: Barth 1994.
Ayya Khema: *Meditation ohne Geheimnis.* München: Deutscher Taschenbuch-Verl. 1999.

Stichwortverzeichnis

360-Grad-Denken 113
5-G-Tagesbilanz-Technik 97

A
Abläufe behalten 162
Abwägefragen, 88
Alpha-Zustand 182
Alternativen bewerten 103
Analogien 220, 256
Änderungssignale 172
Antithese 194
Arbeitsbelastungstest 17
Arbeitsblöcke 92
Arbeitsplatzordnung 39f.
Aristoteles 194
Asanas 283
Assoziationen 157
Atemtechnik 182
Atemübungen 282
Atmung 282
Autogenes Training 31, 270

B
Begabung 23
Beleuchtung 35
Belohnung 155
Bestätigung 155
Beten 292
Bilder 153
Bildschirmarbeit 41
Bildwiederholfrequenz 42
Bionik 255
Bisoziation 256
Blended-Learning 188f.
Brainstorming 243
Brainwriting 246
Buchstabieren 169
Bumerangtechnik 217
Buzan, Tony 126

C
Champions 65
Computer Based Training 185
Crawford, Robert P. 261

D
Deduktion 203
Delphi-Methode 250
Denken 201
Denken, logisches vs. kreatives 207
Denken, systemisches 227
Denkfehler 204, 212
Denkmuster 209, 211, 215
Denkschablonen 210
Disziplin 64
Dystress 266

E
E-Learning 185ff.
Ebbinghaus, Hermann 150
Eigendynamik 228
Einleitungssignale 172
Entscheidungskriterien gewichten 102
Erfolg 15, 33, 55
Erfolgsfaktoren 56, 58
Erstidee 214

Eselsbrücken 157
Eustress 266
Exzerpieren 173

F
Fachkompetenz 12
Fantasie 153
Feinziel 72f.
Fernwirkungen 228
Fifty-fifty-Entscheidungen 114
Flow-Charts 118
Flussdiagramme 118
Fragen, kreatives 223
Fremdsprache lernen 166
Fremdsprachen 180
Freundschaften 25
Führungspotenzial 63
Fünf Tibeter 284

G
Gebrauchsmittel 40
Gedächtnis 140f.
Gedächtnisstufen 142
Gedankenverbindungen 157
Gefühlsintelligenz 112
Gehirn 180, 182
Gehirnhälften 127
Gelegenheiten 63
Gordon, William 250
Grobziel 72f.
Großmann, Gustav 15

H
Handeln 61
Handlungskompetenz 12
Hard facts 114
Harvard-Verhandlungsmodell 197
Hatha-Yoga 280
Hemisphärentheorie 145
Hilfsbildreihe 162
Hirnhälftentheorie 147, 180
Hypnose 271

I
Induktion 203
Informations
-aufnahme 52
-bearbeitung 53
-beschaffung 51
-flut 45
-management 48
-ordnung 53
-speicherung 52
-weitergabe 53
Intuition 109, 224

K
Kalender 86
Kann-Arbeiten 88
Kausalketten 228
Killerphrasen 213
Kombinations-Checklisten 262
Kombinieren 218
Konzentration 141, 151, 174, 283
Konzept 58
Kurzzeitgedächtnis 143
Kybernetik 235

L
Langzeitgedächtnis 144
Lärm 36
Lebensleitstern 85
Lebensziele 84
Leitbild 66

Lernen 151, 154
Lernpyramide 16
Lernziele 156
Lesegeschwindigkeit 174
Lesen 168
Loci-Methode 164
Lozanov, Georgi 180
Luftfeuchtigkeit 35

M
Management by walking around 93
Matrixvergleiche 100
Maus 42
Meditation 283, 289
Merkmalsliste 261
„Methode 635“ 246
Methodenkompetenz 13
Mind-Mapping 126
Minus-Situation 26
Misserfolg 155
Mnemotechniken 149
Monitor 41
Morphologische Analyse 258
Morphologischer Kasten 219
Motivation 32f., 155
Multifaktorentechnik 100
Muss-Arbeiten 88

N
Namen einprägen 160
Nebenwirkungen 228
Nervensystem 273
Nutzwertanalyse 100

O
Ordnungsmuster 233
Osborn, Alex F. 217, 243

P
Paarvergleichstechnik 106
PC-Ergonomie 41
Persönliche Situationsanalyse 22
Persönlichkeit 59
PFA-Zyklus 213
Platon 194
Plus-Minus-Konto 105
Plus-Situation 26
PoNeSyn-Methode 195
Posteriotäten 89
Präferenzmatrix 103
Problem 100
Programmierter Unterricht 155
Psychosomatik 270
Pufferzeiten 91

R
Rationaler Denkstil 116
Raumklima 35
Raumtemperatur 35
Reformulierungstechnik 216
Regelung 235
Reizworttechnik 248
Richtziel 72f.
Risiken abschätzen 104
Risikobereitschaft 60
Rohrbach, Bernd 246
Rückkopplung 235

S
Schreibtisch 31, 37
Schreibtischstuhl 37
Schultz, Johannes Heinrich 270
Schwächen 22
Schweizer-Käse-Technik 96
Seiwert, Lothar J. 84

Selbst
-befehltechnik 32
-erziehung 30
-gespräch 224
-konditionierung 31
-motivation 32
Selye, Hans 266
Sicherheitsdenken 105
Sinne 152
Situationsanalyse 75
persönliche 22
Soft facts 114
Sokrates 194
Sozialkompetenz 13
Spiritualität 280
SQ3R-Methode 170
Stärken 22
Stehpult 38
Steuerung 235
Stimulierung 221
Strategie 68, 83
Strategien 59
Stressbewältigung 266
Stressoren 267
Suggestopädie 180
Superlearning 180
Synektik 250
Synthese 194
Systemumwelt 232

T
Tagesleistungsrhythmus 90
Tagesplanung 84, 86
Tagesschau 97
Tastatur 43
These 194

U
Uhr 80
Ultra-Kurzzeitgedächtnis 142
Umformulieren 215
Umkehrung 263
Umstrukturieren 215
Unterbewusstsein 30, 109
Unternehmen als System 228
Unvollkommenheit 64

V
Verbrauchsmittel 40
Verknüpfungstechnik 162
Vernetzungsdiagramm 237
Verstärkersignale 172
Versuchungssituation 156
Vision 67
Visualisierung 166
Vokabeln lernen 165

W
Wahrnehmung 209
Warum-Technik 224
Web Based Training 185
Weizenbaum, Joseph 45
Wiederholung 158
Wiederholungsintervalle 158
Willen 29
Win-win-Modell 196
Wirbelsäule 283
Wochenplanung 85
Wochenschau 96
Wünsche 24

Y
Yoga 280

Z
Zeitbedarf 89
Zeitplanbücher 87
Zeitspartechniken 80

Ziel 68
Zielanalyse 70
Ziele 28, 83
Zielebenen 85
Zielerreichungskreis 74
Zielmanagement 82
Zielsetzung 101
Zufallswort 222
Zwicky, Franz 219, 258
Zwischenziele 73

GABAL

Business-Bücher für Erfolg und Karriere

Erfolgreiche Führungsgespräche
ca. 180 Seiten
ISBN 3-89749-464-7

Gestern Kollege – heute Vorgesetzter
176 Seiten
ISBN 3-89749-463-9

Nur Fledermäuse lassen sich hängen
176 Seiten
ISBN 3-89749-465-5

Intelligente Kopf-Spiele
136 Seiten
ISBN 3-89749-420-5

Intelligente Wissens-Spiele
128 Seiten
ISBN 3-89749-360-8

Organisationsaufstellung und systemisches Coaching
176 Seiten
ISBN 3-89749-292-X

Ärger, Angst und andere Turbulenzen
160 Seiten
ISBN 3-89749-435-3

Projekt-Moderation
128 Seiten
ISBN 3-89749-432-9

GABALs großer Methodenkoffer Kommunikation
296 Seiten
ISBN 3-89749-434-5

GABALs großer Methodenkoffer Arbeitsorganisation
ca. 300 Seiten
ISBN 3-89749-454-X

Die 18-Loch-Strategie
176 Seiten
ISBN 3-89749-362-4

Projekt-Marketing
224 Seiten
ISBN 3-89749-251-2

Informationen über weitere Titel unseres Verlagsprogrammes erhalten Sie in Ihrer Buchhandlung, unter info@gabal-verlag.de oder im GABAL Shop.

www.gabal-verlag.de